为全世界父母提供最实用的教子指南
全面解密犹太人打造巨人的教育方式

犹太人
教子圣经 全集

鸿儒文轩/编著
HONGRUWENXUAN

Youtairen
Jiaozi Shengjing Quanji

内蒙古出版集团
内蒙古文化出版社

图书在版编目(CIP)数据

犹太人教子圣经全集 / 鸿儒文轩编著 .—呼伦贝尔：
内蒙古文化出版社，2011.10
ISBN 978-7-80675-955-4

Ⅰ.①犹…Ⅱ.①鸿…Ⅲ.①犹太人—家庭教育
Ⅳ.① G78

中国版本图书馆 CIP 数据核字（2011）第 219943 号

犹太人教子圣经全集
YOUTAIREN JIAOZI SHENGJING QUANJI

鸿儒文轩　编著

责任编辑　王　春
装帧设计　点滴空间

出版发行　内蒙古文化出版社
地　　址　呼伦贝尔市海拉尔区河东新春街4－3号
直销热线　0470－8241422　　**邮编**　021008

排版制作　北京鸿儒文轩文化传播有限公司
印刷装订　三河市华东印刷有限公司
开　　本　710mm×1000mm　1/16
字　　数　374千
印　　张　21.5
版　　次　2012年1月第1版
印　　次　2022年4月第2次印刷
印　　数　8001—13000 册
书　　号　ISBN 978-7-80675-955-4
定　　价　58.00元

前　言

　　犹太民族是世界上最聪明、最神秘、最富有的民族之一，他们中涌现出了大批世界级的科学巨匠、顶尖级的政治家、卓越的外交能手、石油王国的巨子、传媒帝国的巨擘、华尔街的天才精英、好莱坞的娱乐大亨等等。据《福布斯》杂志统计：世界前400名亿万富翁中，有60人是犹太人，占总数的15%；犹太人获诺贝尔奖的人数超过了240人，是世界各民族平均数的28倍；世界十大哲学家中，有8人是犹太人。可以说，犹太人的左手拿着巨额的财富，右手捧着智慧的宝典，屹立于世界民族之林。

　　世界专家们一致认为：犹太人对教育的高度重视，是犹太人获得如此巨大成就的根本原因。重视教育，是犹太民族最为突出的优良传统。犹太人的教育不但使犹太人精明富有，而且还使犹太民族中的每一个流落于世界任何一个地方的人，都能如鱼得水般地开创他们的事业。犹太人相信，良好的儿童教育是世界的希望所在，因此他们极为重视孩子的家庭教育。

　　在犹太人的眼里，孩子的任何优秀品质都不是天生的，而是家庭后天培养出来的。所以他们在潜意识中就认为，成功不是偶然事件，而是综合了信仰、财富、合作、品格、独立、契约、创新这些优秀品质的结果。

　　其实，培养一个优秀的孩子是天下父母的共同心愿，每一个父母都会对孩子寄予厚望，而每一个孩子也都会对未来充满无限的憧憬。所以作为孩子的第一任老师——父母，在孩子健康成长的道路上影响深远。父母如果用正确的人生观、道德观去启发孩子，潜移默化地影响孩子，在不知不觉中，他们也就会逐渐形成健康的人格，真正成为人类社会的精英，成为大地上生命的强者。但是，如果缺少正确的指导，往往事倍功半，甚至不小心会误入歧途。青少年时期形成的观念，会以不同的方式影响一个人的一生。

　　犹太人的家庭非常注重父母和孩子之间的思想与感情交流，父母经常与孩子对话和探讨，并常常对孩子加以引导，诱发孩子进行思考。这样做的结果，使犹太人的孩子拥有了雄辩的口才和智力测试中的优异成绩。因此，在对犹太民族的解读中，我们也许可以独具慧眼，通过解读犹太人的家庭教育，从中发掘这个伟大民族的内涵，从而获得启示。

随着社会的进步，人们对教育尤其是素质教育越来越重视，作为孩子的家长更是关心孩子成长。对于正在成长中的孩子该如何去设计、创造未来的成长之路，从很大程度上说，决定权掌握在孩子的父母手中。所以犹太人家庭教育的成功经验，值得我们每一个中国父母学习和借鉴，也是当前我们家庭素质教育的较好参考。

为了给广大中国父母提供一册最优秀的教子读本，我们精心编写了这本《犹太人教子圣经全集》，从品质、信念、习惯、心态、学习、金钱等方面全面而系统地总结了犹太人家庭教育的精髓，没有泛泛的理论讲述，而是从头到尾都由引人入胜的有关犹太人的故事所组成，故事直接而鲜明地体现了犹太人独特的家庭教育理念。经过时间的历练和成功的实践，这些教育理念已经成为最有效、最受欢迎的教育宝典。

这是一部科学教子的真经，培养孩子的品质，让他们由平凡走向杰出；这是一份成功人生的向导，熏陶孩子的灵魂，让他们由普通变得卓越。因此，希望本书能帮助你走进犹太人的家庭教育，透过跃然纸上的百余个犹太故事，品读到蕴涵着无穷哲理与智慧的教育箴言与心得，从而帮助孩子创造属于自己的美好人生。

目 录
contents

第一章 良好品质——生命永恒的基调 / 1

不能例外 / 2

乞丐的尊严 / 3

放大镜与望远镜 / 5

百善孝为先 / 6

在自强不息中致胜 / 7

把鸡蛋立起来 / 9

不止 400 元的价值 / 10

钻石与诚实 / 12

100 个金币 / 13

善于倾听对方的心声 / 15

对自己不利也不能违约 / 16

多走几步就会成功 / 18

孝敬父母,兄友弟恭 / 19

坚持到底的人 / 20

我要一条青鱼 / 22

不要为洒在地上的牛奶而哭泣 / 23

你会选择哪种分苹果的方法 / 24

第二章 健康心态——成就未来的境界 / 27

赞美的力量 / 28

英国人与犹太人 / 29

唯一的一次 / 31

恶有恶报 / 32

一个人的心态好比琴弦 / 34

要顾全大局 / 35

你有你的价值 / 37

专注在你的目标上 / 38

损失 2 马克 / 40

贪心的下场 / 41

把握住现在就是一种幸福 / 42

宝贵的货物 / 43

"日行一善"的遗训 / 44

家穷心富 / 46

人生何处不快乐 / 47

你可以自己给自己奇迹 / 49

一个能自我克制的男士 / 50

第三章 积极进取——成功必走的阶梯 / 53

乞丐的三个愿望 / 54

超越自我才会有突破 / 55

路就在脚下 / 56

理想让你加速前进 / 57

猪的下场 / 60

淘　金 / 61

细节决定成败 / 62

能救你的人只有你自己 / 64

登山看海的青蛙 / 66

财富之门的钥匙 / 67

最后一块面包 / 68

穷人的思维 / 69

中奖的心愿 / 70

石匠击石 / 71

第四章 坚定信念——实现理想的助力 / 73

阳光总在风雨后 / 74

盲人的药方 / 76

300 年的考验 / 77

百万富翁 / 78

石头汤 / 79

自信,成功的阶梯 / 80

我是一流的投手 / 82

我要继续活下去 / 83

坚持每月存入 10000 美元 / 85

树立"我能行!"的信念 / 86

1 美元的石头 / 87

不做寄生虫的打字员 / 89

多射几箭就能中靶 / 90

"固执"的学生 / 92

爱的呼唤 / 94

第五章 锐意创新——创造奇迹的摇篮 / 97

逃 票 / 98

卖早点的学问 / 99

流着泪的讨账单 / 100

独特中蕴藏着财富 / 101

踩在未开垦的土地上 / 103

虚晃一招,克敌制胜 / 104

在创新中生存 / 105

犹太人的策略 / 107

十四号大街 / 108

免费的艺术 / 109

特别的广告 / 110

被上帝咬过的香蕉 / 111

百分之三的免费 / 113

100 美元与 200 美元的差距 / 115

第六章　智慧头脑——成功的无尽财富 / 117

酒商的经营之道 / 118

一磅铜的价格是多少 / 119

由谁来继承财产 / 120

所罗门王的聪明裁决 / 121

欲取之，先与之 / 123

只借 1 美元 / 124

猎人与鸟 / 126

一分钱，掰成两半花 / 127

便宜的酒 / 129

一份暗藏心机的遗嘱 / 130

丢失的金币 / 131

我是谁 / 132

穷鞋匠与富老板 / 133

哪一个才是最好的木匠 / 134

陷　阱 / 136

成功面试 / 137

犹太囚犯的智慧 / 138

煮熟的豌豆 / 140

相信的理由 / 141

甩一下鞭子 / 142

挖掘出更多的意义 / 144

一道智力测试题 / 145

第七章　良好习惯——迈向成功的捷径 / 147

儿子的道理 / 148

男孩的坏脾气 / 149

拉比和一位饶舌的女人 / 150

以退为进的攻心战术 / 152

女幽灵的秘密 / 153

洗　手 / 155

木鞋的教训 / 156

过于谨慎 / 157

老鹰重生 / 158

一条有志气的狗 / 159

小鹰与小鸡 / 160

用庄稼代替杂草 / 161

做一条没有鱼鳔的鱼 / 162

第八章　真爱情深——幸福人生的拐杖 / 165

你总会和我在一起 / 166

心灵蛋糕 / 167

一句感动人心的问候 / 169

爱的力量 / 171

爱就在身边 / 172

家是爱的港湾 / 174

今天是母亲的生日 / 175

善良的回报 / 177

捐献的利润 / 179

家 / 180

价值 20 美元的小狗 / 182

有爱就有财富 / 183

继母的教诲 / 184

与我共进晚餐 / 186

第九章　直面挫折——乐观坦然的心态 / 189

驴子的心态 / 190

不贬值的钞票 / 191

胡萝卜、鸡蛋还是咖啡豆 / 192

你的问题出在哪里 / 193

你应该勇敢地去尝试 / 195

遭遇挫折而不沉沦 / 196

我还有几个忠告没对你说 / 198

亚麻布与旧外套 / 200

想要自杀的年轻人 / 201

跳蚤可以跳多高 / 202

强者的真正含义 / 203

三个旅行者 / 204

推门的勇气 / 205

我要当一个服装老板 / 206

第十章 抓住机遇——成功真谛的砝码 / 209

被丢掉的心愿石 / 210

财富的秘密 / 211

捕雀的启示 / 213

我发现了勇气 / 214

1 美元的豪华别墅 / 216

信息就是财富 / 217

抓住机会即见缝插针 / 219

妻子的礼物 / 220

不同的命运 / 221

总有看着火车开走的理由 / 223

成功需要乘虚而入 / 224

机遇在哪里 / 226

等待时机 / 227

第十一章 金钱观念——测量诱惑的度量衡 / 229

金钱的诱惑 / 230

洛克菲勒与 1 毛钱 / 231

自己赚了多少钱 / 232

散发温暖的金钱 / 233

上帝与三个商人 / 234

爱是最大的财富 / 235

神奇的泥土 / 236

聪明的犹太人 / 237

没有野心就没有财富 / 238

第十二章 善于学习——凝聚力量的途径 / 241

学习是一生的主题 / 242

正中靶心 / 244

红光是红玻璃映出来的 / 245

反客为主 / 246

10 秒钟惊险镜头 / 247

为了学艺不怕辛苦 / 249

用水中的"盐"代称上帝 / 251

秘密武器 / 252

聪明鱼 / 253

父亲的教育方式 / 254

玻尔与父亲 / 255

压力就是阻力 / 256

第十三章 快乐生活——衡量心灵的财富筹码 / 259

幸福的真谛 / 260

要时刻清醒地认识自己 / 261

换 脑 / 263

银行家与修鞋匠 / 264

活着出去 / 265

曾经身陷黑暗的老人 / 266

将镜子后面的那层水银漆剥掉 / 267

兄弟与面条 / 268

验 证 / 269

知足者常乐 / 270

适度享乐而不忘道德 / 271

上帝如何惩罚长老 / 273

我需要捕捉蜻蜓的乐趣 / 274

适可而止是一种战术 / 275

一只普通的烟斗 / 276

比尔与油漆匠 / 278

健康的人生 / 280

第十四章 用心经营——积聚财富的手段 / 281

农夫不是做生意的料 / 282

16 岁的总经理 / 283

任何东西都可以变成商品 / 285

富翁不是攒的 / 287

善于借助各方面的力量 / 288

违约者必须遭到报复 / 289

头脑是制胜的本钱 / 291

较少资金同样可以把生意做大 / 292

尝试为别人解决一个难题 / 294

一笔生意，两头赢利 / 295

善用别人的"钱袋子" / 296

冒险越大，赚钱越多 / 299

迅速把业务拓展到国外去 / 301

"温柔"地回绝 / 303

扬长避短 / 304

椅子的价格 / 306

老客户的作用 / 307

注重细节 / 308

适时放弃 / 309

第十五章 为人处世——人生无价的瑰宝 / 311

不能再同室操戈了 / 312

众人着衣时莫要裸身 / 313

把每次生意都看作第一次 / 315

只看谁奉献得多 / 316

选择求生的对象 / 318

砖头大小的黄金值多少钱 / 319

不能脱离真正的生活 / 321

做一个真实的人 / 322

把你承受的容积放大些 / 323

礼仪不是装出来的 / 324

团结的力量 / 325

我不知道 / 326

你愿意吗 / 328

·第一章·

良好品质——生命永恒的基调

神首先看人的心，然后才看头脑。

不能例外

> 神首先看人的心，然后才看头脑。
>
> ——犹太人格言

人无德不立，业无德不兴。衡量一个人的成功标准不是以金钱、地位、身份为象征，而是以他多年来建筑起来的品格魅力为尺度。没有原则的人生，再美好的前景也会毁于一旦。普通人是这样，名人也逾越不了这道鸿沟。"基辛格与芬克斯"的故事，就很值得我们玩味。

在宗教圣地耶路撒冷，有一个犹太人开的西餐酒吧，名叫"芬克斯"。

有一天，犹太人接到了一个电话，对方委婉地说："我将和我的几个朋友一起前往你的酒吧。为了方便，你能谢绝其他顾客吗？"

犹太人毫不犹豫地拒绝了："我欢迎你们来，但要谢绝其他顾客，这不可能。"

最后，对方亮出了自己的身份："我是出访中东的美国国务卿基辛格，我是在朋友的推荐下过来的，希望你能考虑一下我的要求。"

犹太人礼貌地说："先生，您愿意光临本店我深感荣幸，但是，因您的缘故而将其他人拒之门外，我无论如何也办不到。"

基辛格听后，悻悻地挂断了电话。

第二天傍晚，基辛格又一次打电话。他真不愧是一个大人物。首先对自己昨天的失礼行为表示道歉后，说这一次只有3个随从，只订1桌，而且不必谢绝其他客人。这对基辛格来说可算是最大的让步。但是，结果又令基辛格大感意外。

"非常感谢您的诚意，但是我还是不能接受您明天的预约。"犹太人这样回答。

"为什么？"基辛格大惑不解。

"因为明天是星期六，本店的例休日。"

"但是，我后天就要离开此地，你不能为我破一次例吗？"

犹太人很诚恳地说："不行，我是犹太人，您应该知道，礼拜六是个神圣的日子，如果经营，那是对神的玷污。"

基辛格无言以对，只好带着遗憾回了美国。

这则轶闻被美国记者知道后，写成"基辛格和芬克斯"的新闻，在美国报纸上引起了轰动。然而，这恰恰提高了"芬克斯"的知名度。它连续3年被美国《新闻周刊》杂志选入世界最佳酒吧的前15名之内。这个"芬克斯"一跃而成为世界著名的酒吧。有些人认为完全是因为那个举世著名的美国前国务卿基辛格给他带来的好运，其实，细细品味，完全是犹太人的职业操守赢得了世人的瞩目。

智慧真悟

所谓：贫贱不能移，富贵不能淫，威武不能屈。人无论在什么环境下都要坚持自己的原则，越是这样，就越能体现一个人品质的高贵。到最后，对手也将被你人格的力量所折服。犹太人没有在权势面前放弃自己的原则，他的做人之道是很值得推崇的。

乞丐的尊严

金钱是狠心的主人，但也可能会成为有益的佣人。

——犹太人格言

每个人活着都要有尊严，只有躯壳的人类算不上真正的人类。富人有富人的尊严，穷人也有穷人的活法。在困境和绝望中，守住生命的最后底线，这就是乞丐的尊严。

马路上跪着一个年轻的乞丐，他的面前摆了一个小的地摊，或许是希望这个地摊能使自己的乞讨显得更体面一些。人流如梭，脚步匆匆，有的人看都不看乞丐一眼，专注着自己的行程；有的人停下匆匆的脚步，扔下手中的零钱。

一天中午，一个商人经过这里，看见了路边的乞丐，他丢给乞丐1美元后匆匆地离开了。

乞丐还是像对待其他的施主一样，千恩万谢。可是，过了一会儿，那位商人又跑了回来，他重新来到乞丐面前，很诚恳地说："咱们都是商人，都是做生意的。我刚才付给你钱，就应该拿一件东西。"说着，蹲下来，挑了一样东西走了。

年轻的乞丐惊呆了：这是他平生第一次被别人放在了同等的地位，而且还是一个"做生意的商人"。他哭了，但这泪水里包含的更多的是被尊重后的高兴。从此，乞丐找到了重新过活的勇气和信心，开始认真地度过每一天。功夫不负有心人，经过不懈的努力，几年以后，他从一个摆小地摊的乞丐变成了一个成功的商人。

缘分真的妙不可言，在一次聚会上，这位当年的乞丐竟遇见了当初在马路上买他东西的那位商人。他走上前紧紧地握住对方的手，激动地说："先生，您还记得吗？就是您当初的1美元让我找回了失去的尊严。"

智慧真悟

金钱的贫穷并不可怕，因为我们还有创造财富的双手和聪明的头脑；精神上的贫穷才是一件可怕的事，因为连一个自己都瞧不起自己的人，别人又怎会重视你、尊重你，久而久之，你就会自甘堕落，所以守住你的尊严才有翻身做富人的希望。

放大镜与望远镜

> 人摔倒了就会怪石头，如果没有石头，就会怪斜坡，如果没有斜坡，就会怪鞋子。总之，人是不会怪自己的。
>
> ——犹太人格言

放大镜和望远镜对事物分别有放大和缩小的功能，它们对人生也有警示意义。

在一次大型的演讲会现场，一位知名的犹太社会学家和心理学家这样演讲道："如果现在有一位长得国色天香的美女来到我们面前，任何一个人拿一只500倍的放大镜来观看这位美女的脸庞，一定都会非常失望，因为我们所看到的将是坑坑洼洼、凹凸不平的一张难看的脸。但现在我们每个人如果拿一只望远镜来看远处的一座高山，我们看到的将是青山绿水、绿荫葱葱，仿佛人间仙境，令人流连忘返。"

这位犹太人的精彩演讲博得热烈的掌声。

其实，我们也都在放大镜与望远镜下过着所谓的生活。就像在人际关系中，有人总是拿着放大镜看别人，令对方原形毕露，显得一无是处，也使得自己无法信任他人，交不到朋友。相对的，有的人总是拿着望远镜，始终都能欣赏到别人的美好一面，就是这个不拘小节的特性，使宾主尽欢，无往不胜。但这不等于说放大镜就没用了，放大镜要用在自己的身上，多警醒自己的缺点，使自己快快成长起来；也不是说望远镜下尽是美景，因为这个世界本身就没有绝对的事，再美的景色中也会有或多或少的瑕疵，需要有一双慧眼去识破它。只有这样放大镜和望远镜才都能同时发挥最大的效用。

智慧真悟

对待他人，我们要学会放大其优点，忽略其缺点；对待自己，我们要时刻反省，找出存在于自身的缺点，也就是要严于律己，宽以待人。

百善孝为先

不尊重老人的年轻人，必定没有幸福的晚年。

——犹太人格言

有句古话："老吾老，以及人之老，幼吾幼，以及人之幼"，可见"百善孝为先"的传统是根深蒂固的。孝是人类本性的体现，只有有孝敬父母的美德才能有更大的心胸去善待世界，乃至一切无量无尽的众生。

从前，有一个犹太人家庭，爷爷已经很老了，迈不动双腿，眼睛花了，耳朵背了，牙齿也都掉光了。吃饭的时候，因为手不听使唤，饭菜常常从他的嘴里掉出来。儿子和儿媳妇因此便不再让他上桌子，只让他在火炉边吃饭。

有一次，他们端了一碗饭给老人吃，老人想把碗挪近一点，可是碗掉在地上，摔碎了。于是儿媳妇就开始责骂老人，说他把家里的东西都弄坏了，打了好多碗。她还说，以后她要用大木盆给老人盛饭。可怜的老人只是叹了口气，什么话也没说。

儿子和媳妇在家里坐着，看见他们的儿子在地上摆弄一堆小木片玩。父亲就问道："儿子，你这是在做什么？"

儿子回答说："爸，我正在做木盆呢。等以后你和妈老了的时候，我好用这只木盆给你们盛饭。"夫妻俩你看看我，我看看你，哭了起来，他们为自己那样对待老人而感到羞愧。

从那以后，他们又重新把老人请上桌吃饭，并且细心地照顾老人家。小孩也因此转变了对他们的态度，从此一家三代生活和睦。

有这样一首诗："记得当初我养儿，我儿今又养孙儿；我儿饿我由他饿，莫教孙儿饿我儿。"由此可见，可怜天下父母心呀。这则故事虽然浅显通俗，却意义深远。它告诉我们，父母的榜样对孩子的影响是很大的。

尊重长者，是犹太人崇尚的美德。根据调查，三代同堂的家庭，中间有一代孝敬长辈，孩子就会懂得孝敬父母和祖辈。在这样的家庭中不仅长幼有序，而且互相关心，互相宽容，呈现一种其乐融融的气氛，这对每个人的身心发展都是有利的。让孝敬老人的思想深入每个人的心中吧。

智慧真悟

百善孝为先，孝敬父母是对每个人最基本的道德要求，这是一个人良好品质的最集中的体现。因为一个人如果都不知道孝敬父母，就很难想象他会热爱祖国和人民，又怎能会拥有和睦的家庭？

在自强不息中致胜

持之以恒地朝着正确的方向前进，成功的日子就会悄悄向你走来。每天进步一点点，日久也能产生飞跃。

——犹太人格言

自强不息的精神是催人奋进和获取成功的法宝。有了自强不息的精神，就会产生信心，有了成功的信心，就会设法发挥自己潜在的力量，把这种力量用在自己的奋斗目标上，就可以排除万难，使人敢于面对现实，坚持下去，最终获得成功。这就是俗语所说的"精诚所至，金石为开"。

美国连锁店的先驱者大卫·卢宾，1849年生于俄国，父母都是正统的犹太人和虔诚的犹太教徒。1853年，他四岁时，随父母迁往英国，后又移民并定居美国纽约。他十六岁时就追随大潮流去美国西部的加州淘金，历尽辛苦而毫无收获，不得已他辗转来到了亚利桑那州，仍是收获不大。

犹太人善于经商的天性，使他发现在矿区经营小买卖比淘金更赚钱。因为矿工们来自四面八方，背井离乡，远离城市，无人照顾，大家必然需要一些日用品，于是，他放弃淘金，开始做一些食品贩卖生意。当淘金热冷却时，卢宾已积累了一些资金，得以把生意逐渐转向人口密集的市内。他很快在加州开了布匹商店，后来改营珠宝首饰。

经过几年的商业实践，他发现当时的商业经营作风既不利于自己业务的发展，又使顾客对商品有诸多猜疑，影响了消费者的购买行为。最明显的是售价变化莫测，各店不一、没有一个比较标准。卢宾苦思冥想，不断探索，终于创出一种经营方式叫"单一价商店"，并于1874年开了第一家叫"大卫·卢宾"的单一价商店。所谓"单一价"，即把各种商品的售价规定在同一个价格出售，并采取明码标价方式，使顾客一目了然。由于"大卫·卢宾"商店货真价实，杜绝了商业欺骗行为，一时间，他的商店顾客盈门、络绎不绝。

卢宾这一经营方式的出现，给美国商业系统带来了一场大变革。单一价商店的出现也为以后的超市开创了先河。很快，这种经营方式便流行于全美乃至全世界。"单一价商店"成功后，卢宾进一步考虑该怎样稳住近客，抓住远客。后来，卢宾在旧金山、洛杉矶开设"单一价商店"分店，这样，"连锁店"经营方式出现了。

在犹太人的教义里有一条十分简洁的教规："你要尽心、尽力、尽兴地做上帝安排和吩咐你做的一切事。"

万事尽心，方能尽力，而尽力未必能尽兴。万事只有尽兴了，才能开创新的格局。我喜欢把这种格局叫作"奇迹"。

"连锁店"，庞大组织系统机构的一种运营方式。以统一并合理的现实秩序（即规格制度体系）为前提，"稳住近客，抓住远客"，避免被冗繁的后续套住并拖住，困苦中面临独臂力挽狂澜而有苦难言的局面。步步为营，连锁蔓延。

智慧真悟

　　自强不息，会给你带来奋发向上的动力和勇气。所谓的奇迹不会降临在每天幻想奇迹的人身上；也不会光临只是蛮干却没有头脑的莽夫身上，只有有勇有谋的智者才会见证奇迹的发生。

把鸡蛋立起来

> 　　这个世界已经准备好了一切你所需要的资源，你所要做的仅仅是让智慧把它们有机地组合起来。
>
> 　　　　　　　　　　　　　　　　　　——犹太人格言

　　哥伦布是犹太人的骄傲和自豪，他发现新大陆的壮举是世界人民的财富。其实，壮举产生的背后离不开智慧的头脑和勇于实践的开拓精神。在下面这个小故事中，我们就会发现哥伦布创造奇迹的秘密。

　　航海家哥伦布发现新大陆后，返回英国，女王为他摆宴庆功。

　　酒席上，许多王公大臣、绅士名流都瞧不起这个没有爵位头衔的人，纷纷出言讥讽哥伦布。

　　"没什么了不起的，我出去航海，照样也会发现新大陆！"

　　"驾驶航船，只要朝一个方向前进，就会有重大发现！"

　　"太容易了！这种事谁碰上谁出名！"

　　"哥伦布这家伙运气真好！"

　　哥伦布微笑着听完了大家的讽刺和挖苦，起身说："各位尊敬的先生、女士，现在请大家做一个游戏——哪位能把鸡蛋在桌子上立起来？"

　　许多人跃跃欲试，但没有人能够把椭圆形的鸡蛋立在桌子上。

　　"我们立不起来，你也不能立起来！"于是有人说。

哥伦布拿起鸡蛋向桌子上轻轻一磕，鸡蛋的大头就凹了下去，哥伦布从容地把鸡蛋立在了桌子上。

"这太简单了，谁不会呀！"大家嚷嚷道。

"是的，这方法的确很简单，可是我说过了，这仅仅只是一个小游戏而已。"哥伦布笑着说，"但问题是，在这之前，你们为什么都没有想到过这个方法呢？"

智慧真悟

想到不如做到，只想不做只能算作空想。现实生活中往往有一些人在别人成功的背后品头论足。总是有一种"不服输"的精神。我想这些人如果把"不服输"放在求知、求实上会更有意义。

不止400元的价值

要想成为大人物，就要预先学做小人物。

——犹太人格言

忍耐是沉默，忍耐是一种酝酿胜利的高超手段。虽然忍耐时有可能错过一些小的机遇，但忍耐实际上是一种动态的平衡，是一种形式的转换，不要被利益所陶醉，也不要因无利益而悲伤。忍耐可以帮助我们穿透烦恼、获得真谛。

据说，犹太史上最伟大的拉比希雷尔就是一个堪称忍耐典范的人。有这样一个在犹太人中广为流传的故事：

一次，有两个人打赌，说好谁能让拉比希雷尔发火，谁就可以赢400元钱。这天刚好是安息日前夜，希雷尔正在洗头。这时，有个人来到门前，大声喊道："希雷尔在吗？希雷尔在吗？"

希雷尔赶忙用毛巾包好头，走出门问道："孩子，你有什么事？"

"我有个问题要请教。"

"那就请讲吧，孩子。"

"为什么巴比伦人的头是圆的？"

"你提出了一个重要的问题，原因在于他们缺乏熟练的产婆。"

那个人听完，就走了。

过了一会儿，他又来了，大声喊道："希雷尔在吗？希雷尔在吗？"

希雷尔连忙又包好头，走出门来问道："孩子，你有什么事？"

"我有个问题要请教。"

"那就请讲吧，孩子。"

"为什么帕尔米拉地方的居民都长烂眼睛？"

"你提出了一个重要的问题，原因在于他们生活在沙尘飞扬的地区。"

那个人听完，又走了。

那个人见希雷尔依然耐心地解答，就又回来了，用同样的招数来烦他。

"为什么非洲人长的都是宽脚板？"

"你提出了一个重要的问题。"希雷尔说，"原因在于他们生活在沼泽地带。"

那个人听完了，没走，又说道："我还有许多问题要问，但我怕惹您生气。"

希雷尔干脆把身上都裹好了，坐下来说："有什么问题，你尽管问吧。"

"你就是那个被人们称为以色列亲王的希雷尔吗？"

"不错。"

"要真是这样的话，但愿以色列不要有许多像你这样的人。"

"为什么呢？"

"因为为了你，我输掉了400元钱。"

希雷尔问明情况后，对他说：

"记住了，希雷尔是值得你为他输掉400元钱的，即使再加400元也不算多，因为希雷尔是决不会发火的。"

> **智慧真悟**
>
> 忍耐是一种高素质的象征，大多数时候忍耐是痛苦的一件事，因为忍耐压抑了人性。但是，成功往往就是在你忍耐了常人所无法承受的痛苦之后，才出现在你面前的。千万不要只差那么一点点就放弃了。

钻石与诚实

> 金钱为好人带来善行，为坏人带来罪恶。
>
> ——犹太人格言

金钱是一个神奇的东西，它常常使好人变得险恶起来，也会使得本来就很恶的人变得本上加利，金钱真的会有如此的魔力吗？

犹太人拉比西蒙·本·舍塔靠砍柴为生，每天都要把柴火从山里背到城里去卖。他为了有时间研究犹太法典《塔木德》，决定买一头驴子代步。

拉比来到集市上，从一位窦玛利人那里买了头驴子骑了回来。拉比的学生们见驴子很疲劳，就把它牵到河里去洗澡。半路上，驴脖子上掉下来一颗足足有10克拉重的钻石。

学生们欢呼雀跃，认为拉比从此可以摆脱贫穷，专心致志地研读《塔木德》了，他们也能更好地聆听这部圣典了。

出乎学生们意料的是，当学生们把钻石交到拉比手上并说明来历之后，拉比连到河边牵驴都来不及，立即捧着钻石向集市跑去。找到那位卖驴子的人，拉比把钻石交还到了他的手上。

看着卖驴人大惑不解的样子，拉比说："我买的是驴子，而没有买钻石。我只拥有那头驴子的所有权，驴脖子上的这颗钻石必须还给你。"

卖驴人恍然大悟，继而又露出惊奇的神色，恭恭敬敬地问道："你买了那头驴子，钻石是在驴子身上的，你不拿来还，我也不知道，你为什么还要这样做呢?"

拉比平静地回答说："这是我们犹太人的传统。我们的神训示过我们，我们的手是洁净的，只能拿走付过足够的金钱的东西，所以钻石必须还给你。"

卖驴人不禁向拉比投来了尊重的目光。

智慧真悟

　　诚实是一个人的良好品质之一。但是现实生活中，有些人往往在金钱面前丧失了做人的原则，抵挡不住金钱的诱惑。读完拉比的故事，会不会对我们的价值观有所改变呢? 做一个在金钱上可靠的、清白的、诚实的人。

---

100 个金币

　　一个无知的富人的每一次炫耀，便是一次炫耀俗气的机会。
　　　　　　　　　　　　　　　　　　　　——犹太人格言

从前，有一个穷人，他赚不到钱，也捡不到任何东西。因此，他常常诅咒他的运气。

但是，有一天他在路上行走时，忽然发现在路上有一个小袋子。出于好奇，他打开了袋子，结果吃惊地发现里面有 100 枚金币。

就在同一天，教堂里的司事宣布镇上最富有的人丢了一大笔钱，并答应给捡到者丰厚的酬金。

当穷人听到这个消息，他开始和自己的良心做斗争。他不知道自己该不该归还这笔钱。

毕竟，没有人看到他捡钱，而且家里的孩子正哭着要东西吃。再说，丢钱的人不是很富有吗？

他不在乎这些损失！

但是，他很为自己这种邪恶的想法不安，于是穷人很快把钱归还了。

那个富有的人接过了钱，连句"谢谢"都没说，就悠闲地一个接一个地数钱。同时心里在想："傻瓜才会给这个傻瓜东西的。"

"请问我的酬金呢？"穷人怯生生地问。

"酬金！"富人大叫："为什么给你酬金？你看着呢，我才数了100个金币。然而我的袋子里有200个金币。既然你已经偷走100个金币了，就再不要说什么酬金。"

"那让我们到拉比那里去。"穷人说。

"很好。"富人说。

拉比认真地听完他们的话。然后转向富人问，"你丢的袋子里有多少钱？"

"200个金币。"

"那你捡的袋子里有多少钱？"拉比问那个穷人。

"100个金币。"

"既然这样，"拉比对富人说，"他捡的这个袋子不是你的。我命令你把那100个金币还给人家！"

智慧真悟

这是个发人深省的哲理故事。诚实是铸造人类灵魂的基石，没有诚信的人是得不到真正的尊重与爱的。故事中的穷人与富人就是最好的证明。

善于倾听对方的心声

> 菜虽是在锅里烧的，但人们却总是赞美盘子。
>
> ——犹太人格言

关心别人，善于从别人的角度考虑问题，是一个人的良好品质。虽然有时暂时得不到完全的理解，但是时间是一剂良药，会使你得到回报。相对的，自私、暴躁的习性暂时会得到一些小小的利益，但是等待他们的将是更大利益的缺失。

有一家犹太人养了一只狗，全家人都喜欢这只狗，尤其是儿子，更是对狗疼爱备至，整日形影不离，难舍难分。

可是，有一天，狗突然死了，这使儿子伤心至极、痛不欲生。父亲尽管也有点痛心，但他认为狗迟早会死，这是一件没办法的事，只能把它运走处理了事，但儿子却一定要将狗埋在自己家的后院。

结果，父子两人为此而闹僵了。

无奈，他们只好找拉比咨询。拉比很了解此时那个小孩无比悲伤的心情。于是，拉比给他们讲了这样一个故事——

有条毒蛇爬进牛奶桶中，它的毒液溶进了牛奶，这件事只有家里的狗看到了。

晚上，全家人正要喝桶中的牛奶时，狗就叫了起来，并扑上来打翻了盛奶的杯子，自己喝了起来，正当大家生气时，狗已经死了。

这下子全家人才恍然大悟，原来牛奶里有毒，所以大家对狗感激不尽。

听完这则故事后，父亲同意了儿子的想法。

　　拉比的圆滑处世艺术使得这件事得到圆满解决，但是从侧面却教诲人们凡事多从他人的角度考虑和着想。拉比没有把任何东西强加于父亲，只是讲了一个关于狗的故事，这就在尊重了儿子意愿的同时，也尊重了父亲的权威，那么，父亲何不顺水推舟呢！

对自己不利也不能违约

> 人必须要守约，但在订约的时候要考虑周全。
>
> ——犹太人格言

　　信任的基础是什么呢？是互相之间对人品的了解与欣赏。是人与人之间无法用金钱来衡量的深情厚谊。言而不信，无人信你；有言有信，方有人信你。所以"信"是一个人一生中弥足珍贵的东西，切不可疏忽它！有多少人信任你，你就拥有多少次成功的机会。

　　犹太商人奥斯曼谨守"立誓之事就是对自己有害也不能反悔"的训诫，善于从长远考虑问题，为了信誉宁愿暂时赔钱。他目光远大的作风给世人留下了深刻的印象。

　　1940年，奥斯曼大学毕业后，怀揣着梦想走上了创业的征途。他的舅父是一名建筑承包商，他曾经开导奥斯曼：要有自己的思想，不要人云亦云。奥斯曼为了筹集资金，学习承包业务，巩固大学所学的知识，便到了舅父的承包行当帮手。在工作中奥斯曼注意积累工作经验，了解施工所需要的一切程序，了解提高工效、节省材料的方法。

　　两年后，奥斯曼离开舅父，开始实现自己的成为建筑承包商的梦，他手里仅有180埃镑，却筹办了自己的建筑承包行。奥斯曼相信事在人为，人能改变环境，不能成为环境的奴隶。根据在舅父承包行所获得的工作经验，他确立了自己的经营原则："谋事以诚，平等相待，信誉为重。"

创业初期，奥斯曼不管业务大小、盈利多少，都积极争取。他第一次承包的是一个极小的项目——为一个杂货店老板设计一个铺面，合同金额只有3埃镑。但他没有拒绝这笔微不足道的买卖，仍是颇费苦心，毫不马虎。他设计的铺面符合杂货店老板的心意，杂货店老板逢人便称赞奥斯曼，于是奥斯曼的信誉日益上升。奥斯曼的经营原则获得了顾客的信任，他的承包业务日渐发展。

20世纪50年代后，海湾地区大量发现和开发石油，各国相继加快本国建设步伐。他们需要扩建皇宫，建造兵营，修筑公路。这给了奥斯曼一个历史性的机会，他以创业者的远见，率领自己的公司开进了海湾地区。他面见沙特阿拉伯国王，陈述自己的意图，并向国王保证：他将以低投标、高质量、讲信誉来承包工程。沙特阿拉伯国王答应了奥斯曼的请求。后来工程完工时，奥斯曼请来沙特国王主持仪式，沙特国王对此极为满意。

"人先信而后求能。"奥斯曼讲究信誉、保证质量的为人处世方法和经营原则，使他的影响不断扩大。随后几年，奥斯曼在科威特、约旦、苏丹、利比亚等国建立了自己的分公司，成为了享誉中东地区的大建筑承包商。

奥斯曼讲究信誉的做法，在一定情况下会使自己吃亏。但在这种情况下，吃亏毕竟是暂时的，所谓有亏必有盈，某次吃亏或经济利益受损却会给自己长远的事业带来积极的影响甚至长远的影响。

1960年，奥斯曼承包了世界上著名的阿斯旺高坝工程。地质构造复杂、气温高、机械老化等不利因素给建筑者带来了重重困难，从所获利润来说，承包阿斯旺高坝工程还不如在国外承包一件大工程。奥斯曼为了国家和人民的利益，克服一切困难，完成了阿斯旺高坝工程第一期的合同工程。但随后却发生了一件令奥斯曼意想不到的事情，让他吃了大亏。

纳赛尔总统于1961年宣布国有化法令，私人大企业被收归国有，奥斯曼公司在劫难逃。国有化后，奥斯曼公司每年只能收取利润的4%，奥斯曼本人的年薪仅为3、5万美元。这对奥斯曼和他的公司都是一次沉重的打击。奥斯曼没有忘记自己的诺言，他委曲求全，丝毫不记恨，继续修建阿斯旺高坝。

纳赛尔总统看到了奥斯曼对阿斯旺高坝工程所作的卓越贡献，于1964年授予奥斯曼一级共和国勋章。奥斯曼保全了自己的形象与自己的处世原则。他并没有白吃亏，1970年萨达特执政后，发还了被国有化的私人资本。奥斯曼公司影响扩大，参加了埃及许多大工程的单独承包。奥斯曼本人到1981年已拥有 40 亿美元，成为驰名中东的亿万富翁。

智慧真悟

千金一诺是衡量一个人做人做事的重要尺度。虽然说起来容易，但做起来难，如果真能做到这一点，它可以在你受挫折的时候给你必要的支持，保证你有足以东山再起的人际关系，它可以给你带来可靠的机遇，因为你已经赢得了别人的信赖和承认。

多走几步就会成功

罗马不是一天建成的。

——犹太人格言

犹太人哈同，1872 年来到中国上海谋生，当时他 24 岁，年轻力壮，但身上除了穿着外，几乎一无所有。他立志来中国赚钱发财，但自己一无资本，二无专业知识和技术。他决心从一个立足点开始，因自己长得身材魁梧，在一家洋行找到了一份看门的工作。要换别人是不愿干的，自己相貌堂堂，年轻高大，却屈于当站门雇员。而哈同却不那么想，他认为看门赚来的钱是一种报酬，没有丢脸和失身份的感觉。另外，他更有深层次的考虑，"千里之行，始于足下"，在这份工作上找到个立足支点，今后通过自己的努力奋斗，积蓄力量，最后终要找到能赚更多的钱的路子。

哈同在当看门工时，非常认真，忠于职守。晚间，他利用一切可用时间阅读各种经济和财务的书籍，知识增长很快。老板觉得此人工作出色，脑子机灵，便把他调到业务部门当办事员。哈同一如既往，工作业绩不错，逐步被提升为行务员、大班等。这时，他的收入大为增加了，早怀壮志的他，并没有因此而知足，他认为自己的创业时机到了。1901 年，他找理由离开了打工岗位，自己开始独立经营商行。

哈同自办的商行取名为"哈同洋行"，为了赚取更多的钱，以经营洋货买卖为主。他看到洋货在中国市场上的竞争品不那么多，消费者难以"货比三家"，因此，他的经营获得了高额的利润。

随着资本的增多，哈同没有放缓自己的追求，他开始了买卖土地和放高利贷业务。他买入的土地往往从一些急于等钱用的人那里获得，所以他把价钱压得很低，卖主不得不就范。接着，他将低价买入的土地租给别人造屋，到一定年限后收回，这样连房产也归他所有了。另外，他自己也投资建造楼房供出租，从中获取惊人的利润。就这样，他终于成为了大富豪。

智慧真悟

谁都希望成功，但是成功不是一蹴而就的事，万事都有一个过程，成功也不例外。所以最好的成功的方法就是要脚踏实地、循序渐进。

孝敬父母，兄友弟恭

以对待上帝一样谦卑的态度去对待你身边的人。

——犹太人格言

孝敬父母，兄友弟恭是历经岁月考验的传统美德。犹太人也不例外，在《塔木德》里就非常推崇孝敬父母，兄友弟恭，故而每一个犹太人从小就很懂尊老爱幼。

很久以前，有两个犹太兄弟。哥哥已经结婚，有妻子儿女，弟弟还是独身。两兄弟都是非常勤劳的农夫。父亲死时，把财产分给了两兄弟。

兄弟俩将收获的苹果和玉米，公平地分成两份，各自藏在自己的仓库里。

到了晚上，弟弟想，哥哥有妻子儿女，开销大，所以从自己所得的份额中，拿出了一部分移到哥哥的仓库里。

同时，哥哥却认为自己有妻子儿女，没有后顾之忧，而弟弟还是独身，应该为以后的生活多准备一些，所以把自己的一部分玉米和苹果搬到了弟弟的仓库里。

第二天早上，兄弟俩醒来后到仓库里一看，东西都一点不少地放在那里。

第二天晚上、第三天晚上都这样，他俩不约而同地连续搬运了三个晚上。

在第四个晚上，兄弟俩在将各自的东西搬到对方仓库去的路上竟相遇了。两个人终于知道对方的心意，不约而同地扔下手上的农作物，紧紧地抱在一起哭了。

两兄弟抱在一起哭泣的地方，成为耶路撒冷最受尊敬的场所，直到今天仍被追思者传颂着。

"兄友弟恭"是非常重要的，要重视家庭关系。维系家庭，就是维系民族。

智慧真悟

尊重是建立在平等的基础上的，只有你尊重别人，你也才会得到别人的尊重。将心比心的事实胜于雄辩，请以一颗宽容的心去善待周围的人吧。

坚持到底的人

请一定要尽力教会你的舌头说："我不会"。

——犹太人格言

有个富翁，他想拿出 100 万元送给穷人，条件是他们必须都是能够坚持到底的人。

他的分配方法是，选 100 个人，给他们每人送 1 万元。

广告一登出来，很快就门庭若市，他从成千上万的应征者中选了 100 名，给他们每人 5000 元，并让他们第二年再来取剩下的 5000。

第二年只有 90 个人来取钱，因为其余的 10 个人兴奋过度，心脏病发作住进了医院，那 5000 元做了他们的医药费。

他取消了那 10 个人剩下的那笔钱，表示要把那 5 万元平均送给这 90 个人，明年来取。

第三年他宣布，给大家送钱只是开个玩笑，他要收回已经送给他们的钱，一听这话当场就有 40 个人晕了过去，40 个人拿着到手的 5000 元跑了。

最后只有 10 个人留了下来，富翁说，现在还有 50 万，平均分给你们 10 个人，每人可得 5 万，明年来取。

第四年只有 5 个人来，没来的 5 个人里，有 2 个高兴得病倒了，有 2 个无法忍受等待忧愤而死，有 1 个认定富翁是个骗子。

富翁宣布取消缺席者剩下的钱，把剩下的 50 万送给最后 5 个人，每人 10 万，明年来取。

第五年只有 1 个人来，没来的 4 个人里，2 个人因极度兴奋心脏病急性发作，死在去医院的路上，另外 2 个到处宣传富翁是个骗子，他们成了哲学家。

最后来的那个人独得了一笔巨款，50 万元加上 4 年的利息 5 万元，总共 55 万，他一个人得到的比那 99 个人加起来得到的还多。

生命的奖赏常常远在旅途终点，而非起点附近。谁都不知道要走多少步才能达到目标，踏上第 1000 步的时候，仍然可能遭到失败，但每一次的失败都会增加下一次成功的机会。

智慧真悟

坚持到底是一切成功者的必经之路。因为你在起点永远看不到终点的美丽，所以只有经历了，才会有收获，才会有奇迹。

我要一条青鱼

> 能够得到的东西，才有价值。
>
> ——犹太人格言

奥地利的硝烟散尽之后，皇帝想要犒劳那些在战役中英勇无畏的不同民族的人们。

"说出你们的愿望来，我将以此奖赏你们，我的了不起的英雄们。"皇帝说。

"把波兰归还我们吧！"一个波兰人嚷道。

"它是你们的了！"皇帝应道。

"我是个农夫，给我土地！"一个可怜的人叫道。

"土地是你的了，我的孩子！"

"我想要个啤酒厂。"德国人说。

"给他一个啤酒厂！"皇帝下了命令。

然后轮到了一个犹太士兵。"你呢，年轻人，你想要什么？"皇帝脸上带着鼓励的微笑问道。"如果能够的话，陛下，我想得到一条非常漂亮的青鱼。"犹太人怯生生地嘀咕着。

"哎呀呀！"皇帝叫道，耸了耸肩。"给这个人一条青鱼！"

皇帝离开以后，那些英雄们围住了犹太人。

"你多傻啊！"他们责怪他说，"想想看，当一个人想要什么就能得到什么的时候，你却只要了一条青鱼！你也太辜负皇帝的美意了吧？""我们倒是看看谁是傻瓜！"犹太人回敬道，"你们要波兰的独立，要农场，要啤酒厂，这些东西你们根本不可能从皇帝那里得到的。而我呢，你们看，我是一个现实主义者。我要一条青鱼，也许我就能得到。"

犹太人是非常注重实际的，他们认为，空中楼阁就是空中楼阁，与其画饼充饥，不如吃点窝头。聪明的犹太人不会抱有不切实际的幻想，他们知道，只有根据自己的现实情况给自己找到一个合理的定位，才能成就伟大的人生。

> **智慧真悟**
>
> 　　追求实实在在的东西才能够给自己一个准确的奋斗目标。那些生活在虚幻世界的才子们能体会到的永远是飘渺，他们找不到属于自己的领地，毕竟"画饼充饥"是解决不了实际问题的。

不要为洒在地上的牛奶而哭泣

> 小孩子会让人头痛，但是长大后会让人心痛。
>
> ——犹太人格言

　　儿子6岁时，他的父亲带他去牧师家作客。吃早餐时，儿子弄洒了一点牛奶。照父亲定的规矩，洒了牛奶是要受罚的，只能吃面包。可是儿子很喜欢喝牛奶，而且主人还特地为他准备了精美的小点心。最后，儿子的脸红了一下，看了看主人端上来的第二杯牛奶，还是没有喝。

　　牧师热情地再三劝他喝牛奶，可儿子还是不肯喝。他低着头说："我洒了牛奶，就不能喝了。"

　　后来，牧师以为是儿子害怕父亲说他才不敢喝，于是，就想办法支走了父亲。接着，主人又拿出更多好吃的点心对小男孩说："吃吧，你爸爸现在不在这里，他不会知道的。"但小男孩还是不吃，并一再说："就算爸爸不知道，可是上帝知道，我不能为了一杯牛奶而撒谎。"

　　主人觉得十分震惊，把父亲叫进客厅说了这事。父亲解释说："不，他并不是因为怕我才不喝的，而是因为从心里认识到这是约束自己的纪律，所以才不喝。"后来，父亲来到儿子面前，对他说："你对自己的惩罚已经足够了。

我们马上要出去散步，你把牛奶和点心吃了，不要辜负了大家的心意，就当是上帝对你的奖赏吧。"儿子听见父亲这样说，才高兴地把牛奶喝了。父子俩高高兴兴散步去了。

智慧真悟

　　自律是一种美德，无论做什么事都要严格要求自己，这样才能成就大事。因为做到自律是对自己负责，而不是为了做给别人看，所以有没有人监督你并不重要。

你会选择哪种分苹果的方法

自己的缺点无法改变也不必灰心，要永远努力向上提高自己。
——犹太人格言

　　母亲节快要到了，电视台要举行一个"谈谈母亲对自己成长的影响"的节目。印象最深的是一个犯人和一名王室成员谈小时候母亲给他们分苹果的故事。

　　监狱的犯人得意地说：

　　"一天，妈妈给家里的孩子们提回了一篮子新鲜的苹果。我一眼就看见了中间的一个又红又大的苹果，非常想要。这时，妈妈把苹果放在桌上，问我和弟弟：你们想要哪个？我刚想说想要最大最红的那一个，没想到弟弟比我还快，说自己要那个又红又大的苹果。妈妈听了，瞪了他一眼，说：'好孩子要想着把好东西让给别人，不能总顾着自己。'

　　于是，我灵机一动，大声地对妈妈说：'妈妈，我想要那个最小的，把又红又大的苹果让给弟弟吧。'

　　妈妈听了，高兴地在我脸上亲了一下。于是，我得到了自己心里想要的那个大苹果。从此，我学会了说谎。以后，为了得到想要得到的东西，我学会了打架、偷、抢。就这样，我被送进了监狱。"

王室成员的回答是这样的：

"小时候，有一天妈妈拿来几个苹果。我和弟弟们都争着要大的，妈妈把那个最大最红的苹果托在手中，'这个苹果最好吃，谁都想要得到它。行，你们三个比赛修剪草坪，谁干得最快最好，谁就可以得到它！'

结果，我通过自己的努力赢得了那个最大的苹果。

我非常感谢母亲，因为她让我明白一个最简单也最重要的道理：想要得到最好的，就必须努力争第一！现在，我也这样对自己的孩子们说：你想要什么，想要得到多少，就必须为此付出多少努力！"

智慧真悟

　　要想得到什么，得到多少，你就必须付出同样多的努力，这是一种很公平的竞争原则。

　　那种不劳而获，投机取巧，想要"走捷径"的人，等待他们的必定是漫漫长路。

·第二章·

健康心态——成就未来的境界

耕耘心灵比耕耘头脑更可贵。

赞美的力量

> 耕耘心灵比耕耘头脑更可贵。
>
> ——犹太人格言

犹太人有着坚强的耐力和出众的智慧，当然，犹太人的赞美的力量也是不容抗拒的。

周末，一个犹太人和他的朋友搭车去伦敦。下车时，这个犹太人对司机说："谢谢，搭你的车十分舒适。"司机听完愣了，好久才问了一句："你是在嘲笑我吗？"

"不，司机先生，我很佩服你在交通混乱时还能沉住气。"司机没再说什么，便驾车离开了。

"你为什么会这么说？"朋友有些不解。

"我想让人间多点人情味。"这个犹太人答道。

"靠你一个人的力量怎么办得到？"

"我相信一句小小的赞美能让那位司机一天都心情愉快。如果他今天载了10位乘客，他们受了司机的感染，也会对周围的人和颜悦色。这样算来，我的好意可间接传给500多人，不错吧？"

"但你怎么知道司机会照你的想法去做呢？"

"我并没有寄希望于他，"犹太人回答，"我习惯多对人和气，多赞美他人。"

"但是你这样做有什么效果呢？"

"就算没效果我也毫无损失呀！开口称赞那司机花不了我几秒钟。如果那人无动于衷，那也无妨，明天我还可以再称赞另一个司机呀！"

"我看你脑袋有毛病。"

"不！你错了。我曾调查过邮局的员工，他们最感沮丧的除了薪水微薄外，就是欠缺别人对他们工作的肯定。"

"但他们的服务真的很差劲呀！"

"那是他们觉得没人在乎他们的存在。我们为何不多给他们一些鼓励呢？"

他们边走边聊，途经一个建筑工地，犹太人问旁边的建筑工人："这栋大楼盖得真好，你们的工作一定很危险、很辛苦吧？"工人并没有回答他。

"工程何时完工？"犹太人继续问道。

"半年。"一个工人才回应了一声。

"这么出色的成绩，你们一定很引以为荣。"

离开工地后，犹太人对朋友说："这些人也许会因我这一句话而更起劲地工作，这对所有的人何尝不是一件好事呢？"

"但光靠你一个人有什么用呢？"

"我常告诉自己千万不能放弃，让这个社会更有人情味原本就不是一件简单的事，我能影响一个是一个，能两个是两个……"

智慧真悟

一句由衷的赞美，会使别人心情愉悦，带来莫大的鼓舞；一句尖酸刻薄的话语，会灼伤他人的心灵，甚至会让别人痛苦一辈子。所以还是以博爱的心胸、宽广的胸怀，去善待周围的人吧。

英国人与犹太人

别想一下就造出大海，必须先由小河川开始。

——犹太人格言

对于一个犹太人来说，金钱的积累是从"每一枚硬币"开始的，一个成功致富的人绝不会因为钱小而弃之，他们知道任何一种成功都是从一点一滴积累起来的，没有这种心态就不可能获得更大的财富。

有两个年轻人一同去寻找工作，其中一个是英国人，另一个是犹太人。他们都怀着成功的愿望，寻找适合自己发展的机会。有一天，当他们走在街上时，同时看到有一枚硬币躺在地上，英国青年看也不看就走了过去，犹太青年却激动地将它捡了起来。

英国青年对犹太青年的举动露出鄙夷之色：连一枚硬币也捡，真没出息！

犹太青年望着远去的英国青年，心中感慨：让钱白白地从身边溜走，真没出息！

后来，两个人同时进了一家公司。公司很小，工作很累，工资也低，英国青年不屑一顾地走了，而犹太青年却高兴地留了下来。

两年后，两人又在街上相遇，犹太青年已成了老板，而英国青年还在寻找工作。

英国青年对此无法理解："这么没出息的人怎么能如此快地发了财呢?"犹太青年说："因为我不会像你那样绅士般地从一枚硬币上走过去，我会珍惜每一分钱，而你连一枚硬币都不要，怎么会发财呢?"

英国青年并非不在乎钱，而是眼睛总盯着大钱而对小钱弃之不理，所以他的钱总在明天，这就是问题的答案。

犹太人发扬着不放弃每一分钱的传统，坚定"不积跬步无以至千里，不积小流无以成江海"的信念，所以大家才会看到犹太人脸上成功的微笑。

智慧真悟

踏踏实实做人，脚踏实地做事是一个人成功的基础前提。如果一个人总是好高骛远，不但不能得到大的财富，就连小的财富也终究会与他失之交臂的。

唯一的一次

倘若可以多赚 1 美元，只要有这种机会，我就绝对不放弃。

——犹太人格言

一个犹太人亿万富翁的经商之道是个秘密。同样付出劳动，他怎么会积累如此多的财富呢？

好多人都绞尽脑汁地模仿着他的做法，可是就是不如他的收益高。

有一天，一个孩子终于问亿万富翁："你是怎么成为亿万富翁的?"

"1 元钱 1 元钱地挣呗，当你重复 1 亿次时就自然而然成为亿万富翁了。"富翁不紧不慢地说。

"挣 1 元钱并不难，可是怎么样坚持 1 亿次呢?"孩子用很敬佩却又有点怀疑的目光看着他。

"可以不去想 1 亿次，想得太多反而给你背上心理包袱，让你觉得挣 1 元钱也是那样遥不可及。你挣钱的时候只想着这是唯一的 1 次，既然是唯一的 1 次，你就一定要把它挣来。挣来这 1 元钱之后，再去挣下 1 元钱。如此反复，时间一长，你会发现，自己拥有的财富是许多个'1 元'，你会从自己过去的成绩中得到信心，那时候你的财富就不是 1 元、1 元地增加，而是 1 万、1 万地增加，甚至是百万、百万地增加。"富翁井井有条地给孩子耐心讲解致富心得。

孩子被富翁的"唯一的一次"吸引了。富翁的致富秘诀渐渐地深入人心，一直流传下来。

智慧真悟

伟大的壮举并非一日之功，都是由一系列微不足道的小事积累而成的。做成一件事不难，难的是坚持不懈，因为小事的积累是成功的必由之路。

恶有恶报

请保持你的礼貌和热情，不管对上帝，对你的朋友，还是对你的敌人。

——犹太人格言

在一个波兰小村庄里住着一个犹太农夫，他租了一个小小的农场。农夫是一个简朴的人，虽没有什么知识，却非常虔诚，常做善事。他的父亲也租了同一个小农庄。农场主是个友好的老人，和父子俩都相处得很好。附近的农民也都很喜欢这个诚实的农夫，常常把自己的各种事情都托付给他。犹太农夫经常要去镇里，农民们就托他到那儿买他们需要的东西。

一天，一个年轻贵族来到了这个小村落。他是个典型的花花公子，把继承的财产全挥霍在吃喝玩乐和女人上了。现在他发现自己没有任何收入了，就动起了把犹太人赶走，想霸占他的农庄的念头。"赶走他是件很容易的事，"他对自己说道，"毕竟他只是个犹太人，而我却是个贵族。"但是事情并不像他想的那么简单。农场主人委婉地拒绝了他，说自己没有权利这么做。他说，犹太人从父亲手里接过了农庄，每年都按时缴付租金，自己又怎能把农庄从他手中夺走，不给他留下一条活路呢？农场主人没有告诉贵族的是，他看出贵族是个头脑简单、没有责任感的人，所以不信任他。

贵族并没有轻易放弃。起初，他试图诱骗犹太人自动离开他的农庄。当他发现犹太人很倔强，不肯听命于他时，就开始用各种各样可怕的不幸来威胁农夫。他声称自己什么都做得出来，他要煽动农夫的雇民来反对他，这肯定不会太难的，农夫不就是一个犹太人吗？他还要劝村里的牧师不许村民们和他交往，威胁当局不把农庄再租给农夫，等等。

但是所有的威胁都没起到作用，犹太人根本不受胁迫。相反地，他把贵族的恐吓告诉村里的每个人。牧师和农夫们都向他保证他们不会理睬那个无赖的。

再一次遭到挫败后，贵族又想出了一个恶毒的计划。一天，当犹太人又坐着马车去镇里的时候，他的敌人———那个贵族，用金钱、美酒和甜言蜜语哄骗几个年轻农民埋伏在他必经的森林里。

犹太人一点也不知道危险正等着他。他像往常一样在镇里办完事，夜暮来临时，他开始回家了。不一会天阴了，大雨倾盆而下。等犹太人到达森林时，天已经全黑了。农夫根本看不清眼前的道路，干脆松开了缰绳让马儿自己跑。突然，一阵莫名的不安袭上心头，为了驱走恐惧，农夫开始背诵赞美诗。

"上帝赐予我们庇护和力量，在我们有麻烦时给我们帮助。所以，就算所有的高山都移入了大海，就算地球毁灭，我们也不会恐惧。"

他一次次地重复着这首赞美诗，但是森林里还是充满了不祥，黑暗紧紧包围着他。马儿好像迷路了，漫无目的地在黑暗中游荡。

犹太人越来越不安了。为了赶走恐惧，他满怀激情地越来越大声地吟诵着赞美诗。不知多少时间过去了，马儿们在森林里盲目地穿来穿去，尽管它们很熟悉回家的路，可就是找不到。这种事以前从来也没有发生过，他怎么会迷路呢？

终于，黎明的曙光到来后，农夫才看清自己身在何处，发现去农场的路原来就在身后。

年轻贵族不耐烦地在家等着他派去拦截犹太人的农民回来。时间一小时一小时地过去，一点动静都没有。午夜到了，他们还是一点消息都没有。贵族越来越烦躁。鬼才知道发生了什么！谁说得准呢———也许犹太人抵挡住了农民。更糟的是，他可能去当权者那儿揭发了一切。或许这些恶棍农民甚至可能背叛了他。

这些念头逼得贵族都快要发疯了。他驾了一辆马车向森林里飞奔而去。

黑暗也同样包围了他，他迷路了。突然，几个黑影向他扑来，他还来不及喊出声来，一阵拳头像雨点一样地落在他身上。农民们狠狠地揍他，揍得他连话都说不出来。直到他们打累了，才结束了攻击。贵族终于能开口了，农民们这才发现自己揍错了人而把他放了。

等犹太人到家时，他发现所有村民都已听说了发生的事。他们都站在他这边，嘲笑着贵族。年轻贵族被送进了医院。从那以后，他再也不敢在村子里露面了，因为害怕会遭到大家的嘲笑。

智慧真悟

万事因果必有报。所谓善有善报，恶有恶报。所以一定要用一颗怜爱之心对待周围的人和事，同样回报你的也将是善果。

一个人的心态好比琴弦

不要自贬身价，以免别人看轻。

——犹太人格言

以 1000 元成交的结果让在场的人一片哗然。为什么有人肯花 1000 元买一把破旧的、曾经 5 毛钱都没曾卖掉的、非常旧的小提琴。

曾经有过一场被视为破烂拍卖会的拍卖。拍卖商走到一把小提琴旁——一把看起来非常旧、非常破、磨损得非常厉害的小提琴。拍卖商拿起小提琴，播了一下琴弦，结果发出的声音跑调了，难听得要命。他看着这把又旧又脏的小提琴，皱着眉头、毫无热情地开始出价，10 美元，没人接手。他把价格降到 5 元，还是没有反应。他继续降价，一直降到 0.5 元。他说："0.5 元，只有 0.5 元。我知道它值不了多少钱，可只要花 5 毛钱就能把它拿走！"

就在这时，一位头发花白、留着长长的白胡子的老头走到前面来，问他能否看看这把琴。他拿出手绢，把灰尘和脏痕从琴上擦去。他慢慢拨动着琴弦，一丝不苟地给每一根弦调音。然后他把这只破旧的小提琴放到肩上，开始演奏。

从这把琴上奏出的音乐是现场许多人听过的最美的音乐。美妙的乐曲和旋律从这把破旧的小提琴上流淌出来。

拍卖商又问起价是多少。一个人说100元，另一个人说200元，然后价格就一直上升，直到最后有人以1000元的价格买走了小提琴。为什么会有这样的结果呢？因为它已经被调准了音，能够弹出优美的乐曲。

犹太人认为，一个人也像一把小提琴，你的心态好比琴弦，调整好了心态，别人就不会轻视你的价值。

智慧真悟

心态决定命运。积极的心态有助于你在逆境到来时勇敢地面对，积极地改变。消极的心态，则让你无法面对一个个人生挫折，挑不起生活的重担，只能自甘沉沦，被挫折击垮。人生的挫折、逆境无法避免，唯一能做的就是改变我们的心态。

要顾全大局

在仔细权衡利弊得失之前，不可采取盲目的行动。

——犹太人格言

以色列情报机构首脑摩沙迪的高级间谍伊莱·科恩秘密地打入了叙利亚的情报机构，担任了顾问要职，能够获取叙利亚的许多军事机密。

有一次，科恩获悉老牌纳粹分子费朗茨·拉德马赫尔藏匿在叙利亚。由于在战时纳粹德国丧心病狂地灭绝犹太民族，因此，战后由犹太民族为主体的以色列以追捕逃脱的纳粹分子为己任，而且取得了很大的成果。费朗茨是个残害了600万犹太人的刽子手，是个久捕不获的漏网分子，如果抓获了这个纳粹分子，将能大大振奋以色列国民的精神和官兵的士气。

科恩立即将这个情报发给摩沙迪，建议由他就近将这个纳粹刽子手除掉。这个建议确实有着巨大的吸引力，但是摩迪沙却下令给科恩："切勿行动，请放弃这个目标！"因为除掉了费朗茨，势必要暴露科恩的身份，而当时，中东形势非常紧张，科恩的主要任务是搜集叙利亚的军事情报。

费朗茨虽然罪恶滔天，但现在对以色列已经构不成任何威胁，而叙利亚正虎视眈眈地准备和以色列进行战争。两者相比，摩迪沙当然宁可牺牲一个次要目标，而要抓住一个主要目标。科恩接到了总部的指令，仍心有不甘，所以再次请示："让我给那个纳粹分子寄一枚炸弹去，恐吓他一下。"

摩迪沙仍旧指示："切勿行动，请放弃这个目标！"

科恩终于明白了总部的意图，专心致志地搜集叙利亚的备战情报，他发现在戈兰高地，叙军正在修筑强大的工事，就把这个情报发给了总部。

不久，第三次中东战争爆发了，以色列根据科恩提供的情报很快攻占了戈兰高地，从而使以色列在第三次中东战争中大获全胜。当然，科恩从此在叙利亚也无法存身了，不过这还是非常值得的。

智慧真悟

有句话说得很对："前方是绝路，希望在转角。"人们往往都是确定了一个目标，就会全身心地投入到其中去，一心只想着如何可以接近那个目标。其实，我们在想问题、干事情的时候，不要只向着自己设想的目标去看，偶尔回头看一下，想一下，又或者左右看一下，说不定会有新的收获呢！

你有你的价值

> 评价是最好的介绍信。
>
> ——犹太人格言

有一天，一位犹太禅师为了启发他的门徒，给门徒一块很普通的石头，叫他去蔬菜市场，并且试着把它卖掉。这块石头很大、很美丽。但是师父说："不要真卖掉，只是试着卖掉它。注意观察，多问一些人，然后只要告诉我在蔬菜市场它能卖多少钱就可以了。"

这个人遵照禅师的指示，来到了菜市场，叫卖着：　"卖石头、卖石头……"许多人看着石头：有的想它可做很好的小摆件，我们的孩子可以玩；有的想我们可以把它当作称菜用的秤砣。于是他们出了价，但只不过几个小硬币。那个人回来，如实向禅师汇报了成果："它最多只能卖几个硬币。"

师父又说："现在你去黄金市场，问问那儿的人。但是也不要卖掉它，光问问价。"

从黄金市场回来，这个门徒很高兴，说："这些人太棒了。他们乐意出到1000块钱。"

师父又说："现在你去珠宝商那儿，但不要卖掉它。"他去了珠宝商那儿。他简直不敢相信，他们竟然乐意出5万块钱，他不愿意卖，他们继续抬高价格——他们出到10万。

但是这个人说："我不打算卖掉它。"

他们说："我们出20万、30万，或者你要多少就多少，只要你卖！"

这个人说："我不能卖，我只是问问价。"

他不能相信："这些人疯了！"他自己觉得蔬菜市场的价已经足够了。

他回来后，师父拿回石头说："我让你去了蔬菜市场、黄金市场、珠宝市场，同样的一块石头在不同的地方却价值斐然，你悟出了什么了？"

门徒想了想说:"人无论在哪儿都要努力地提升自己的价值。你生活在蔬菜市场,那么你也就是那个市场的理解力,你永远不会认识更高的价值"。

禅师高兴地点了点头。

智慧真悟

人无完人,每个人都有自身独特的价值,如何体现出来这种价值?这就要你首先认识到自身的价值,通过学习不断提升自我价值,才能使自己不断完美起来。

专注在你的目标上

只要怀着坚定的信念去做,就能够做到。

——犹太人格言

成功的含义对于每个人来说不尽相同,但是实现成功所要走的路径却是相同的:吃苦耐劳,坚持不懈地朝着自己的目标走下去,尽管会有崇山峻岭的阻隔,终有一天会到达终点。

1936 年荣获诺贝尔生理学及医学奖的美国著名医师及药理学家勒韦是一个非常专注于目标的人。

勒韦 1873 年出生于德国法兰克福的一个犹太人家庭。他从小喜欢艺术,绘画和音乐都有一定的水平。但他的父母是犹太人,对犹太人深受各种歧视和迫害心有余悸,不断敦促儿子不要学习和从事那些涉及意识形态的行业,要他专攻一门科学技术。他的父母认为,学好数理化,可以走遍天下都不怕。

在父母的教育下,勒韦进入大学学习时,放弃了自己原来的爱好和专长,进入施特拉斯堡大学医学院学习。

勒韦是一位勤奋志坚的学生,他不怕从头学起,他相信专著于一,必定会成功。他带着这一心态，很快进入了角色，他专心致志于医学课程的学习。心态是行动的推进器，他在医学院攻读时，被导师的学识和专心钻研的精神所吸引。这位导师是淄宁教授，是著名的内科医生。勒韦在这位教授的指导下，学业进展很快，并深深体会到医学也大有施展才华的天地。

勒韦从医学院毕业后，他先后在欧洲及美国一些大学从事医学专业研究，在药理学方面取得较大进展。由于他在学术上的成就，奥地利的格拉茨大学于1921年聘请他为药理教授，专门从事教学和研究。在那里他开始了神经学的研究，通过青蛙迷走神经的试验，第一次证明了某些神经合成的化学物质可将刺激从一个神经细胞传至另一个细胞，又可将刺激从神经元传到应答器官。他把这种化学物质称为乙酰胆碱。1929年他又从动物组织分离出该物质。勒韦对化学传递的研究成果是一个前所未有的突破，在药理学及医学上作出了重大贡献，因此，1936年他与戴尔获得了诺贝尔生理学及医学奖。

勒韦是犹太人，尽管他是杰出的教授和医学家，但也和其他犹太人一样，在德国遭受了纳粹的迫害，当局把他逮捕，并没收了他的全部财产，被取消了德国国籍。后来，他逃脱了纳粹的监察，辗转到了美国，并加入了美国国籍，受聘于纽约大学医学院，开始了对糖尿病、肾上腺素的专门研究。勒韦对每一项新的科研，都能专注于一。不久，他这几个项目都获得新的突破，特别是设计出检测胰脏疾病的勒韦氏检验法，对人类医学又作出了重大贡献。

智慧真悟

成功之本取决于人的心理素质、人生态度和才能资质。当然，仅靠这个"本"还不够，必须兼具高远的志向和实现目标的专心致志的毅力。特别是专注于一的精神，更有利于一个人的成功。

损失 2 马克

> 如果你认为金钱是万能的，很快就会发现自己陷入痛苦之中。
>
> ——犹太人格言

尤利乌斯是一个画家，而且是一个很不错的画家。他画快乐的世界，因为他自己就是一个快乐的人。不过没人买他的画，因此，他想起来会有点伤感，但片刻之后他就能够调整好。

"玩玩足球彩票吧！"他的朋友们劝他，"只花 2 马克便可赢很多钱！"

于是尤利乌斯花 2 马克买了一张彩票，并真的中了彩！他赚了 50 万马克。

"你瞧！"他的朋友都对他说，"你多走运啊！现在你还经常画画吗？"

"我现在就只画支票上的数字！"尤利乌斯笑道。

尤利乌斯买了一幢别墅并对它进行一番装饰。他很有品位，买了许多好东西：阿富汗地毯、维也纳橱柜、佛罗伦萨小桌、迈森瓷器，还有古老的威尼斯吊灯。

尤利乌斯很满足地坐了下来，他点燃一枝香烟静静地享受他的幸福。突然他感到好孤单，便想去看看朋友。他把烟往地上一扔，在原来那个石头做的画室里他经常这样做，然后他就出去了。

燃烧着的香烟躺在地上，躺在华丽的阿富汗地毯上……一个小时以后别墅变成一片火的海洋，它完全烧没了。

朋友们很快就知道这个消息，他们都来安慰尤利乌斯。

"尤利乌斯，真是不幸呀！"他们说。

"怎么不幸了？"他问。

"损失呀！尤利乌斯，你现在什么都没有了。"

"什么呀？不过是损失了 2 个马克。"

不把财产看得过重，超越患得患失的贪婪心理，人生就会变得开阔许多。

智慧真悟

患得患失是常有的事。但是人们的心态却截然不同。以积极的心态坦然面对，金钱终有一天还会光顾于你；以消极的态度颓废地对待，只会陷入无尽的痛苦之中。

贪心的下场

身体的所有部分都依靠心而生存，心则依赖钱包而生。

——犹太人格言

肯特尔和一个极愚笨的人由于意外的原因，同时得到了命运的宠幸。命运之神说："我给你们一次中巨额奖金的机会，有花不完的硬通货。"

肯特尔有额外的要求："我比那笨人有更多的理性、智力，我应该在最后比他富有。"命运之神勉强答应了。

愚笨的人果然有了横财，他只能就俗，宝马香车、美人红酒，曼联的主场包个贵宾席位，巴黎的餐馆备受尊敬，如此而已。中年以后，穷极无聊，成为赌场的常客。当钱所剩不多时，寿终正寝，结束了庸俗的一生。

肯特尔个人同一天有了两亿美元。愚笨的人毫无创造性地当即过上了物质主义的生活，肯特尔花了一天时间拟定他比愚人高妙千倍的花钱计划。第二天，他死了。命运之神再次满足了他的要求。

这说明有时好处求得更多，死得更悲惨。

命运之神宠幸他们的第三次，肯特尔仔细思考了无缺憾的要求，以便使自己完全能占愚笨之人的上风，他说："我要和他同样在年轻时走运，终生比他有钱，而且长命百岁，这样，才能对得起我的智慧。"命运之神马上允许了。

愚笨的人得到了 3 亿美元，聪明的肯特尔得到一个精神病医生的护理。命运之神的结论是："如果一个人处心积虑要把所有的好处拢给自己，就有病了。"

> **智慧真悟**
>
> 有得就有失。与其患得患失地受煎熬，不如豁达一些，淡泊一些，开通一些。想要生活得愉快，就不要提过多的要求。

把握住现在就是一种幸福

> 一宿虽然有哭泣，早晨便必欢呼。
>
> ——犹太人格言

犹太人命运多舛，但是，他们也练就了调整心态的高超本领，他们非常善于调节情绪。他们强调，要调整好情绪，度过今天——不是一周、一月、或是一年——只是 24 小时。早晨醒来时，你真正能掌握的，唯有今天而已。谁也无法将一只脚遗留在过去，也无法单靠一只脚便踏入未来。千万不可拘泥于过去与未来，而眼睁睁地任今日流逝。

查斯特的一个朋友刚开始创业时，曾雇用了一位叫约翰·斯本塞的高龄绅士为办公室的经理人。那时，约翰已经 70 多岁了。但是，每天早上他总是第一个到公司，永远保持愉快的心情，而查斯特的这个朋友却阴霾常布。

有一天，他不慎陷入犹如"鳄鱼出没、水深及膝的泥淖"情绪之中，这时的他渴望有人能对自己稍加安慰，于是将心中的所有心事一股脑全告诉了约翰，他没想到的是，约翰只是简单地回了他这么一句："是啊！这种事常有的嘛！而且，往后还有更糟的呢！"多少年后，这位朋友还经常想起这句意味深长的话来，当作茶余饭后的笑谈。仔细想想，世事果真如此，总以为再也不会有比目前状况更糟的了，实际上并非如此。

在那段艰苦的日子里，约翰劝查斯特的朋友暂时把自己关在自己的公司里，集中心力思考自己人生的顺畅面。尽量去想些有关健康、温馨的家庭、居住环境的优雅、好吃的食物、好朋友、种种美好的事物，以及生活在美丽、自由的国土上等等琐碎的事。诚如约翰所言，人们总是不懂得珍惜眼前所拥有的，直到失去了，方才后悔不已。

智慧真悟

无论有多少困难，事实上至多也不过堆积成一座山罢了。你要做的，只是将问题理清，"一次一种"予以解决，从而一波又一波、一日复一日地度过难关。

宝贵的货物

小心你的思想，它们会转为言辞；小心你的言辞，它们会转为行动；小心你的行动，它们会转为习惯；小心你的习惯，它们会转为个性；小心你的个性，它们会成为你的命运。

——犹太人格言

拉比和一群商人出海航行，商人们带了很多货物准备出售。

"你带了什么货物?"他们问拉比。

"我的货物比你们的都宝贵。"拉比回答说。

但他没说是什么。

这些商人们很吃惊，于是在船上的每一个地方仔细寻找，却什么都没有发现。因此他们对拉比开始冷嘲热讽。

"他是个傻瓜!"他们说。

几天后,在海上遇到了海盗,他们的货物被抢劫一空,连衣服和食物都没有了。

船靠岸后,商人们发现他们一无所有。在异国他乡谁都不认识他们,这使他们陷入了困境,必须忍受种种不便。

而拉比却在登岸不久,就找到了学院,开始解释律法。当人们看到他是如此博学多识,就给了他很大的支持和帮助。当他来到街上,当地的达官贵人毕恭毕敬地伴随着他。看到这些,他的那些商人同伴都很困窘。

"请原谅我们对你的嘲笑吧,"他们乞求道,"请帮助我们,让他们给我们一些硬面包吧!"

"我们现在很饿!我们现在明白了,知识才是最好的货物!"

智慧真悟

有人问财富指的是什么?大多数的回答往往是金钱,其实黄金珠宝固然可贵,但是如果缺乏智慧的支配,它不会具有闪光点。只有知识才是永远闪光的宝物。

"日行一善"的遗训

要随时心怀感恩,感谢上帝赐给我们的一切。

——犹太人格言

20世纪60年代,当家人带着他在美国迈阿密登陆时,全家所有的家当,是他父亲口袋里的一沓已被宣布废止流通的纸币。

为了能在异国他乡生存下来,从15岁起,他就跟随父亲打工。每次出门前,父亲都这样告诫他:只要有人答应教你英语,并给一顿饭吃,你就留在那儿给人家干活。

他的第一份工作是在海边小饭馆里做服务生。由于他勤快、好学，很快便得到老板的赏识。为了能让他学好英语，老板甚至把他带到家里，让他和他的孩子们一起玩耍。

一天，老板告诉他，给饭店供货的食品公司招收营销人员，假若乐意的话，他愿意帮助引荐。于是，他获得了第二份工作，在一家食品公司做推销员兼货车司机。

临去上班时，父亲告诉他："我们祖上有一条遗训，叫'日行一善'。在家乡时，父辈们之所以成就了那么大的家业，都得益于这4个字，现在你到外面去闯荡了，最好能记着。"

也许就是因为那4个字吧，当他开着车把燕麦片送到大街小巷的夫妻店时，他总是做一些力所能及的善事，比如帮店主把一封信带到另一个城市；让放学的孩子顺便搭一下他的车，就这样，他乐呵呵地干了四年。

第五年，他接到总部的一份通知，要他去墨西哥，统管拉丁美洲的营销业务，理由据说是这样的：该职员在过去的四年中，个人的推销量占佛罗里达州总销售量的40%，应予以重用。

他打开拉丁美洲的市场后，又被派到加拿大和亚太地区；1999年，被调回了美国总部，任首席执行官。随后，他又被提名出任下一届政府的商务部部长。

他就是卡罗斯·古铁雷斯。

现在，卡罗斯·古铁雷斯这个名字已成为"美国梦"的代名词，然而，世人很少知道古铁雷斯成功背后的故事。《华盛顿邮报》的一位记者曾去采访古铁雷斯，就个人命运让他谈点看法。古铁雷斯说了这么一句话："一个人的命运，并不一定只取决于某一次大的行动；我认为，更多的时候，取决于他在日常生活中的一些小小的善举。"

智慧真悟

一个人的命运往往取决于他在日常生活中的一些小小的善举。哪怕是一个不经意的动作、眼神、习惯都会给人莫大的鼓舞。但仅仅这样还不够，还需要自强不息，因为自强不息者的前途是光明的。

家穷心富

> 思想是最珍贵的礼物。
>
> ——犹太人格言

学校要确定贫困生的名额，按照学校的规定，必须实事求是，所以我挨家逐户进行考察。一家挨一家地来走访，几个孩子一贫如洗的家让我的心坠得生疼生疼的。"柳子营209号，"我一边念着地址，一边走进了又一个学生的家。

咦？我疑惑起来，是这一家吗？这一家可一点儿也不穷啊！衣着干净、微笑和煦的女主人的肯定打消了我的怀疑。没错，这就是柳莹莹家。一瞬间，被欺骗的感觉涌向心头，我多少带了些愠色——3天的考察时间，我需要走访20余家，时间已经非常紧张了，这个柳莹莹竟然还以这种方式来增加我的工作量！

走进那间窗明几净的小屋，我开始四处打量。只见一平方多米的小窗户的每一块玻璃都被擦得一尘不染，左右两个下角处，各贴着一幅吉庆有余的窗花。窗台上，摆着一盆姹紫嫣红的假花。窗户下面，从东到西占据了整个房间一半空间的是一铺大炕，炕头上整整齐齐地摆着四摞被褥（怎么他们一家四口只有一条炕可以睡觉？）。房间的另一半，摆着一张擦拭得干干净净的八仙桌，但由于花纹早已经被磨平，我无法估计出它的"年龄"。八仙桌上，放着用洁白的手帕盖住的茶壶茶杯，桌角上那杯正冒着热气的清茶，是女主人刚刚为我沏的。

看完这一切，我心里的疑惑更加重了：从摆设上看，这家的确不富裕，可是，可是……其实可是什么，我也说不出来，只是觉得这一家实在与其他贫困家庭不同。于是，我站起身来，走到外屋也就是他们的小厨房里，去摸那一台崭新的洗衣机。

"啊?"我愣了一下，惊吓了出来。

"没错，它是假的，是我丈夫用从木料厂里捡回来的废木料做成的，我觉得它漂亮，就把它摆在那里当装饰了。其实我们家有很多假东西，窗台上的花是我用纸做的；盖茶杯的白手帕是我把春天的柳絮打湿，捻成线织成的；还有你刚才喝的茶叶，是我用从山上采来的野菊花晒成的……"女主人狡黠地眨眨眼睛，看上去年轻而欢快。

一种酸楚又感动的感觉倏地淹没了我的心，我没有再多说什么，冲女主人微笑着点点头，便转身向外走去——我已经决定把一个宝贵的名额留给柳莹莹了。有其母必有其女，我相信这孩子也一定是一朵在夜幕和寒露下微笑的小菊花。

智慧真悟

> 幸与不幸，伴随着每个生命一起降临。如果你屈服于命运，不幸便会渐渐占满你的精神世界；如果你坚强而乐观，不幸便会最终被你改变面貌——没有败给命运的人，只有屈服于命运的人。

人生何处不快乐

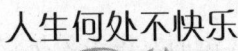

> 不要和自己过不去。
>
> ——犹太人格言

突然地震，大家惊惶失措，四处逃命，乱成一团，却见一位被抬出来的老奶奶笑嘻嘻地说："老天爷真开心。"

地震停了，大家问老奶奶："您为什么不说老天爷发脾气，而要说他开心呢?"老奶奶一笑："我又没得罪他，干吗想他生气呢? 他是开心，一笑一颤，就地震了。"

她又笑笑："他是开心得太过火，才害了人，不过他自己也没想到啊！"

老奶奶诙谐幽默的回答让刚在恐惧中醒过来的人们轻松了很多。

一个中国人家里的电话号码，末尾是"1414"。

当地的人都把"1"念成"幺"，这样一来就成了"幺四幺四"，好像"要死要死"，大家都说这个号码不吉利。朋友却很高兴："这号码真是吉祥，你想想，唱歌的时候1414唱什么？唱'都发、都发'对不对？所以你记住'都发、都发'，总是发财，就对了！"

几个老友在一起聊天，大家都有过艰苦的童年、奋斗的青年和成功的中年。

"唉！年轻的时候，有闲没钱。而今有了钱，又没了闲，真倒霉！"一人说。

另一人笑道："我可比你强多了。"大家看他。"我啊，年轻的时候没钱，可是有闲；现在虽然没了闲，可是有钱！多好啊！"

坐计程车，一路上七八个红绿灯。怎会那么巧，每当绿灯时，眼看要通过了，就变红灯，车子被挡了下来。

"真倒霉！一路连连碰红灯。"客人叹口气，"总是最后差一步。"

"不倒霉，"司机回头笑笑，"变绿灯，咱们都是第一个走。"

一地要修建高速铁路，两边的农民纷纷抗议，他们说火车会产生污染，让收成减少。

铁路负责人把农民找来问："你们有没有算过，铁路两边的稻田，一年要被麻雀吃掉多少谷子？"农民答："相当多！"于是铁路的负责人笑道："你们从此不用操心了，我们的火车不一会儿就过一班，保证帮你们把麻雀都赶跑。"后来证明，铁路两边的收成果然特别好。

智慧真悟

　　用乐观的心态看世界，世界会充满阳光，无限明媚；用消极的心态怀疑世界，世界也会阴沉郁闷。所以别和自己过不去，当我们埋怨别人、抱怨环境时，不妨换一种心境试试。人生处处都有快乐，看你怎么去发现。

你可以自己给自己奇迹

　　妒忌和愤怒使人夭亡，紧张渴求使人早衰。

——犹太人格言

有一个人觉得生活太平淡了，于是天天期望出现奇迹。

为了让奇迹早些出现，他向上帝祈求。

上帝问他："你想要什么样的奇迹？"

"奇迹就是做梦都想不到、完全超乎我的想象的事情。"

上帝说："我答应你，奇迹明天就会出现。"

这个人开始焦急地等待。

但是多少天过去了，什么奇迹也没有出现。

他又对着天空向上帝质问："上帝啊，你为什么没有给我奇迹？"

"我早就给你奇迹了呀。"天上飘来上帝的声音。

"我怎么没有看见？"

"其实你天天都生活在奇迹中。你不是说奇迹就是你做梦都想不到、完全超乎你想象的事情吗？我给过你了，你以为上帝就能给你奇迹，然而上帝却没有给你奇迹，这是你做梦也想不到的，这本身难道不也算是一个奇迹吗？其实你大可不必期待什么奇迹出现，因为除了你自己以外，世界上根本没有其他的什么可以称为'奇迹'。求上帝给你奇迹，不如求自己给自己奇迹。"

智慧真悟

适当地借助外力是必要的，但是不能完全依赖别人的力量。当你一旦放弃依赖他人的念头，变得自立自强，你就能发挥出意想不到的力量。

一个能自我克制的男士

没有监督的时候也要严格要求自己。

——犹太人格言

一个犹太商人需要一个小伙计，他在商店里的窗户上贴了一张独特的广告："招聘：一个能自我克制的男士。每星期 4 美元，合适者可以拿 6 美元。""自我克制"这个术语在村里引起了议论，这有点不平常。这引起了小伙子们的思考，也引起了父母们的思考。这也自然引来了众多求职者。

每个求职者都要经过一个特别的考试。

"能阅读吗？孩子。"

"能，先生。"

"你能读一读这一段吗？"他把一张报纸放在小伙子的面前。

"可以，先生。"

"你能一刻不停顿地朗读吗？"

"可以，先生。"

"很好，跟我来。"商人把他带到他的私人办公室，然后把门关上。他把那张报纸送到小伙子手上，上面印着小伙子答应不停顿地读完的那一段文字。阅读刚一开始，商人就放出 6 只可爱的小狗，小狗跑到男孩的脚边。这太过分了。男孩经受不住诱惑要看看美丽的小狗。由于视线离开了阅读材料，男孩忘记了自己的角色，读错了。当然他失去了这次机会。

就这样，商人打发了 70 个男孩。最终，有个男孩不受诱惑一口气读完了。商人很高兴。他们之间有这样一段对话：

商人问："你在读书的时候没有注意到你脚边的小狗吗？"

男孩回答道："对，先生。"

"我想你应该知道它们的存在，对吗？"

"对，先生。"

"那么，为什么你不看一看它们？"

"因为我告诉过你我要不停顿地读完这一段。"

"你总是遵守你的诺言吗？"

"的确是，我总是努力地去做，先生。"

商人在办公室里走着，突然高兴地说道："你就是我要的人。明早 7 点钟来，你每周的工资是 6 美元。我相信你大有发展前途。"

男孩果然在工作中信守诺言，以人品加能力在众人中渐渐崭露头角，成为一个成功的商人。

智慧真悟

大多数人在诱惑面前是无法抵挡蠢蠢欲动的心，致使成功和他（她）失之交臂。克制自己是成功的基本要素之一，因此要学会自我克制。能够驾驭自己的人，才能把握人生，把握未来。

第三章

积极进取——成功必走的阶梯

如果我们能坐下来，保持冷静，

我们生活中五分之四的困难就会消失。

在你准备发表比较重要的言论的时候，

是否也能保持足够的冷静呢？

乞丐的三个愿望

> 如果我们能坐下来，保持冷静，我们生活中五分之四的困难就会消失。在你准备发表比较重要的言论的时候，是否也能保持足够的冷静呢？
>
> ——犹太人格言

有美丽的愿望是件好事，但是再美好的愿望如果只停留在"想"的基础上，那就会成为空想。因为不去努力，就不会有收获。下面我们来看一下这位乞丐实现他的愿望了吗？

从前，贫民窟里住着一个老乞丐，他每天站在街口乞讨，到了晚上他还会向上帝祷告：希望他的诚心能够感动上帝，创造奇迹让他发财。

一天，当他祈祷完毕，抬头一看，竟然有一位美丽的天使站在眼前。天使对他说："上帝被你的虔诚打动了，他可以帮助你实现三个愿望。"

老乞丐心中大喜，立刻许下了第一个愿望：要变成一个有钱人。刹那间，他就置身于一座豪华的大宅院中，身边有无数的金银财宝。

接着老乞丐马上又向天使许下第二个愿望：希望自己能年轻 50 岁。果然，一阵轻烟过后，老乞丐变成了 20 岁的年轻小伙子。这时，他兴奋到了极点，说出了第三个愿望：一辈子就躺在金山银海里生活，不再需要工作。

天使点了点头，他立刻又变回了那位老乞丐。

乞丐奇怪地叫道："这是为什么？天使，你是不是弄错了？"

天使的声音从天边遥遥地传了过来："工作是上帝给你的最大祝福。想一想，如果你整天无所事事，那是多么可怕的一件事！只有投入工作，你才有生命的活力。现在你把上帝给你的最大的恩赐放弃了，当然就一无所有了！"

老乞丐又开始过着沿街乞讨的生活。

智慧真悟

愿望不是空想，关键在于行动。如果只是一味地想着去得到什么东西，却没有实际行动，不愿努力与勤奋，那就什么都不会得到。成功是需要付出的，只有付出才会有收获。付出多少，就会得到多少，这是一种最公平的劳动。

超越自我才会有突破

土壤因播种而改良，思想用学习来磨炼。

——犹太人格言

循规中矩的平淡生活固然值得推崇，但是这不是说人们的思想只停留在固有的状态、只有不断地赶超自我，才会有奇迹的出现。犹太民族就是一个敢于挑战和超越自我的民族。

犹太人食品大王保罗·纽曼的故事更能说明他们是如何打破旧有的生活状态、不断超越自我的。纽曼是美国著名的影星，他有杰出的表演才能和先天的强健体魄，他是银幕上的男性偶像。他饰演了许多影片，如 1956 年的《上帝喜欢我》，1958 年的《漫长的夏日》，1960 年的《在阳台上》，1961 年的《骗》等，均获观众的好评。他曾 5 次被提名为奥斯卡金像奖最佳男主角，到 1987 年他 60 岁时，终于在第 6 次提名时，荣膺奥斯卡最佳男主角，圆了自己 40 年的梦。此外，他还是出色的导演。他在电影上的成就，为他赢得了声誉和财富，他成了一位富有的艺术家。

保罗·纽曼是出生在美国的犹太人，他的父亲是一位小商人，母亲喜欢音乐、艺术。纽曼大学毕业后，留在父亲的商店工作。他喜欢表演。本来做一个老板，做一个犹太商人，他也可以成功，可他不满足于日复一日的平淡的生意。于是，在不解和怀疑的目光中，他毅然卖掉了杂货店，一心一意投身到了演艺界。1987 年，他因在《金钱本色》中的成功表演而获奥斯卡奖。保罗·纽曼从商人到艺人的跨越，使其在新的领域内赢得了更大的成功，也挖掘了自己在表演上的天赋。

但是，保罗·纽曼的超越永远没有完结。1982 年，一个偶然的机会使他接触到了一种新的食品。这种新玩意儿是拌面条用的酱汁，味道非常好。曾经作为商人的纽曼看到了其中蕴藏的商机。于是他与朋友合作，投资数十万美元开发这种食品，并成立了"保罗—纽曼食品公司"，就这样，他又开始了从艺人到企业家的超越。最后，他被誉为美国的"食品大王"。

智慧真悟

每个人都有与生俱来的多种能力和潜力，只是有些人通过坚持不懈的学习和努力，把它发挥了出来；更多的人则因为懈怠让种种才能荒废掉了。

路就在脚下

希望完成自己所能的是人，希望完成自己所希望的是神。
——犹太人格言

人不可以没有目标，但也不能光有目标而没有行动，因为没有行动的目标就是一种自我想象罢了。犹太人相信这样的原则："凡是自己所能做的事情，都要自己动手去做，绝不可以求神帮忙。"在遇到困难的时候，犹太人所秉持的原则是："要承受发生的事情，要忍耐贫穷带来的变故。"

犹太人出身的萨尔诺夫，9 岁时随父母移居美国，由于家庭的清贫，没有机会读书。读小学时也不得不利用放学时间及假日做工，挣点钱贴补家用。当他小学快毕业时，父亲积劳成疾，过早地去世了，他只好辍学到社会当童工。

他没有抱怨父母给自己带来这样一种人生局面，而是非常勤恳地工作，把挣得的点滴小钱供家里人糊口，并省下几角钱买书自学。

几经周折，终于在一家邮电局找到一份送电报的工作。他从此誓言要掌握电报技术，以后当电报业的老板。在今天看来，电报业已落后了，但在20世纪初却是刚问世的先进科技呢！萨尔诺夫不但有远见眼光，而且有决心和毅力攀登这个高峰。

他坚持了10多年的努力，把工资收入最大限度地节省下来。他白天卖力工作，晚上读电工夜校，获得了老板赏识而逐步得到提升。

1921年，他的老板为了发展业务、分设"美国无线电公司"，萨尔诺夫被委任为总经理。此时他已40岁出头，可谓大显身手了。最后，他终于成为美国无线电工业巨头，走上发迹轨道。

智慧真悟

犹太人萨尔诺夫用自己的努力创造了奇迹。这不是他的命运好，也不是他仅仅目标远大的杰作。他验证了犹太人的一句格言："凡是自己所能做的事情，都要自己动手去做，绝不可以求神帮忙。"

理想让你加速前进

不是因为有些事情难以做到，我们才失去自信；而是因为我们失去了自信，有些事情才显得难以做到。

——犹太人格言

困难和挫折伴随着成功与希望，彼此间一直是此生彼长的状态。如果你实现目标的定力弱，困难和挫折就会把你打倒；相反，如果你实现目标的定力强，困难和挫则就会被你踩在脚下。

休·海夫纳1926年4月9日出生在一个犹太家庭。他的父亲格连当时在美国芝加哥一间铝制品公司当会计，家庭收入不多，生活较为清贫。海夫纳读完中学后就不再读书了，当时正是第二次世界大战激烈之时，他应征参军了。

1945年大战结束后，海夫纳于1946年3月退役。由于当时美国规定持有军方推荐信的退伍军人有优先进入大学的权利，海夫纳进入了伊利诺斯大学读书。

在他大学期间，美国一位姓金的博士发表了关于女性性行为的文章，在社会上引起了轰动。海夫纳对金博士的文章也很感兴趣，从此他经常阅读这方面的书籍。就这样，为他今后创办并因此发迹的杂志《花花公子》打下了基础。

事实上，这也是犹太人的一种普遍的特性，即从青少年期间，他们都树立人生的奋斗目标，以后千方百计为达到目标而努力。

1949年海夫纳大学毕业了，在芝加哥一家漫画公司谋得一职，每周工资45美元。由于收入微薄，他仍住在父母家里，甚至结婚后一段时间也如此。

在美国，男子一般成人后或参加工作后，都搬离父母家，独立生活和居住，而海夫纳因收入不多，租不起房，只好住在父母家里。

早已确立了奋斗目标的海夫纳在漫画公司工作了几个月后，经过四处寻访，终于找到一家叫《老爷》的杂志社聘用他，每周工资60美元。

海夫纳到该公司工作是"醉翁之意不在酒"，每周多15美元对他的生活无济于事，他有志于在该公司学习到经营手法和熟悉市场。因为《老爷》杂志是美国早年最畅销的杂志，读者主要是男性，以女性裸照为主要内容。海夫纳在读大学时，就一直是该杂志的读者，他早就希望有朝一日进入该杂志社工作。

1951年，海夫纳已对《老爷》杂志的运作了如指掌，他要求增加工资，不被老板接受，于是决定离开该杂志社而自己创业。他决心办一种类似《老爷》的杂志，要与《老爷》争个高低。尽管有凌云壮志，无奈却毫无资本，这使他苦不堪言。加上妻子生下一女，生活负担又加重了，他创业的设想搁置起来了。为了生活，他不得不又到一家儿童杂志社做发行工作，此时周薪为100美元，生活稍得到改善。但他却没有放弃自己的打算，他一面工作，一面策划自己的刊物。

海夫纳从父亲那里借得几百美元，另外从银行贷得400美元，凑起来刚好1000美元，他决心以这点钱作为自己创办杂志的本钱，办一本名叫《每月女郎》的月刊。由于他吸取了《老爷》的经营之道，加上自己的改进，第一期发行即打响，共销售5万多本，达到了空前成功，15个月后，每期卖出量直线上升，达30万份，海夫纳开始发迹了。

海夫纳在创刊号就采用了惊人的杀手锏，他以仅有的1000美元资本，用去500美元买下一帧金发女郎的裸照"金色梦"，那是日后大红大紫的女影星玛丽莲·梦露的胴体。众所周知，美国是个号称开放的自由社会，美国人喜好极端，对性强调到令人难以置信的地步。海夫纳的杂志则是以裸照为主的一本画册，迎合了美国社会的潮流和一些国民心理，故不少人愿意掏出几美元买一本阅览。况且海夫纳办的《每月女郎》比已畅销的《老爷》杂志更为"开放"，除了裸体照外，还大谈性的问题。因此，他的杂志一出笼，就成为畅销杂志。

当海夫纳正要出版第二期的《每月女郎》时，他突然接到《老爷》杂志律师的信，警告他的杂志鱼目混珠，扬言如不将《每月女郎》改名，则要起诉他。海夫纳反复思考后，认为"小不忍则乱大谋"，刊名无所谓，关键是内容吸引读者。于是他低头从命，把其杂志改名为《花花公子》。结果，改名后的杂志更畅销，主要因为美国社会的传统与道德价值当时正在发生变化，《花花公子》正反映了当时的变化。

20世纪50年代初期，美国是处在被称为"灰色法兰绒"的时代，社会风气比较简单朴实。而被认为受清教徒意识压抑良久的美国青年一代，骤然看到传授性与欢乐的花花绿绿的杂志，马上被吸引过去，以后还扩散到中年和上了年纪的人。随着发行量的不断扩大，海夫纳的出版公司由6人增至上百人，办公的地方也搬到崭新宏大的现代大楼。到20世纪70年代，《花花公子》杂志达到了发行量的巅峰，每期销量达650万册，海夫纳已成为世界闻名的出版界富豪。

智慧真悟

在人生中，一定要有适合自己的明确目标；要为了实现自己的目标而不懈努力；遇到挫折的时候，要善于变通和克服。只有这样，你才会慢慢地走向成功。那些坐等神的降临的人最终只能一无所获。

猪的下场

> 吃和睡是猪的生活。人生的意义就在于获得幸福。
>
> ——犹太人格言

从前，有一个异教徒农夫，养了一头猪，一头母驴和一头小驴。

每天，他都给猪喂一大堆东西，而母驴和它的孩子虽然干着繁重的体力劳动，却只能得到很少的一点东西。

"我们的主人多蠢哪！"小驴对它的妈妈说，"你不觉得太不公平了吗，妈妈？我们整天为他干活，拉这么重的车，他却只给我们这么可怜的一点东西吃！猪整天懒洋洋的，什么都不做，为什么农夫还对它那么好？"

"耐心等一会儿，我的孩子，"驴妈妈安慰它，"你会看到猪的不幸的。要知道，农夫给它这么多好吃的，不但不是爱它，反而加速了它的灾难。"

节日来到了，异教徒宰了猪，猪成为人们的盘中美食。从此以后，每次吃东西时，小驴总是小心翼翼的，因为它总记着猪的悲惨命运。

看到这些，驴妈妈纠正了它的想法："猪的死并不是因为吃得太多造成的，我的孩子。要是像猪那样，什么也不做，一定活不长的。"

小驴望着妈妈，心领神会地点点头。

智慧真悟

适当地享受生活不是不可取的，但是这里有个"度"的问题。如果像猪那样每天坐等着主人送来美味佳肴，那它就会渐渐失去了劳动的能力和工作的热情，失败的魔爪已经向他慢慢走来了。

淘 金

> 贫穷而正直，胜过富贵而诡诈。
>
> ——犹太人格言

自从传言有人在萨文河畔散步时无意发现金子后，这里便常有来自四面八方的淘金者。他们都想成为富翁，于是寻遍了整个河床，还在河床上挖出很多大坑，希望借助它找到更多的金子。的确，有一些人找到了，但另外一些人因为一无所得而只好扫兴归去。

也有不甘心的，便驻扎在这里，继续寻找。彼得·弗雷特就是其中的一员。他在河床附近买了一块没人要的土地，一个人默默地工作。他为了找金子，已把所有的钱都押在这块土地上。他埋头苦干了几个月，直到土地全变成坑坑洼洼，他失望了——他翻遍了整块土地，但连一丁点金子都没看见。

6个月以后，他连买面包的钱都快没有了。于是他准备离开这儿到别处去谋生。

就在他即将离去的前一个晚上，突下起了倾盆大雨，并且一下就是三天三夜。雨终于停了，彼得走出小木屋，发现眼前的土地看上去好像和以前不一样：坑坑洼洼已被大水冲刷平整，松软的土地上长出一层绿茸茸的小草。

"这里没找到金子，"彼得若有所悟地说，"但这土地很肥沃，我可以用来种花，并且拿到镇上去卖给那些富人。他们一定会买些花装扮他们华丽的客厅。如果真这样的话，那么我一定会赚许多钱，有朝一日我也会成为富人……"

彼得仿佛看到了将来，美美地撇了一下嘴说："对，不走了，我就种花！"

于是，他留了下来。彼得花了不少精力培育花苗，不久，田地里长满了美丽娇艳的各色鲜花。

他拿到镇上去卖，那些富人一个劲地称赞："噢，多美的花，我们从没见过这么美丽鲜艳的花!"他们很乐意付少量的钱来买彼得的花,以便使他们的家庭变得更富丽堂皇。

5 年后,彼得终于实现了他的梦想——成了一个富翁。

"我是唯一的一个找到真金的人!"他时常不无骄傲地告诉别人,"别人在这儿找到黄金之后便远远地离开,而我的'金子'是在这块土地里,只有诚实的人用勤劳去采集。"

智慧真悟

任何一项成就的取得,都是与勤奋分不开的。勤奋是通往成功的必由之路,是打开幸运之门的钥匙。

细节决定成败

> 祈祷的时间要短,学习的时间要长。
>
> 犹太人格言

艾斯蒂·劳达凭着一个梦想建起了化妆品王国,她没有资金,没有营销资历,没有任何护肤和美容方面的技术特长,也没有经商经验,然而她却能营建一个难以与之匹敌的美容王国。她是与皇族关系密切的、拥有几十亿美元化妆品王国的未加冕皇后,她制造的产品出现在世界各地男士女士的梳妆台上:艾斯蒂护肤霜、青春露浴波、阿拉美斯男士护肤品、格林尼格抗过敏美容霜、JHL、白而宁霜和修复晚霜。

劳达是个有无穷能量的不知疲倦的工作狂,她的精神、美感和敏锐眼光使一切发生,为什么呢?她是"形象"的主人,她以同样的精心构塑着自己和产品的形象,以优雅的姿态、完满的谎言使两者变为现实。她小心翼翼地将她那犹太移民背景改编成她小时候一直想象的人物形象,她决定从容貌、举止、行为等一切方面都像一位上流社会的文雅人士，荡涤那个在皇后街五金店长大的女孩子的一切痕迹，她成功了。她成为自己形象的再生品；她同样成功地塑出了自己的产品和公司形象，让它们成为吸引"上等顾客"市场的精品。产品形象如同她的自我形象创造一样重要，劳达在这两种努力中只求拥有最佳形象。完美是劳达所擅长的，她以优势、风采和沉静实现了双重目标。在过去 30 年里，人们很难，也不可能辨别艾斯蒂·劳达故事中的真实世界和想象部分，她从皇后街迅速闪现，一跃成为世界上最大私营化妆品公司的老板和慈善社会领袖。贫穷的移民女孩的痕迹荡然无存。

劳达与第一夫人南希·里根、温莎公爵及夫人、格莱丝公主、雷格姆·阿夏·凯因、电影明星和媒介巨头都有交往，而劳达是凭借其意志力做到了这些。她精心雕塑自己的形象来赢得"化妆品皇后"的美称。艾斯蒂·劳达的所作所为证实了"思维使之成真"。心理学权威们告诉我们披上与期望的职业相配的"角色"或"形象"，这一职位便会为我们所有，仅仅是因为我们适合那一角色的形象或"特征"。艾斯蒂·劳达便是这一理论的生动例子，她不仅从想象中构造了自己的形象，而且能从自己的想象中创造出艾斯蒂·劳达化妆品王国。

艾斯蒂·劳达 39 岁时凭借一个梦想建造出世界上最大的私营化妆品公司，90 年代初，艾斯蒂·劳达的年销售利润已超过 20 亿美元，只有雅芳和莱弗龙超过它。劳达是个创造幻想家，凭借自己的勃勃雄心、非凡才能、高度能量、完美的品位、持之以恒的精神、革新的推销术和勤奋工作达到了自己的目标，她是个急切的卓越成就者，剔除一切干扰，达到竞争极其激烈的化妆品业顶峰。完美和形象是她的特长。

劳达的化妆品王国使她成为世界最富裕的妇女之一，根据《幸福》杂志估计（"亿万富翁"，1991），她的净产值达 52 亿美元，劳达是亿万富翁榜上唯一自我实现的女性，这位急切的幻想家也以哈曼蒂·阿尔夏翻版故事建成化妆品王国。她拥有梦想，勤奋工作，在这一领域探得宝藏，由于她有意编造情节，谎称自己是欧洲豪门出身的伯爵夫人，这使她的致富故事更壮观，只有到 1985 年李·伊丝丽尔写出她并非权威性的传记《艾斯蒂·劳达：神话的真相》才揭示她在皇后街贫民区长大的童年背景。劳达的梦境已成现实，已让辛黛瑞拉·艾斯蒂继承了神奇的王国，她甚至让自己非凡的现实和梦想变得比她曾想象的更加"真实"，使劳达成为各地年轻妇女竞相效仿的偶像。

那位曾经一度沿街叫卖推销面霜的劳达，现在已生活在童话故事的真实场景中，是曼哈顿府邸的主人，圣基恩—凯珀—法莱特别墅的宅主，在伦敦有套寓所，在棕榈海滩有个海边休养地。一个没有钱财、没受过正规教育，又毫无技术特长的妇女，实现这一切真不简单。小伊斯提——她小孩时称呼——拥有所有伟大成就者必备的因素——一个梦想，她以急切和进取来追求着梦境，使她捅破了看来女性有优势的玻璃天顶，与书中其他女性一样，她是创立自己的天顶，而不是仰赖别人的。这是一个绝对依靠头脑的灵感而不是物质力量的故事，但具体过程便不那么简单，劳达为此付出了沉重的代价，这可从她的《艾斯蒂》（1985）一书中得到有力佐证："所有这一切的神秘诀窍是能保证神奇秘方的出现和瞬间成功的实现，我以泪洗面，那是不停地工作，不断地倾注于细节，牺牲睡眠时间，操心和头痛。"

劳达升到了高峰，她认为所有代价都是值得的。这位化妆品皇后不愧为有才能的幻想家，值得为她对改变化妆品世界所作的贡献有所嘉奖。

智慧真悟

不要由于没有成功，就责备这个世界的不够完美，这是可笑与可鄙的。你要像所有成功者那样发展自己火热的、谋求成功的愿望而且不停地工作。

能救你的人只有你自己

坐得太久，对痔疮不好；站得太久，对心脏不好；走得太多，对眼睛不好。所以，必须把三者适当地调节好。

——犹太人格言

暴雨肆虐，泛滥的洪水开始淹没全村，一位神父在教堂里仍然虔诚地祈祷，眼看洪水已经淹到他跪着的膝盖了。

一位救生员驾着舢板来到教堂门前，冲神父喊："神父，赶快上来吧！不然洪水会把你淹死的！"

神父说："不！我相信上帝会来救我的，你先去救别人好了。"

过了不久，洪水已经淹过神父的胸口了，神父只好爬到祭坛上。

这时，又有一位警察开着快艇过来，对神父说："神父，快上来，不然你真的会被淹死的！"

神父说："不，我要守住我的教堂，我相信上帝一定会来救我的。你还是先去救别人好了。"

又过了一会，洪水已经把整个教堂淹没了，已经爬上房顶的神父只好紧紧抓住教堂顶端的十字架。

一架直升飞机缓缓地飞过来，飞行员丢下了绳梯之后大叫："神父，快上来，这是最后的机会了，我们可不愿意见到你被洪水淹死！"

神父还是意志坚定地说："不，我要守住我的教堂！上帝一定会来救我的。你还是先去救别人好了。上帝会与我同在的！"

洪水滚滚而来，教堂轰然倒塌。

神父上了天堂，他见到上帝后很生气地质问："主啊，我终生奉献自己，一腔赤诚地侍奉您，为什么您不肯救我！"上帝说："我怎么不肯救你？第一次，我派了舢板去救你，你不要，我以为你担心舢板危险；第二次，我又派一只快艇去，你还是不要；第三次，我以国宾的礼仪待你，派了一架直升飞机去救你，结果你还是不愿意接受。所以，我以为你急着想要回到我的身边来，想好好陪我。"

智慧真悟

　　过分地依赖别人，就预示着你的一生都会拄着拐杖走路。这种不自信的心态会给你的生活设置障碍，不能发挥个人积极性去思考和解决问题。只想着等待别人施舍，总是把自己放在被拯救的位置上，最后会落个可怜可悲的下场。

登山看海的青蛙

"有所为，有所不为"是成就大事业的基本前提。一个人想要征服世界，首先要战胜自己。

——犹太人格言

青蛙很想看看海是什么样子。他去问见多识广的苍鹰怎样才能看见海。苍鹰说："哦，这很容易，只要你登上前面这座高山，就能看见海了。"

"天哪，这么高的山！"青蛙仰起头，吓得吸了一口冷气，"我既没有像你那样有力的翅膀，也没像鹿那样善跑的长腿，这么高的山，我怎么上得去呢？"

"是啊，这山的确太高了。不过，除此之外，再没有别的办法了。"苍鹰说完，展翅飞走了。

青蛙很沮丧，正要准备回去，一只松鼠跳到了他面前问："你叹什么气呀？"青蛙回答说："我想上山去看海，可这山太高，我上不去。"

"这台阶你能跳上去吗？"松鼠说完，跳上了一个石阶。

"这有什么不能。"青蛙说着，也跟着跳了上去。

就这样，青蛙跟着松鼠一级一级地跳石阶。他们累了就在草丛中歇一会儿，渴了喝点儿山泉水。不知过了多少天，他们终于跳完所有的石阶，到了山顶。大海展现在他们的眼前。

正在山顶歇脚的苍鹰看见青蛙，十分惊讶地说："你不是说你登不上这么高的山吗？"

"是啊。"青蛙回答说，"你让我登这么高的山，我连想都不敢想。但松鼠教我跳石阶，这却是我能做得到的。"

智慧真悟

有些人光有很美好的想法，却不去付诸实践，惧怕的心理让他只能停留在"想"的阶段。其实，困难是有，但不是万丈深渊，只要有正确的方法和有效的不懈努力，实现远大目标就不是奢望。

财富之门的钥匙

经人提起才做的好事，只有主动行善的一半价值。

——犹太人格言

火车行驶在一片荒无人烟的山野之中，乘客们一个个百无聊赖地望着窗外。

在前面的一个拐弯处，火车减速，一座简陋的平房进入了人们的视野。也就在这时，几乎所有乘客都睁大眼睛"欣赏"起寂寞旅途中这道特别的风景。一些乘客对这几间简陋房子的出现表示惊诧，因为这个地方太荒凉了。看到这些，有个年轻人的心为之一动。

返回时，他中途下了车，不辞辛苦地找到了那座房子。主人苦恼地告诉他，火车每天都会从门前驶过，恼人的噪音使他们实在受不了啦，很想以低价卖掉房屋，但由于这个缺点，很多年来一直无人问津。

不久，年轻人用很低廉的价格买下了这座平房，他觉得火车经过这里时都会减速，疲惫的乘客看到这座出现在荒野中的房子就会精神一振，用来做广告是再好不过的了。

很快，他开始和一些大公司联系，推荐房屋正面这道极好的"广告墙"。后来，可口可乐公司看中了这个绝好的广告位置，在 3 年租期内，支付给年轻人 18 万元租金。

这是一个绝对真实的故事。在这个世界上，"发现"就是成功之门。

智慧真悟

不管做任何事，都要在开始做事前像千手神那样抓住时机。同样一个拐弯，此前有无数的人都曾看到，却很少有人能有广告意识。即使有，也只是想想而已，而只有这个年轻人行动起来，所以，他成功了。我们并不缺乏发现的能力，但却缺乏立即行动的能力。

最后一块面包

人生如大海，梦想就是罗盘针，热情就是疾风。

——犹太人格言

三个旅行者徒步穿越喜马拉雅山，他们一边走一边谈论一堂励志课上讲到的凡事必须付诸实践的重要性。他们谈得津津有味，以至于没有意识到天太晚了，等到饥饿时，才发现仅有的一点食物就是一块面包。

这几位虔诚的教徒，决定不讨论谁该吃这块面包，他们要把这个问题交给老天来决定。这个晚上，他们在祈祷声中入睡，希望老天能发一个信号过来，指示谁能享用这份食物。

第二天早晨，三个人在太阳升起时醒来，又在一起谈开了——

"我做了一个梦，"第一个旅行者说，"梦中我到了一个从未去过的地方，享受了有生以来我一直孜孜以求而从未得到的难得的平静与和谐。在那个乐园里面，一个长着长长胡须的智者对我说：'你是我选择的人，你从不追求快乐，总是否定一切，为了证明我对你的支持，我想让你去品尝这块面包。'"

"真奇怪，"第二个旅行者说，"在我的梦里，我看到了自己神圣的过去和光辉的未来。当我凝视这即将到来的美好时，一个智者出现在我面前，说："你比你的朋友更需要食物，因为你要领导许多人，需要力量和能量。'"

然后，第三个旅行者说："在我的梦里，我什么都没有看见，哪儿也没有去，也没有看见智者。但是，在夜晚的某个时候，我突然醒来，吃掉了这块面包。"

其他两位听后非常愤怒："为什么你在做出这项自私的决定时不叫醒我们呢？"

"我怎么能做到？你们俩都走得那么远，找到了大师，又发现了如此神圣的东西。昨天我们还在讨论励志课上学到的要采取行动的重要性呢。只是对我来说，老天的行动太快了，在我饿得要死时及时叫醒了我！"

> **智慧真悟**
>
> 在生活中，有很多人有着宏伟的抱负，远大的理想，说起来总是滔滔不绝。可是做起来却是难于上青天。想而不做等于"白日做梦"；做而不想就像蛮夫砍柴。及时行动，你会抓住很多机会，得到意外的收获。

穷人的思维

> 欲望是一道激流，你控制它，它就是好的；你受他役使，它就是恶的。
>
> ——犹太人格言

有个人很穷，有个富人很可怜他，想帮他致富。富人送给他一头牛，嘱咐他好好开荒，春天撒下种子，秋天就可能脱离贫穷。

穷人满怀希望开始奋斗。可是没过几天，牛要吃草，人要吃饭，日子比过去还难。于是他想，不如把牛卖了买几只羊，先杀一只吃，剩下的可以生小羊，长大可以卖更多的钱。

穷人的计划如愿以偿。只是吃了一只羊之后，小羊迟迟没有生下来，日子又艰难了，忍不住又吃了一只。穷人想，这样下去不得了，不如把羊卖了买些鸡，鸡生蛋的速度要快一些，日子立刻能够好转。

穷人的计划又如愿以偿，但是日子并没有改变。艰难了，又忍不住杀鸡，终于杀到只剩下一只鸡时，穷人的理想彻底崩溃。心想，致富无望了，不如把鸡卖了，打壶酒，一醉解千愁。

春天来了，富人兴致勃勃送来种子，发现穷人醉卧在地上，房子里依然一贫如洗。富人转身走了，穷人继续贫穷。

> **智慧真悟**
>
> 很多穷人都有过梦想，甚至有过机遇，有过行动，但最终没能坚持到底。因为他们没有赚钱的压力，没有压力，就不会有前进的动力，就不会有成功赚钱的方法。

中奖的心愿

> 对于盲目的船来说，所有方向的风都是逆风。
>
> ——犹太人格言

有位落魄不堪的年轻人，每隔两三天就到教堂祈祷。

他跪在圣坛前，虔诚地低语："上帝啊，请念在我多年来敬畏您的份上，让我中一次彩票吧！"

三天后，他又垂头丧气地来到教堂，同样跪着祈祷："上帝啊，为何不让我中彩票？求您让我中一次彩票吧！"

又过了三天，他再次出现在教堂，同样重复他的祷告。如此周而复始，不间断地祈求着。

直到有一次，他有些不耐烦了，对上帝说道："我的上帝，为何您不聆听我的祷告呢？让我中彩票吧，只要一次，让我解决所有困难，我愿终身侍奉您……"

他话音刚落，圣坛上空发出一阵庄严的声音："我一直在聆听你的祷告，可是——最起码，你也该先去买一张彩票吧！"

> **智慧真悟**
>
> 与痴心梦想相比，凡事皆不愿付诸行动，对我们的人生来说要更为可怕。心动不如行动。只要敢于行动，习惯行动，成功在很多时候不过是一道虚掩的门。

石匠击石

> 沙丘由一粒粒细沙堆成，财富由一枚枚硬币积累。
>
> ——犹太人格言

你知道石匠是怎么敲开一块大石头的吗？

石匠所拥有的工具只不过是一个小铁锤和一只小凿子，可是这块大石头却硬得很。当他举起锤子重重地敲下第一击时，没有敲下一块碎片，甚至连一丝凿痕都没有，可是他并不以此为意，继续举起锤子一下再一下地敲，一百下、二百下、三百下，大石头上依然没出现任何裂痕。

可是石匠还是没有懈怠，继续举起锤子重重地敲下去，路过的人看他如此卖力而不见成效却还继续硬干，不免窃窃私语，甚至有些人还笑他傻。石匠并未理会，他知道虽然所做的还没有立即看到成效，不过那并不表示没有进展。

他又挑了大石头的另一个地方敲，一锤又一锤，也不知道是敲到第五百下还是第七百下，或者是第一千零几下，巨大的石头终于在他的最后一击中，裂成了碎片。

这时，有路人看见，禁不住为他鼓掌。他回头平静地望了一眼，继续敲起另一块石头。

智慧真悟

成功不是来自最后的一击。对石匠而言，巨石的碎裂，来自自己的每一次敲击。成功是什么？它就是如此一而再、再而三的连续努力，直到敲碎全部横在成功路途上的巨大石块。

·第四章·

坚定信念——实现理想的助力

伟人经常犯错误，经常要摔倒，

但虫子不会，

因为，他们做的事情就是挖洞和爬行。

阳光总在风雨后

> 伟人经常犯错误，经常要摔倒，但虫子不会，因为，他们做的事情就是挖洞和爬行。
>
> ——犹太人格言

挫折伴随着阅历一起成长，没有经历过挫折的"温室之花"不会有经久的美丽，主要表现为稍遇困难就退却，甚至发脾气，通过一些破坏行为"发泄"怨气。犹太拉比经常给孩子们讲述这样一个故事。

1991 年 10 月 3 日，一个平淡无奇的日子，但是这一天对于南非犹太裔女作家戈迪默来说，却是非同寻常的一天。正是这一天，她获得了 1991 年度的诺贝尔文学奖，这是犹太民族的骄傲。她是 25 年来第一位获诺贝尔奖的女作家，也是诺贝尔文学奖设立以来的第七位获得者。然而，这份荣誉来之不易，这是她用 40 年的心血和汗水浇铸的成果。这当中，她多次面临困厄与失败，但她从不沉沦，毫不气馁。40 年的风雨，那是一段漫长的难忘记忆。

戈迪默于 1923 年 11 月 20 日出生在约翰内斯堡附近的小镇——斯普林斯村，是犹太移民的后裔，母亲是英国人，父亲来自波罗的海沿岸，是个珠宝商，童话般的家庭生活造就了小戈迪默的无限憧憬和遐想。

6 岁那年，她做起了当一名芭蕾舞演员的梦。于是，一个阴雨连绵的星期六，她报了名，加入了小芭蕾剧团的行列。但事与愿违，由于体质太弱，她对大活动量的舞蹈并不适应，时不时一些小病小灾纠缠着她不可自拔。久而久之，小戈迪默被迫放弃了对这项事业的追求。遗憾之余，这位倔强的女性暗暗对自己发誓：条条大道通罗马，她终究要找到适合自己的成功之路。

然而，命运不但不赐福给她，反而把她逼上越发痛苦的深渊。8 岁时，她又因患病离开了学校，中断了童年时的学业。夜晚，她常常流着无奈的泪盼着天明。白天，她也只能终日坐在床上与书为伴。

一个明媚的夏日，心烦意乱又十分孤独的戈迪默，偷偷地走上了大街，她想从车水马龙的街面上获取一点快乐。突然，她被一块木牌所吸引，久久不愿离开："斯普林斯图书馆！"她欣喜若狂，早已将课本读熟了的她，最渴望的莫过于读书。此后，她一头扎进了这家图书馆，整日泡在书堆里。图书馆下班铃响了，她却一头钻在桌子底下，等图书馆的大门确实锁上了，她才钻出来，在这自由自在的王国里，她尽情而贪婪地吸吮着知识的营养。无数个日夜，使她对文学产生了浓厚的兴趣。终于她那嫩弱的小手拿起了笔，一股股似喷泉一样的情感流淌在了白纸上。那年，她刚刚 9 岁，文学生涯就此开头。出人意料的是，15 岁时，她的第一辑小说在当地一家文学杂志上发表了。然而，不认识她的人，绝不会想到小说竟然出自一位少女之手。

1953 年，戈迪默的第一部长篇小说《说谎的日子》问世。优美的笔调，深刻的思想内涵，轰动了当时的文坛，戏剧界、文学界几乎同时将关注的目光投向了这位非同一般的女作家——内丁·戈迪默。她像一匹脱僵的野马，其创作一发不可收拾。漫长的创作生涯里，她相继写出 10 部长篇小说和 200 篇短篇小说。

创作上虽然处于黄金季节，戈迪默却越发刻苦勤奋。她说："我要用心血浸泡笔端，讴歌黑人生活。"她的满腔热忱很快就得到报答。她的《对体面的追求》一出版，就成为成名之作，受到了瑞典文学院的注意。接着，她创作的《没落的资产阶级世界》、《陌生人的世界》和《上宾》等作品，轻而易举地打入诺贝尔文学奖评选的角逐圈。

然而，就在她春风得意、乘风扬帆之时，一个浪头伴一个旋涡使她又几经挫折——瑞典文学院几次将她提名为诺贝尔文学奖的候选人，但每次都因种种原因而未能如愿以偿。面对打击，这位女性有所失望。她曾在自己的著作扉页上，庄重地写下："内丁·戈迪默，诺贝尔文学奖"，然后在括号内写上"失败"两字。然而，暂时的失望并没影响她对事业的追求，她一刻也没有放松过文学创作，终于，她在荆棘中闯出了一条成功之路。

智慧真悟

犹太人是一个面对困难不服输的民族。其实落实在每个人身上，每个人要想成功做成一件事，都不是唾手可得的。万事开头难，不过，即使再难也挡不过坚定的决心、顽强的毅力，终有一天，成功之神会向你伸出友好的双手。

盲人的药方

> 当你认为无论怎么祈祷都不见效果的时候，就要更加热心地去祈祷。
>
> ——犹太人格言

当人们为自己找到了梦想，开始向终极目标前进时，却往往忽略了一路上的风景：明媚的阳光，路边的小草，站在枝头叽叽喳喳的小鸟，还有那向着太阳开放的朵朵鲜花。

他是一个犹太穷人家的孩子，小时候因病双眼失明。后来，他跟随一个盲人师父学说书。正式拜师前，师父严肃地对他说："我有一个祖传秘方可以治愈你的眼睛，我会在合适的时候告诉你。"从此，他就怀着复明的希望跟着师父四处流浪。后来，师父老了，临死的时候对他说："我已将复明的药方封进你的琴槽中，当你弹断第 1000 根琴弦的时候，你才可取出药方。记住，你弹断每一根弦子时都必须是尽心尽力的，否则，再灵的药方也会失去效用。"那时，他才是 20 岁的小青年，于是，他开始了一个人闯荡社会的生活，他尽心尽力地说书，弹断了一根又一根琴弦。后来，他也收了一个盲人徒弟。

时间过得真快，他弹断了 999 根琴弦。有一天，他正在给大家说书。突然一声脆响——手中的琴弦断了！他心头一阵狂喜，甚至顾不上向来听他弹琴的乡亲们说声抱歉，留下茫然的徒弟，一个人朝城里的药铺跌跌撞撞地狂奔。

当他满怀希望地把药方递给药铺时，掌柜的却告诉他：那是一张白纸。他的头嗡地响了一下，他努力抓住柜台的护栏。曾经因为有这个复明药方的召唤，他才有了生存的勇气。他在谋生中，说书弹弦，受人尊敬，他学会了爱与被爱，在生存的快乐中他早忘记自己是个盲人——他其实早已于那些劳碌的时刻复明了。就是这个复明的希望支撑着他活过这几十年。

回家后，他郑重地对小徒弟说："我这里有一个复明的药方。我将它封入你的琴槽，当你弹断第 1000 根弦的时候，你才能打开它，记住：必须用心去弹……"

"是真的吗？师父！"徒弟像当年的他一样满腔希望地问他。

"是的！"他坚定不移地说。这时他才真正懂得瞎了一辈子的师父的良苦用心。好在他的徒弟看不见他那一双如枯井般的眼眶中涌出来的滚滚热泪。

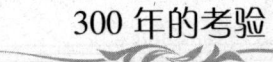

智慧真悟

很多人都在追求成功，但并不是每一个人都能得到成功，尽管你有梦想，你也一直在为梦想的实现而努力。这时，请你记住一点：只要你付出了努力，只要你在不断追求的过程中得到了快乐，你的人生就是充实的，因为你用另外一种方式更为精彩地阐述了成功的真正内涵。

300 年的考验

> 凡事用智慧，定能获益。
>
> ——犹太人格言

真理在没有得到印证之前，总是被别人看成是不正确的。这就需要大胆的想象、超强的自信和持久的耐力。

他是年轻的犹太建筑师，被邀请参加了政府大厅的设计。根据自己的经验，他巧妙地设计了只用一根柱子支撑大厅天顶的方案。

权威人士对他设计的方案提出了异议，他们认为用一根柱子支撑天花板太危险了，要求他再多加几根柱子。

年轻的设计师十分自信，他详细地通过计算和列举相关实例加以说明。

他的固执惹恼了政府官员，年轻的建筑师险些因此被送上法庭。

在万不得已的情况下，他只好在大厅四周增加了 4 根柱子。不过，这四根柱子全部都没有接触天花板，可看上去像是支撑着大厅一样。

时光更迭，一晃就是 300 年。

300 年里，市政官员换了一批又一批，市政大厅坚固如初。直到后来，市政府准备修缮大厅的天顶时，才发现了这个秘密。

消息传出，世界各地的游客慕名前来，大家细心地发现，在圆柱顶端还刻着一行字："自信和真理只需要一根支柱。"

智慧真悟

假如年轻的建筑师最后放弃自己的设计方案，那么人们永远不会见到这个建筑史上的奇迹。他之所以能被众人关注，除了他对自信的坚持之外，还有就是他脑子里异于常人的想法和超常的设计。

百万富翁

要以上帝的"特选子民"自居，要相信自己的能力。

——犹太人格言

《塔木德》上有这样一个故事：有一个年轻人在河边唉声叹气，一位犹太教士说："傻孩子，你是一位百万富翁，叹什么气呢？"年轻人不信。

教士说："我出 20 万买你的健康，你愿意吗？"

年轻人说："不愿意！"

教士说："我出 20 万买你的青春，你愿意吗？"

年轻人说："不愿意！"

教士说："我出 20 万买你的美貌，你愿意吗？"

年轻人说："不愿意！"

教士说："我出 20 万买你的大脑，你愿意吗？"

年轻人说："不愿意！"

教士说："我出 20 万买你的良心，你愿意吗？"

年轻人说："不愿意！"

教士说："我已经出价一百万，仍然买不走你身上的任何东西，你说你不是百万富翁，又是什么呢？"

这就是犹太人，他们坚信可以凭着自身实力来获得财富，改变自己的命运！

> 智慧真悟
>
> 　　自信是犹太人最伟大的财富，他们在潜意识里始终认为自己和其他民族的人不同，犹太人的这个信仰从不改变，而且更加坚定。因为他们坚信：改变世界的人是自己；毁灭自我的人也是自己。

石头汤

> 把你的心（思想）专注在一个地方。
>
> ——犹太人格言

做事需要有一种钻劲和持之以恒的精神，因为幸福是不会自动降临在你身边的。就像下面这碗"石头汤"给人们的启迪一样。

一个暴风雨的日子，有一个穷人到富人家讨饭。

"滚开！"仆人说，"不要来打搅我们。"

穷人说："只要让我进去，在你们的火炉上烤干衣服就行了。"

仆人以为这不需要花费什么，就让他进去了。这个可怜人，这时请求厨娘给他一个小锅，以便他煮"石头汤"喝。

"石头汤?"厨娘说："我想看看你怎样用石头做成汤。"于是她就答应了。

穷人于是到路上拣了块石头洗净后放在锅里煮。

"可是，你总得放点盐吧。"厨娘说，她得给他一些盐，后来又给了豌豆，薄荷，香菜。最后，又把能收拾到的碎肉末都放在汤里。

当然，你也许能猜到，这个可怜人后来把石头捞出来扔回路上，美美地喝了一锅肉汤。

如果这个穷人对仆人说："行行好吧! 请给我一锅肉汤。"会有什么结果呢?

因此，伊索在故事结尾处总结道："坚持下去，方法正确，你就能成功。"

智慧真悟

人往往有三种：一种是站在百米跑道上被发令枪声吓得望而却步的人；第二种是刚刚到中点就因为体力不支而放弃的人；第三种是破除万难，坚持到底，取得胜利的人。"石头汤"的主人就是第三种人。

自信，成功的阶梯

不要认为一切都不可能。任何事都有可能。

——犹太人格言

"照亮我的道路，不断给我勇气，让我愉快地正视生活的理想。"这就是信心。在任何时候都不能忘记增强自身的信心，用成功的信念取代失败的念头。

玛丽生长在一个普通的犹太家庭中，从小的家庭教育培养了玛丽的高度自信。独立不羁的个性使她常常有一种心理优越感。玛丽所在的学校经常请人来校演讲，每次演讲结束，她总是第一个站起来大胆地提问。不管她的问题是否幼稚，是否尖锐，她总是充满好奇地脱口而出，而其他的女孩子则往往由于胆怯而不敢开口，她们只是面面相觑或抬眼望着天花板。每次回家后玛丽向父亲汇报学校的情况时，父亲总是鼓励她："好孩子，你有这样的信心，我真的为你感到骄傲，你一定会成为一个出色的辩论家。"

父亲的不断鼓励使玛丽对自己的口才充满了自信。玛丽上中学时，她是学校辩论俱乐部的成员，演讲从不怯场。但老实说，当时玛丽的演讲技巧一点也不高超，用她同学的话说就是根本不能振奋人心，这自然不受同学欢迎。但是，即使这样，玛丽也毫不顾忌，一有机会就上台演讲，滔滔不绝。有一次，因为她讲的内容大家不感兴趣，而且她又讲了很长时间，台下嘘声、讽刺声、嘲笑声随之而起，但是玛丽自信好强的个性却使她根本不把这些放在眼里，依然毫不脸红地演讲下去。到后来，听她演讲的人都跑光了，她却仍然坦然地把自己想讲的话讲完才停止。许多同学对她这种突出的个性不理解，而她对别人的议论也毫不在乎，一直维持着独立自信、我行我素的个性。

智慧真悟

当自己面临困境时，犹太人想到的是"我会赢"，而不是"我可能会输"；当自己与别人竞争时，犹太人想到的是"我跟他们一样好"，而不是"我无法跟他们相比"；当出现机会时，犹太人想到的是"我能做到"，而不是"我不能做到"。

我是一流的投手

有个犹太小男孩，头戴球帽，手拿球棒和棒球，全副武装地走到自家后院，大声喊："我是世上最伟大的棒球手。"他满怀自信地说完后，便将球往空中一扔，然后用力挥棒，虽然没打中，但是他毫不气馁，继续将球拾起，又往空中一扔，然后大喊一声："我是最厉害的棒球手。"他再次挥棒，可惜仍是落空。他愣了一下，然后仔仔细细地将球棒与棒球检查了一番。之后他又试了三次，这次他仍告诉自己："我是最杰出的棒球手。"然而他这一次的尝试还是落空了。"哇！"他突然跳了起来，"我真是一流的投手。"

可见，信心的大小决定了成就的大小，庸庸碌碌，过一天算一天，总认为做不了什么事的人，仅能得到很少的报酬。这样的人认为自己不可能做出伟大的事情，结果他们就真的不能；他们认为自己很不重要，他们所做的每一件事就真的无足轻重。久而久之，连他们的言行举止也会表现得缺乏自信，如果他们不能将自信抬高，他们就只能在自我评估中萎缩，变得愈来愈渺小，而且他们怎么看待自己，也会使别人怎么看待他们，于是这种人在众人的眼光下又会变得更加渺小。

相反，那些积极向前，确信自己有更大的价值的人，往往能得到很高的报酬。这种人相信自己能处理艰巨的任务，结果他们就真的能做到。这样的人所做的每一件事情，包括待人接物、个性、想法和见解等，都显示出他是专家、是一位不可或缺的重要人物。每个父母都应该像犹太父母那样，教育孩子从小树立信心，相信自己。

智慧真悟

　　每个人迈向成功的第一个步骤，就是要有自信，相信自己一定能够成功，要让关键性的想法"我会成功"支配我们的各种思考过程。成功的信念会激发我们的心智，创造出获得成功的计划。

我要继续活下去

　　顺境的美德是节制，逆境的美德是坚忍，这后一种是较为伟大的德行。

——犹太人格言

　　玛蒂是布拉格人，生于1918年，和两个哥哥拥有一个快乐而幸福的童年，她的匈牙利裔父亲和德裔母亲拥有一家小百货店，贩卖皮革及订制珠宝，父亲希望她去念女校，因此她就进了附近的修道院。那是一间罗马公教学校，她是500名学生中唯一的犹太人。

　　玛蒂15岁时就跟一个比她大10岁的英俊青年热恋进而结婚，虽然父亲最初有意见，但他们的婚姻生活还是过得很愉快，他们的小儿子派特，是在1938年出生的。

　　玛蒂的快乐世界在1942年某一天，接到一封全家被送往一个安置犹太人的"特别住宿处"命令后，四分五裂。

　　玛蒂和丈夫和小儿子派特被送往一座叫做列西恩斯的捷克集中营，她和派特住在一间很狭小的房间，里面还住了其他4个母亲和7个小孩，丈夫则住在另一间营房，稍后他们被送往位于波兰的奥斯维辛。当时一整天所分到的伙食只有一碗马铃薯皮汤和一小块面包。寒冬中她只有一件棉衫和裙子可以蔽体。

当巴顿将军的部队大破汉堡市时，当时需要有 5000 人去清除瓦砾。她的先生跑来跟她说："你看，如果你留在这里根本不可能有活下去的机会，派特跟我留在这里好了。"

当时，要赤裸着身体列队在纳粹党卫队面前被人挑选。选上后便坐上 3 天火车去汉堡市，在那个地方，她饿到想去垃圾桶找食物来吃。

玛蒂想要逃走，但又被抓了回来，还被毒打了一顿，工作分量又被加重。1945 年 4 月 1 日，她被迁到柏根别森去，在那里，除了每天由党卫队提供的下过毒、会让人生病的一块面包外，什么东西也没有。

4 月 15 日，英军解放了柏根别森，玛蒂帮忙把躺得到处都是的尸体搬开，好让坦克能够顺利通行。共有 5 万人活到重见天日，有 25000 人没能撑到最后，在拘留期间就熬不下去死了。

玛蒂在犹太大屠杀中失去了 3 个亲人：她的丈夫和父母。直到今日，她始终不知道儿子派特·李奇的下落。

她在 1945 年到了美国，而且再婚了 4 次——其中离婚 1 次、做了 3 次寡妇，始终未再生过小孩。玛蒂曾参加了史蒂芬·史匹柏公司制作的节目，该节目记录了大屠杀生还者的故事，好让世人永不遗忘这段历史。

后来，玛蒂到以色列位于耶路撒冷的雅维恒大屠杀纪念馆，在名字碑中寻找派特的姓名，她在名单上发现了他的名字，上面附注派特最后一次出现的地方是在柏根别森。玛蒂一直抱着儿子还活在人世的希望，而且也费尽无数的努力去找他。

玛蒂始终非常坚强，她说："我要继续活下去，一扇门关了之后，会有另一扇门打开，而我就是要继续走下去。"

智慧真悟

在生活的波涛中搏击，难免会受伤，忍住疼痛的人就是成功者。记住：一扇门关了之后，会有另一扇门打开！

坚持每月存入 10000 美元

> 成功的一半是忍耐。
>
> ——犹太人格言

有个叫哈罗德的犹太青年，他开始是一个经营餐饮的商人，可是当他看到了麦当劳里每天人潮如涌的场面，他就感叹：那里面该有多么巨大的商业利润啊！于是他想：如果自己可以代理经营麦当劳，那利润一定是极为可观的。他找了麦当劳的总部的负责人，说明自己想代理麦当劳的意图。这位负责人告诉他，这样的代理需要 200 万美元的资金才可以。

听到这位负责人的话，哈罗德就决定每个月都给自己存 10000 美元。于是每到每个月的 1 号，他都把自己赚取的钱存入银行。为了害怕自己花掉手里的钱，他总是先把 10000 美元存入银行，再考虑自己的经营费用和日常的花销。而且给自己规定，无论发生什么情况，都要一直坚持这样做。

这样坚持不懈地过了整整 6 年，由于每个月他都在 1 号把 10000 美元存入银行，银行里面的服务小姐都认识了他，他告诉她们他的计划，她们无不被他这种坚韧不拔的精神感动。

他手里现在有 72 万美元了，但是距离需要的 200 万美元还有不小的差距。于是他去找麦当劳总部的负责人威尔逊先生，他向威尔逊讲述了自己的困难，希望能把麦当劳代理给他做。威尔逊听了他的话，被他这种执著的精神感动了，不过他还是决定亲自去银行打听一下哈罗德的事情。他到了银行问是否认识一个叫哈罗德的人，她们就说："哎呀，那个人真是不简单啊，他每个月的 1 号都是在中午的时间存上 10000 美元，6 年了，他一直这样，这个人真有毅力。有一次，下了大雨，把他浑身都淋透了，他还是来了。"

威尔逊当即就决定把麦当劳的代理全部交给哈罗德，从此，哈罗德有传奇色彩的发家史便传开了。

可见，如果哈罗德不是坚持为自己每个月存入 10000 美元，就不会有 72 万美元了。他正是为了让自己手里的种子发芽，才忍受了 6 年，终于感动了威尔逊，也开始了他富豪的生涯。

人生就是长期在考验我们的毅力，唯有那些能够坚持不懈的人，才能得到最大的奖赏。顽强的毅力可以移山，也可以填海，更可以从芸芸众生中筛选出成功的人。

智慧真悟

所谓：汗要一滴一滴地流，活要一点一点地干，路要一步一步地走，钱要一分一分地攒。所以不要贪多，因为那样会消化不良。哈罗德坚持每月存 10000 美元的行动终于换来了成功。

树立"我能行！"的信念

要打开成功之门，必须要"推"或者"拉"。

——犹太人格言

从前有个犹太青年常为失眠而烦恼万分。

有天晚上，他上床后辗转不眠，因为他债台高筑，早已过了支付期限，按目前的经济状况，他无力还债。

沉闷了半夜，他忽然向自己发出一个提问，"许多人能轻松自如地还债，我不能，这到底是为什么？"这一提问完全改变了他的人生思路，把他引向了有希望的、辉煌的人生。

后半夜，他开始剖析自己，并得出一个结论：他和所有的人一样在生活着。在漫长的黑夜中，他把自己和境遇好的人作了比较，结果发现，无论处于什么样的境况，他所欠缺的，别人也同样欠缺。

唯独一个例外，就是缺少"我能行!"的信念。

云层开始染上金黄色的旭光时，人生的金黄色秘诀已经开始渗透在他的心灵里。过去，失眠后的那些早晨，起床时他总是懒洋洋的，一副疲惫不堪的模样，这天他一反常态，用孩子般喜悦的心情从床上跃起，完全判若两人。

从此，他的身上发生了奇迹。一年后，他有了可观的收入，住进了完全按他的所好设计的新房子里。

他今非昔比了。

> **智慧真悟**
>
> 坚强的自信，常常使一些平常人也能够成就神奇的事业，成就那些天分高、能力强地人敢尝试，多虑、胆小、没有自信心的人所不敢尝试的事业。尽快树立"我能行!"的信念吧，你的生活会随之改变的。

1 美元的石头

> 点子就是财富。你把思维训练得越灵活，获利的机会就越大，成功的机会就越多。
>
> ——犹太人格言

一个星期六的下午，斯帕克急匆匆地回到家，准备把院子里的一些必须做的工作处理掉。当他正在打扫院子里的落叶时，5 岁的儿子尼克走过来，拉了拉斯帕克的裤腿，"爸爸，我需要你帮我写一个牌子。我打算把我的一些石头卖掉。"

尼克一直对石头很着迷，他自己从各处搜集了许多，此外，别人也送给他一些，在他家的车库里放着满满一篮子的石头，他定期为它们清洗、分类和重新堆放。它们是他的珍宝。

过了一会儿，尼克拿着他的牌子、一只小篮子和四块最好的石头向车道尽头走去。在那里，他把石头一字儿排开，把篮子放在它们的后面，自己则在地上坐下来。斯帕克从远处注视着儿子，关注事情的发展。

大约过了半个小时，没有一个人从那里经过。斯帕克走过车道来到儿子面前，想看看他正在做什么。

"怎么样，尼克?"斯帕克问。

"很好。"他回答。

"这个篮子是做什么用的?"斯帕克问。

"放钱的。"他一本正经地回答。

"你给石头定价多少?"

"每块 1 美元。"尼克说。

"尼克，没有人会愿意出 1 美元买一块石头的。"

"不，有人愿意的!"

"尼克，我们这条街道一点也不繁华，没有什么人从这里经过，你为什么不把这些东西收起来，去玩一会儿呢?"

"不，有许多人从这里经过，爸爸。"他说，"人们在我们这条街道上散步，骑自行车锻炼，还有人开着他们的汽车到这里来看房子。这里有很多人。"尼克一直耐心地坚守着自己的岗位。又过了一小会儿，一辆小型货车沿着街道驶过来。当尼克精神抖擞地把他的牌子举起来使它正对着那辆小型货车的时候，斯帕克凝神注意观察着。当那辆小型货车从尼克面前慢慢经过的时候，他看见一对年轻夫妇正伸着脖子在看尼克的牌子上的字。他们继续沿着这条道路向前方的死胡同开去，不大一会儿，他们原路折回来了。当他们再次从尼克身边经过的时候，车上的女士摇下了玻璃窗，斯帕克听不见他们的谈话，但他看到她转过头对那个开车的男人说了些什么，然后那个男人递给她 1 美元。她下了车，走到尼克面前，在对那些石头做了一番仔细的观察比较之后，她选中了其中的一块，递给尼克 1 美元，然后开着车离开了。

斯帕克坐在院子里，看着尼克向自己跑过来，他手里挥舞着那张 1 美元的钞票，嘴里大声嚷着："我卖了 1 美元!"

智慧真悟

相信自己是人生可靠的资本，它能使人努力克服困难，排除障碍，去争取胜利。对于事业的成功，它比什么东西都更有效。如果你对自己有充分的信心，你就能做到任何事情！

不做寄生虫的打字员

凡是自己所能做的事情，都要自己动手去做，绝不可以求神帮忙。

——犹太人格言

鲍勃回到家里的时候，被眼前的景象惊住了：母亲双手掩着脸埋在沙发里——她在哭泣。他还从未见她流过泪。

"妈妈，"鲍勃问道，"出什么事了？"

她深深地吸了口气，勉强露出一丝笑容。"没有，真的。没什么大不了的事。只是，我那个刚到手的工作就要丢掉了。我的打字速度跟不上。"

"可您才干了3天啊，"鲍勃说，"您就会成功的。"他不由地重复起她的话来。在他学习上遇到困难，或者面临着某件大事时，她曾经上百次地这样鼓励他。

"不，"她伤心地说，"没有时间了，很简单，我不能胜任。因为我，办公室里的其他人不得不做双倍的工作。"

"一定是他们让您干得太多了。"鲍勃不服气，她只看到自己的无能，他却希望发现其中有不公。然而，她太正直，他无可奈何。

"我总是对自己说，我要学什么，没有不成功的；而且，大多数时候，这话也都兑现了，可这回我办不到了。"她沮丧地说道。

鲍勃说不出话来。

母亲平静些后，她站起身，擦去眼泪说："好了，我的孩子，就这样了。我可以是个差劲的打字员，但我不是个寄生虫，我不愿做我不能胜任的工作，我可以干些别的。"

时隔八天，她接受了一个纺织成品售货员的职业。

然而，此后，妈妈每晚仍坚持练习打字。

智慧真悟

肯于努力和坚持不懈比聪明更有价值。你只要比一般人稍微努力一点就会成功。

多射几箭就能中靶

一位百发百中的神射手，如果他漫无目标地乱射，也不能在比赛中获胜。

——犹太人格言

下面的这个故事，说明了犹太人的思路是多么地灵活，为了赚钱简直是无孔不入。

有一天，乔治在删除垃圾电子邮件的时候，看到这样一个标题：令人吃惊的足总杯比赛预测，他好奇地点开了它，里边写着：

"亲爱的球迷，我们知道你是个怀疑论者，凡事不会轻易相信，可我们确实已经设计出了绝对准确地预测足球比赛结果的奇妙方法。今天下午，英国足总杯将进行第三轮比赛，对垒的是考文垂队和谢菲尔德联队，我们预测考文垂队将会取得胜利。"

乔治看过后，轻蔑地一笑，没有当回事，晚上，他收看电视里的比赛结果，考文垂队果然势如破竹地赢了。

三个星期后，乔治又收到了那个人的一封电子邮件：

"亲爱的球迷，你是否还记得，在上一轮足总杯比赛中，我们曾事先准确地预测了考文垂队获胜？今天考文垂队要和米德尔斯堡队交手了，我们的预测是，米德尔斯堡队获胜。同时我们强烈地奉劝你不要和别人去赌输赢，但请你密切关注比赛结果，看看我们的预测结果是否准确。"

那天下午，双方打成了 1 比 1 平局。考文垂队本来很强，却完全没有发挥出来。而在次日加赛时，米德尔斯堡队却以 2 比 0 的比分胜出，这回乔治有点惊讶了。

过了几天，那个人的电子邮件又来了，预测米德尔斯堡队将在第五轮比赛中失利，特伦密尔队将会打败它，结果果然如此。

而在四分之一决赛之前，那封电子邮件又告诉乔治：特伦密尔队将老老实实地输给陶顿亨队。事实果然如此。

4 次预测，4 次全都说中了。

接着，那个人在电子邮件中对乔治说：

"我们买断了一个数学家最新的研究成果。现在你大概相信，我们确实很有把握，能够料事如神。在半决赛中，阿森纳队将会打败伊普斯维奇队。"

乔治是个不服气的人，他通知了许多朋友，下午一起看球赛直播，并且计划在阿森纳队输掉后，大肆羞辱那个信口开河的家伙。但是在落后的情况下，阿森纳队奋起直追，最后竟以 2 比 1 获得了胜利。太不可思议了！

第二天，那个不可思议的邮件又来了，它这次说：

"亲爱的球迷，你已经体验了我们神奇的足球预测，现在你信服了吧？我们已经做出了 5 次正确的预测，五发五中，你一定会同意它绝非运气，尤其是所有的冷门我们都猜中了。现在我们和你做一笔特殊的交易：在 1 个月的时间内，我们向你提供比赛预测，你只需支付 200 美元的订金，然后发一封电子邮件，把参赛的两个队告诉我们，我们就会将预测结果通知你。

我们殷切地盼望收到你的订单。"

200 美元的要价确实不低，但如果事先能知道哪一个队会赢，就完全可以从彩票商的手中赢来 20 万美元。

当然，乔治也怀疑过，他们是暗地里操控球赛的财团，或者是黑社会，但是这一切都与乔治没关系，只要预测结果准确就行了。于是，他掏出了 200 美元。

事实上，这些人不过是一群想赚钱的"奸商"，他们只是懂得一些数学知识——知道：经多次试验，小概率事件也会频频出现——这和"箭法再差，多射几箭也可能碰在靶子上。"的意思是一样的。

一开始，他们向球迷发了 6400 封邮件，一半是预测甲队获胜，另一半是预测乙队获胜，于是，就有 3200 人得到的预测是准确的，另一半人则会把它当成一个笑话忘掉。

下一次，他们只给得到"正确预测"的 3200 人发送邮件，一半是预测丙方获胜，另一半是预测丁方获胜……依此类推。所谓的"预测者"，总是继续给得到"正确预测"的一部分人发送新邮件，最后，剩下 200 人收到的预测结果便全部是正确的，他们当然会认为这个预测绝对灵验。其中假如有 50 人掏出 200 美元，对于骗局的策划者来说，就是一笔很可观的收入了。因为他们除了发电子邮件，不需要任何本钱。

【智慧真悟】

《塔木德》上有这样一句话："箭法再差，多射几箭也可能碰在靶子上。"凡事都有一个过程，不会一下子就会成功的，所以只要心存坚定的信念，多走几步，成功迟早会到来的。

"固执"的学生

不可能人人都当公主，但那并不值得羞愧。假如你做不了太阳，那就做一颗星星吧！只要你觉得自己重要，你的人生就充满了意义。

——犹太人格言

有一次上实验课时，教授按照平常的惯例，给每个学生发了一张纸条，上面把操作步骤写得一清二楚。爱因斯坦照例把纸条抓成团状，塞进了自己的上衣口袋。过了几分钟，这张纸条就进了废纸篓里。原来他有自己的想法，不愿遵循那一套僵化的操作步骤。

爱因斯坦低着头，看着玻璃管里闪动的火花，头脑却进入了美好的物理世界，突然，"轰"的一声，使他结束了遐想。爱因斯坦觉得右手一阵刺痛，手上沾满了鲜血。师生们听到响动都围了过来。教授了解情况后，非常生气。他赶忙向系办公室走去，向系领导汇报爱因斯坦的情况，坚决要求处分这个我行我素的学生。在这之前，爱因斯坦有好多次没去上他的课，他已经要求系里警告爱因斯坦。

两星期以后，爱因斯坦在校园里和教授碰面了。教授来到爱因斯坦面前，看了他一眼，然后叹了叹气，遗憾地对他说："可惜啊！你为什么不去学医学、法律或语言学，而非要学物理呢？

爱因斯坦并没有完全听懂教授的话，教授认定，像爱因斯坦这样一个不听话的学生是进不了物理学殿堂的。

"我非常喜欢物理，我也认为自己具备研究物理学的才能。"爱因斯坦老老实实地答道。

教授感到很吃惊。这个学生是多么的固执啊！他摇摇头，看了看他，叹口气说道："我是为你好，听不听由你！"

事实证明，教授的判断是错误的，爱因斯坦最后成了一个著名的物理学家。如果当初爱因斯坦真听了这位教授先生的"忠告"，物理学界就会损失一位巨星！还好，固执的爱因斯坦是有自信的。他继续走自己的路，继续刻苦攻读物理学大师的著作，不因为教授的态度而退缩。

智慧真悟

　　坚持走自己的路，让别人去说吧。因为只有坚持才会成功，只有努力了，才能体味成功的滋味。

爱的呼唤

心里满了，就会从眼睛里溢出来。

——犹太人格言

克尔斯和好友麦奇到位于南加州的一处峡谷，察看数月前因一场大火而被摧毁的植被是否已逐渐恢复。他们都是加州自然植物协会的成员，是名副其实的"植物迷"。他们总是流连于附近的峡谷、山丘，探索、拍摄他们发现的植物。

那天，麦奇离开后，克尔斯决定独自一人徒步去拉瓜纳峡谷进行探究。拉瓜纳峡谷是一处较偏远、尚未被大量开发的地方。他走进峡谷数英里，拍了些照片，正准备走回卡车时，不慎一脚踩进已被水渗透、松动的土壤，他朝陡坡往下滑了三十五英尺。停止滑动时，他便立刻感觉到左脚的强烈刺痛。原来，他的左脚与右脚已严重地扭曲在一起。

惊吓过度的克尔斯，过了好一会儿才回过神来，他知道他的脚伤得太严重，已经不可能再走了。随着夜色逐渐低垂，再加上没有人知道他的踪迹，他意识到事态的严重性。他必须赶紧回到道路上，否则在被人发现前，他可能已经归西了。于是他将左脚固定在右脚上，用双臂的力量一步步向道路爬去。

缓慢的前进速度，再加上无法承受的疼痛，克尔斯必须不时地停下来休息，并且呼喊求救，但只听见山谷里传来的回音。日落后的温度开始下降，克尔斯明白，如果停留太久将导致昏迷，失去意识。虽然前进的速度越来越慢，但无论如何，他必须强迫自己拖着疼痛的身体继续往上爬。经过 12 小时的爬行后，他终于爬上了道路。

最后一股力量及意志都已用尽，他无力再往前移动一英寸，但他依然相信只要坚持住就能等到救援的人。虽然这个时候喊救命似乎也没用，但他还是使尽仅存的气力，发出最后的求救呼喊。

果然，远处传来响应的声音，他惊喜不已。那不是山谷的回音，而是真正有人响应的声音。那个人就是他的儿子杰帕。杰帕和他的母亲，还有警察及医疗人员，当时正在峡谷里搜寻克尔斯的下落。

一直等不到克尔斯回家，克尔斯太太开始担心他的安危，于是打电话与麦奇联络。起初，麦奇试图自己上峡谷寻找克尔斯的踪迹，但一直没有任何进展。最后，他向警察请求支援。

克尔斯太太一直保持冷静，告诉自己要坚强。直到次日清晨，当杰帕说他听见克尔斯的呼喊时，克尔斯太太的眼泪已奔涌而出，她这才感觉到压抑在心底的惧怕与担忧。历经两个小时后，克尔斯在救援人员的协助下终于离开了峡谷，救护车朝医院方向快速驶去。当克尔斯太太到达医院，看见满身是伤的克尔斯，想起他那时走在死亡边缘，眼泪不禁又滚滚而下。这泪水里有恐惧、有担忧，更多的是对爱的呼唤。

而克尔斯在限入困境时，他想到如果没有办法存活，他有多么舍不得离开妻子。正是他心中有了对妻子的爱的信念，他找来身旁的岩石，刻下如果他无法获救时，希望妻子知道，她永远在他心里。

智慧真悟

内心有爱会产生奇迹。心中有爱，就如同黑暗中给人以希望的灯火，在绝境处闪耀着温暖的光芒。

· 第五章 ·

锐意创新——创造奇迹的摇篮

愚蠢的人有三种：

认为自己是愚蠢的人；

认为自己是聪明的人；

认为自己和他人都是愚蠢的人。

逃 票

> 愚蠢的人有三种：认为自己是愚蠢的人；认为自己是聪明的人；认为自己和他人都是愚蠢的人。
>
> ——犹太人格言

即使你很成功地模仿了一个有天才的人，你也缺乏他的独创精神。

旅途上，两个美国人和两个犹太人一起坐同一辆火车去同一个城市办事。

两个美国人买了两张票，而两个犹太人才买了一张票。美国人见到这种情形，就问犹太人："等列车长来查票，你们怎么办？"

犹太人说："到时自有办法。"上了火车不久，列车长开始查票，只见两个犹太人马上挤进一间厕所内。

列车长来到他们的车厢，敲了敲厕所的门，说："检查一下车票！"

门开了一条缝，一只手拿着一张票伸出来。列车长怎么也没想到，一间厕所内竟会躲着两个人。

他看过了票："谢谢！"又把票从门缝中塞了回去。就这样，两个犹太人靠着一张车票到了终点站。

回来的路上，两个美国人心想：刚才来时，犹太人的方法真不错。于是他们几经讨论后，决定也买一张票。轮到犹太人时，只见他们摇摇手，说："这次不用买票了。"

上了火车，列车长又来查票了。两个美国人顾不得观看犹太人的新招式，就赶紧钻进了厕所。"砰、砰"两声，犹太人敲了敲厕所的门，门应声而开，一只手拿着一张票，从门缝中伸出来。

"嗯，谢谢！"两个犹太人拿了票，立刻往下一节车厢的厕所奔去……

智慧真悟

一位社会学家说过："第一个说女人如花的人是天才，第二个说女人如花的人是聪明人，第三个说女人如花的人是笨蛋。"这话确实不假。向别人学习借鉴不能照搬表面的东西，要学习的是对方的思维方式，而不是具体的某种做法，我们需要时刻更新自己的观念。

卖早点的学问

致富不能盲目行事，要靠智慧加适当的变通。

——犹太人格言

一条小街上，有两家卖早点的，分列街两头。

由于地理位置的原因，两家早点店的顾客相差无几。

可是奇怪的是，到了结算营业额的时候，靠东边的这家总会比靠西边的那家少卖好多钱。要是一天两天如此，倒还罢了，奇就奇在天天如此。

按理说不应该啊，一样的经营模式，一样的招待方法，一样的价格，而且，经营环境也差不多。

时间长了，这事就传开了，但没有人能够找到其中的原因。

一个学者路过此地，听了这个事，也感到纳闷，就欲探个究竟。

一大早，学者先走进靠东的这家店。一个中年妇女微笑着把他迎进去，在给他盛好了一碗当地人常喝的一种汤后，妇人问学者："要不要鸡蛋？"学者说不要，于是妇人就走开了。

学者留意了一下，那妇人对每个顾客的问话都是一样的——"要不要鸡蛋？"当然，顾客不一，要求也就各异。有说要的，也有说不要的，大概各占一半。

然后，学者又走进靠街西头的那家早点店。

同样也是一个妇人，同样微笑着把学者迎进去。在给学者盛好了一碗汤后，妇人问学者："要一个，还是要两个鸡蛋？"学者下意识地说："要一个。"

学者也特别留意了一下，那妇人对每个顾客的问话都是一样的——"要一个，还是要两个鸡蛋？"学者发现，爱吃鸡蛋的就要两个，不爱吃的就要一个。也有不要的，但是很少。

学者于是露出了会心的微笑。

> **智慧真悟**
>
> 高明的商家其实在做法上与一般的商家并无二致，但日积月累就足以造成巨大的差异。作为一个管理者，探索经营模式固然重要，但细节的完美可以更见成效。

流着泪的讨账单

> 只要你肯动脑筋，总能发现一些省钱的途径。
>
> ——犹太人格言

一家私营企业因经营不善，财务室的桌子上总是堆满了各种讨债单。

太多了，都是千篇一律地要钱，财务主管不知该先付谁的好。经理也一样，总是大概看一眼就扔在桌上，说："能拖一天的就拖一天，让他们等着吧！"

但也有例外，仅有一次。

那次老板很干脆，他豪爽地说："马上给他。"

那是一张来自以色列的传真过来的账单，除了列明货物标的、价格、金额外，大面积的空白处写着一个大大的"SOS"，旁边还画了一个头像，头像正在滴着眼泪，简单的线条，但很生动。

这张不同寻常的账单一下子引起所有财务人员的注意，也引起了经理的重视，他看了便说："人家都流泪了，以最快的方式付给他吧。"

其实，经理和这位朋友心里都明白，这个讨债人未必在真的流泪，但他却成功了，一下子以最快速度讨回大额货款。看来，与众不同的思路，的确能够带来与众不同的收获。

> **智慧真悟**
>
> 人都是有感情的，抓住这一点，用富有感性化的语言和文字，漾起对方感情的碧波，或许就能收到意想不到的效果。

独特中蕴藏着财富

> 独特的眼光比知识更重要。
>
> ——犹太人格言

美国一所著名学院的院长，继承了一大块贫瘠的土地。这块土地，没有具有商业价值的木材，也没有矿产或其他贵重的附属物，因此，这块土地不但不能为他带来任何收入，反而成为支出的一项来源，因为他必须支付土地税。

州政府建造了一条公路从这块土地上经过。一位"未受教育"的人刚好开车经过，看到了这块贫瘠的土地正好位于一处山顶，可以观赏四周连绵几公里长的美丽景色。他（这个没有知识的人）同时还注意到，这块土地上长满了一层小松树及其他树苗。他以每亩10美元的价格，买下了这块50亩的荒地。在靠近公路的地方，他盖了一间独特的木头房屋，并附设一间很大的餐厅，在房子附近又建了一处加油站。他又在公路沿线建造了十几间单人的木头房屋，以每人每晚 3 元的价格出租给游客。餐厅、加油站及木头房屋，使他在第一年净赚 15 万美元。

第二年，他又大肆扩张，增建了另外 50 栋木屋，每一栋木屋有 3 间房间。他现在把这些房子出租给附近城市的居民们，作为避暑别墅，租金为每季度 150 美元。

而这些木屋的建筑材料根本不必花他一毛钱，因为这些木材就长在他的土地上（那位学院院长却认为这块土地毫无价值）。

还有，这些木屋独特的外表正好成为他的扩建计划的最佳广告。一般人如果用如此原始的材料建造房屋，很可能被认为是疯子。

故事还没有结束，在距离这些木屋不到 5 公里处，这个人又买下了占地 150 亩的一处古老而荒废的农场，每亩价格 25 美元，而卖主则相信这个价格是最高的了。

这个人马上建造了一座 100 米长的水坝，把一条小溪的流水引进一个占地 15 亩的湖泊，在湖中放养许多鱼，然后把这个农场以建房的价格出售给那些想在湖边避暑的人。这样简单的一转手，使他共赚进了 25 万美元，而且只花了一个夏季的时间。

正是这个有远见及想象力的人，却未受过正规的"教育"。

且让我们牢记这项事实：只要能运用各种知识，立即可以变得有教养及有权势。

在提到上面所叙述的那段故事时，那位以 500 美元的价格售出 50 亩"没有价值"土地的学院院长说："想想看，我们大部分人也许都会认为那个人没有知识，但他把他的无知和 50 亩荒地混合在一起之后，所获得的年收益，却远超过我靠所谓的教育方式所赚取的 5 年的总收入。"

智慧真悟

知识固然重要，但是，如果没有胆识和魄力的话，你的知识就不能发挥出最大的作用。金钱和智慧两者中，智慧比金钱重要，因为智慧是能赚到钱的，也就是说能赚钱者方为真智慧。

踩在未开垦的土地上

当年爱因斯坦在瑞士苏黎世联邦工业大学就读时，他的导师是数学家明可夫斯基。由于爱因斯坦肯动脑、爱思考，深得明可夫斯基的赏识。师徒二人经常在一起探讨科学、哲学和人生。有一次，爱因斯坦突发奇想，问明可夫斯基："一个人，比如我吧，究竟怎样才能在科学领域、在人生道路上，留下自己的闪光足迹、做出自己的杰出贡献呢？"

一向才思敏捷的明可夫斯基却被问住了，直到三天后，他才兴冲冲地找到爱因斯坦，非常兴奋地说："你那天提的问题，我终于有了答案！"

"什么答案？"爱因斯坦迫不及待地抱住老师的胳膊，"快告诉我呀！"

明可夫斯基手脚并用地比画了一阵，怎么也说不明白，于是，他拉起爱因斯坦就朝一处建筑工地走去，而且径直踏上了建筑工人刚刚铺平的水泥地面。在建筑工人们的呵斥声中，爱因斯坦被弄得一头雾水，非常不解地问明可夫斯基，"老师，您这不是领我误入歧途吗？"

"对、对，歧途！"明可夫斯基顾不得别人的指责，非常专注地说，"看到了吧？只有这样的'歧途'，才能留下足迹！"然后，他又解释说："只有新的领域、只有尚未凝固的地方，才能留下深深的脚印。那些凝固很久的老地面，那些被无数人、无数脚步涉足的地方，别想再踩出脚印来……"

听到这里，爱因斯坦沉思良久，非常感激地对明可夫斯基说："恩师，我明白您的意思了！"

从此，一种非常强烈的创新和开拓意识，开始主导着爱因斯坦的思维和行动。他曾经说过这样的话："我从来不记忆和思考词典、手册里的东西，我的脑袋只用来记忆和思考那些还没载入书本的东西。"

于是，就在爱因斯坦走出校园，初涉世事的几年里，他作为伯尔尼专利局里默默无闻的小职员，利用业余时间进行科学研究，在物理学三个未知领域里齐头并进，大胆而果断地挑战并突破了牛顿力学。在他刚刚 26 岁的时候，就提出并建立了狭义相对论，开创了物理学的新纪元，为人类做出了卓越的贡献，在科学史册上留下了深深的闪光的足迹。

> 【智慧真悟】
>
> 敢于突破创新才能成就大的事业。在人类社会和现实生活的各个领域，都有各式各样的"尚未凝固的水泥路面"，等待着人们踩出新的脚印、踏上新的征程。

虚晃一招，克敌制胜

> 巨大的利润总是存在于风险之中的。
>
> ——犹太人格言

犹太商人沙米尔，移民到澳洲经商。一到墨尔本，经过短期的考察，他就轻车熟路地开了一家食品店。而他的店对面，正好有另外一家意大利人安东尼开办的食品店。由于经营品种类似，于是，两家食品店不可避免地展开了激烈的竞争。

安东尼眼看新的竞争对手出现，心焦气躁，惶惶不可终日，想着如何打败他，最好能把他挤走了事。绞尽脑汁，只想出削价竞争一策，于是便在自家店门前立了一块木板，上书："火腿，1 磅只卖 5 便士。"

不想沙米尔也立即在自家门前立起木板，上写："1 磅只卖 4 便士。"

安东尼为赌气，咬牙一跺脚，即刻把价钱改写成："火腿，1 磅只卖 3.5 便士。"这样一来，价格已降到了与进货成本持平了。他想看一看能不能耗过这个外来人。

想不到，沙米尔更狠，把价钱改写成："1 磅只卖 3 便士。"

几天下来，安东尼有点撑不住了。他忘了是自己挑起的降价竞争，气冲冲地跑到沙米尔的店里，以受害者的口气大吼道："小子，有你这样做生意的吗？这样疯狂地降价，知道会是个什么样的结果吗？咱俩都得破产！"

沙米尔报之一笑："什么'咱俩'呀！我看只有你会破产罢了。我的食品店压根儿就不卖什么火腿呀。板子上写的 3 便士一磅，连我都不知道是指什么东西哩！"

安东尼这才发觉自己上了大当，竞争下来只有自己和自己较劲，他不禁叫苦连天，知道自己不是沙米尔的对手。

> ### 智慧真悟
>
> 商业对手之间的竞争充满了诡诈。有时无须真刀真枪，拼尽全力，只需虚晃一招，就足以克敌制胜。

在创新中生存

> 最重要的是明确奋斗的目标。
>
> ——犹太人格言

奥克斯于 1858 年出生在一个犹太移民家庭。由于家庭生活艰苦，没有机会进入正规学校读书，少年时仅在夜校读过几年书。

奥克斯是一个勤奋好学的青年，专注精神十分强烈，就是这种精神，使他的事业获取了较大成功。

凡是有专注精神的人，必定干一行爱一行，把专注之事视为快乐，忘掉了困难和苦涩，如爱迪生为了发明电灯，失败了 5 万次也不灰心和动摇，最终获得了成功。所以说：专注是一步步走向成功的阶梯。

奥克斯从 14 岁进入报社当排字工人，从此专注于报社工作。他进步很快，17 岁当了领班。他在 19 岁时，萌发了与人合作办报的念头，于是与一位叫保罗和一位叫麦哥云的人合作，办了一份《漆坦隆加快报》，结果只经营了几个月就倒闭了。

合伙办的报纸失败了，奥克斯却没有灰心，他反复思考后，决定利用报社的残存机器和纸张发挥作用，编印一本《工商指南》，相信从中可赚到一些钱。根据其思路，他走访了许多工商界人士，记录了他们的地址、企业名称及经营目录、电话等等，然后自己亲自排字及开机印刷，装订成书，向工商界出售。这《工商指南》实质是一本广告物，在当时还算罕见，对工商界开展业务十分有利，因此非常畅销，使他赚了一笔钱。他顺着这条路子，编印了一些小册子及承印一些宣传目录，获得了不少收入。

1878 年，奥克斯 20 岁了，他的专注精神使他又迈进了一大步，他决心自己独立办报。此时正好有一家《漆坦隆加时报》又因经营不善而将告倒闭，它正在廉价寻求买主，奥克斯以 500 美元买下了。

奥克斯接办了该报后，进行版面及内容的改革，集中报道社会大众关心的问题。同时，他对报社内部进行改组，精减了 1/3 人员。他自己既当总经理，又兼当排字领班；结果，不到两年，发行量大大增加，获利不少。到 1892 年，《漆坦隆加时报》成为当地最有名气的报纸，奥克斯积累增多，他投资 15 万美元盖起报社大厦。在 19 世纪末的 15 万美元价值不少，因此该大厦十分豪华，对这份报纸的信誉十分有利。

奥克斯的专注精神使他雄心勃勃，他不满足于《漆坦隆加时报》的成就，决心向全国性报纸进军。1896 年，他发现米勒接手后的《纽约时报》面临危机，他乘机插手，把它接了过来。

奥克斯接管了《纽约时报》后，大胆进行了改革。他与银行取得了共识，对该报发行股份 1 万股，每股 100 美元，以 2000 股换回股东全部股份，另发行债券 40 万美元，以 30 万美元还债，其余当作周转金。这样，奥克斯实际上没有注入多少钱，通过扩股和发债券的手法，使他掌握了《纽约时报》。1896 年 8 月 13 日，时报改组成功，奥克斯成为该报董事局主席了。

奥克斯跟着对《纽约时报》的编排也进行了改革，增加了金融新闻。此时正是纽约市经济起飞之时，城市人口增长很快，这为《纽约时报》的销售提供了有利时机。奥克斯是排字工人出身，他在多年的排字生涯中积累了丰富的经验，在改革《纽约时报》中，他针对各竞争对手的报纸情况，把《纽约时报》精心编印，显示出与众不同的面貌，令人耳目一新。同时，他每到周末时又增刊"周末书评"，使得各出版界纷纷在其报纸上刊登广告。更重要的一招，是把零售价从每份 3 美分，降价至每份 1 美分。这样虽然减少了发行费的收入，但报纸销售量大大增加了，而厂商们看到《纽约时报》发行量大，大家纷纷在该报登广告。这样，《纽约时报》的收入反而增加了。

奥克斯刚接管《纽约时报》时，其发行量只有 9000 份，到 1900 年时，发行量已超过 10 万份，奥克斯的收入迅速增多。1904 年，奥克斯斥资 250 万美元兴建"纽约时报"大厦，高为 22 层，在当时是少有的高楼大厦。

1928 年奥克斯 70 岁时，他仍精力充沛地主持着这份报纸，当时另办的一份《星期日时报》也发行 40 多万份，他靠这两份报纸的经营，每年盈利近3000 万美元，当时他已是美国的著名富豪了。

智慧真悟

　　成功的事业依赖的是执著的追求和埋头苦干的精神；但是，在必要的时候，也要懂得变通，大胆创新。

犹太人的策略

　　有耐心的人能钓到大鱼。

　　　　　　　　　　　——犹太人格言

　　有一个犹太人叫布拉德利，最初向客户推销保险时，一见到客户便向他们介绍保险的好处，同时还向对方大讲现代人不懂保险会带来什么不利。最后他就会说："最好你也买一份保险。"可是，一个月下来，他却没有得到一份保险业务。后来经过仔细思考，他改变了策略，不再对客户夸夸其谈，而是换了一种交谈的方式。

"您好！我是国民第一保险公司的推销员。"布拉德利说。

"哦，推销保险的。"客户应道。

"您误会了，我的任务是宣传保险，如果您有兴趣的话，我可以义务为您介绍一些保险知识。"布拉德利说。

"是这样，请进。"客户说。

布拉德利初战告捷。在接下来的谈话中，他像是叙说家常一样，向客户详细介绍了有关保险的全部知识，并将参加保险的利益以及买保险的手续有机地穿插在介绍中。

最后，布拉德利说："希望通过我的介绍能让您对保险有所了解，如果您还有什么不明白的地方，请随时与我联系。"说着布拉德利就递上了自己的名片，直到告辞也只字未提动员客户买他的保险的话。但是到了第二天，客户便主动给布拉德利打电话，请他帮忙买一份保险。

布拉德利成功了，一个月卖出的保险单最多时达 150 份。

智慧真悟

做事时能有一种专注的精神是值得赞赏的。但是有些人往往碰了钉子，还是不懂得迂回、还要打破砂锅干到底的这种精神就不值得提倡了。适当的改变一下思维会有意想不到的收获。

十四号大街

> 追求财富必须敢于冒险，但是冒险绝不等于鲁莽行事。
>
> ——犹太人格言

一个犹太人受雇为纽约东区开公共汽车，第一天结束了，在上缴收据的时候，他看起来有点沮丧，因为还不到十美元。

　　第二天一早他就沿公交路线出发了，可是不知怎么的，他逃脱了检查员的监控。人们都在纳闷：他和他的公共汽车到底上了哪儿。

　　最后，天快黑的时候司机终于高兴地笑着回到了终点站。他花哨地做了个动作，交给出纳一百零九美元。

　　"这是什么？这是什么？你是怎么做到的？我们从来没有在那条线上赚过这么多钱。"

　　出纳惊奇地叫道。

　　"很简单，"司机说，"我对自己说：这条线路没几个乘客，我干吗将时间浪费在这儿？我可不是笨蛋！十四号大街是个金矿，我把车开到那儿了！"

> **智慧真悟**
>
> 　　这则故事虽然在笑声中结束了，但是他留给人们的思考并没有就此停歇下来。如果创新要建立在鲁莽的基础上，那还不如就用原来的思路，安稳的走下去。

免费的艺术

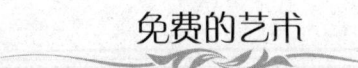

> 谁最先掌握了信息，谁就掌握了市场竞争的主动权。
>
> ——犹太人格言

　　巴拉尼是个十五岁的孩子，他在一家电影院做童工，负责在场内叫卖小食品。由于人们最近比较忙，来看电影的人很少，买东西吃的人就更不用说了，他的摊位几乎无人问津。"为什么没人来买我的东西呢？难道人们不需要吗？我该怎么办？"巴拉尼想。

　　巴拉尼想了想，突然，他有了主意！于是，他大声喊："来看电影，买一张票就送一袋脆花生。"

听到叫喊声，人们从四面八方赶了过来，人越集越多。人们纷纷购买电影票，为的是能得到这免费的花生。这些花生非常好吃，不过吃多了会感到口渴，原来是这些花生被撒上了一些盐。不过，人们并没有在乎这些，既然花生这么好吃，而且又是免费的，那就继续吃吧，但必须买点饮料解渴。

巴拉尼乘机推销他的饮料，口渴难耐的人们顾不得那么多了，纷纷掏钱购买巴拉尼的饮料。这下，巴拉尼一天卖出去的饮料，居然相当于过去一个月的销售量。

智慧真悟

有些人常常在别人成功后发表无谓的感慨。我怎么就没想到呢？其实机遇就在你的身边，谁最先把握了信息，谁就掌握了市场竞争的主动权，谁就会成为赢家。

特别的广告

> 要想让人接受你，首先要保让别人不反感你。
>
> ——犹太人格言

林达刚到哈罗啤酒厂的时候还是一个不满 25 岁的小伙子，那时他看上了厂里一个很优秀的女孩，然而那个女孩却对他说："我不会看上一个像你这样普通的男人。"于是，林达决定做些不普通的事情。

那时的哈罗啤酒厂市场份额正在一年一年地减少，因为啤酒销售得不景气而没有钱在电视或报纸上做广告。销售员林达多次建议厂长到电视台做一次演讲或者广告，但都被厂长拒绝了。林达决定冒险做自己想做的事情，他贷款承包了厂里的销售工作，正当他为怎样去做一个最省钱的广告而发愁时，他徘徊到了布鲁塞尔市中心的于连广场。广场中心的铜像启发了他，广场中心撒尿的男孩铜像就是用自己的尿浇灭了侵略者炸城的导火线从而挽救了这个城市的小英雄于连。林达突然决定他要做一件让所有人都意想不到的事情。

第二天,路过广场的人们发现于连的尿变成了色泽金黄、泡沫泛起的"哈罗"啤酒,旁边的大广告牌子上写着"哈罗啤酒免费品尝"的广告语。一传十、十传百,很快全市老百姓都从家里拿出自己的瓶子、杯子排成队去接啤酒喝。电视台、报纸、广播电台争相报道。年底结算,该年度的啤酒销售量是上一年的 18 倍。

林达成了闻名布鲁塞尔的销售专家。

智慧真悟

往往别人的一句刺耳的言语、一声批评都会成为你前进的动力。它会激发你前进的热情,转动灵活的思维,做出令人意想不到的壮举。

被上帝咬过的香蕉

什么行当都能致富,只要不断创新。

——犹太人格言

犹太商人鲍洛奇早年在美国一个叫杜鲁茨城的最为繁华的街道替老板看摊卖水果,周围有很多的水果摊。这里车水马龙,人来人往,的确是一个经商的好地方,于是每个商人都想尽了办法,争抢顾客,竞争十分激烈。

鲍洛奇的生意不错,把其他摊位上的顾客也拉过来了,摊位前的顾客很多,忙得他不可开交。不料,发生了一件事,差点使他刚刚红火起来的生意败落下去。正当鲍洛奇为自己的胜利而感到得意的时候,老板贮藏水果的冷冻厂发生了一场火灾。当消防人员赶来将大火扑灭时,16 箱香蕉已被大火烤得变成了土黄色，上面显现了不少的小黑点。老板把这些香蕉交给了鲍洛奇，让他降价处理。

当时，普通香蕉每磅的售价是4美分，老板让鲍洛奇降价一半，以每磅2美分的价格出售，老板交待他，香蕉只要不浪费，即使价格再低一点也可以卖。鲍洛奇接过这些烤得黄黑的香蕉感到有说不出的苦。但老板交待他的任务不得不完成，无奈之下，鲍洛奇只好把这些变质的香蕉摆到了摊上。

尽管有一肚子的闷气，鲍洛奇还是尽职尽责地大声吆喝起来，不少顾客走到他的摊前，看到这种丑陋不堪的香蕉，摇着头走开了。鲍洛奇赶忙解释："各位先生女士，你们看到的只是表面现象，虽然它们看起来很丑陋，但它们的味道很好，并且价格相当便宜，只是其他香蕉价格的一半。"不管他怎么说，顾客还是不想买这些难看的香蕉。

鲍洛奇见香蕉没有人买，感到很生气，坐下来把那些丑陋的香蕉检查了一遍。他掰开一只香蕉，剥开那黄中带黑的皮，然后放进嘴里。"是的，这些香蕉一点都没坏，相反，由于火烤的原因，这些香蕉的味道变得更好了。对了，我何不……"他在心里琢磨着，突然想到了一个不错的主意，他禁不住为此而微笑起来。

第二天一大早，鲍洛奇又开始了他的吆喝："各位女士先生，早上好！我刚进口了一些阿根廷香蕉，正宗的南美风味，数量有限，机会难得，快来买呀！"很快，鲍洛奇的摊前就围满了人。众人不停地盯着这些黄中带黑的"阿根廷香蕉"，有些犹豫，因为价格有些贵，对于买不买，还拿不定主意。

看到这么多人围到自己的摊位前，鲍洛奇兴奋极了，接着他又喊到："阿根廷香蕉，阿根廷香蕉！最新进口的。这种香蕉产在阿根廷靠海的地区，阳光充足，水分多，风味独特！我们公司好不容易批到的。"他把这些黑而丑陋的"阿根廷香蕉"吹得名气如何大，风味如何好，又费了多大的劲才搞到这么十几箱"最新品种"，说得天花乱坠。

当人们半信半疑的时候，鲍洛奇看见了一位穿着得体的小姐，于是不失时机地问："请问您以前尝过这种'阿根廷香蕉'吗？"这位小姐在摊位前看了很长时间，鲍洛奇早已注意到她了。她的眼睛好奇地盯着这些香蕉已经很久了，看那样子确实想买，只是还没有最后拿定主意。鲍洛奇决定从她身上打开突破口。

"我以前从来没有尝过这种香蕉。这些香蕉很有意思，就是有点黑。"小姐说。

"这正是它们的独特之处，否则的话，它们也就不叫阿根廷香蕉了。你见过鹌鹑蛋吗？鹌鹑蛋也是带有黑点，但是鹌鹑蛋却特别好吃，不是吗？"鲍洛奇唾沫飞溅地说，"请您尝尝，您从来没有尝过这种风味如此独特的香蕉，我敢保证！"接着马上剥了一只香蕉递到小姐的手里，小姐接过吃了一口。

鲍洛奇不失时机地问："味道怎么样，是不是非常独特？"

"嗯，味道确实不错。我买8磅。"小姐说。

"这样美味的阿根廷香蕉只卖10美分一磅，已经是最便宜的啦。我们公司好不容易弄到这么一点货，大家难道不想尝尝吗？错过机会您想买也买不到了。"鲍洛奇大声吆喝起来。

由于那位小姐已经带头买了，而且说味道很好，再加上鲍洛奇的鼓动，大家便不再犹豫，纷纷掏出钱来，想尝尝这种"进口香蕉"的味道。于是你来5磅，他来3磅，很快，16箱被大火烤过的香蕉竟然以高出市价一倍的价钱卖得精光，甚至有许多慕名来买"进口香蕉"的人因为没有买到失望而归，倍感遗憾。

> **智慧真悟**
>
> 创新的力量是巨大的，它可以使失败者扭转乾坤，可以使逆境中的人看到光明，同样也会使就要烂掉的香蕉变成了"进口香蕉"，获得大卖，这就是创新的力量。

百分之三的免费

> 致富的秘诀，在于大胆创新，眼光独到。
>
> ——犹太人格言

犹太人特奥的父母不幸辞世，给他和哥哥卡尔留下了一个很小的杂货店。资金微薄，设施简陋，他们靠经营一些小商品艰难度日。兄弟俩不甘心过这种穷日子，一直寻找发财的机会。

有一天，卡尔问特奥："我不明白，为什么同样的店铺，有的能够盈利，有的只能像我们这样惨淡经营呢?"

"我想我们的经营存在问题，如果善于经营的话，我们的生意也可以做大。"特奥答道。

哥俩经过商量，决定到其他商店去走访一下。

一天，他们来到一家"消费商店"，这家商店生意非常红火，店里围满了顾客，兄弟俩看着眼前的景象，心里十分羡慕。当他们走出商店时，看到门外有一张告示牌，上面清晰地写着："凡来本店购物的顾客，请收好您的发票，年底可以凭发票额的3%免费购物。"

他们仔细想了一会儿，终于明白了其中的道理，原来顾客贪图那"3%"的免费商品，才蜂拥而至，使得这家商店的生意如此兴隆。

他们回到自己的店里后，马上贴了一个醒目的告示："从今日起，本店所有商品让利3%，本店保证所售商品为全市最低价，如顾客发现不是全市最低价，本店可以退回差价，并给予奖励。"

兄弟俩凭借别人的经验，生意越做越大。后来，他们的商店成为世界上最大的连锁商店之一。

智慧真悟

只有具备善于发现问题的头脑，才会有奇迹在生活中不断地诞生。故事中的兄弟俩如果苦守着父母的遗产，日复一日地过活，将不会有太大的改变。伟大的奇迹在精明的思考中诞生了。

100 美元与 200 美元的差距

不要害怕保持与其他人不同的立场。

——犹太人格言

哲学家和他的朋友彼克去埃及旅游。一天，彼克走在街头，忽然耳边传来一位老妇人的叫卖声："卖狮子啊，卖狮子啊！"

彼克一看，在老妇人身旁放着一只黑色的玩具狮子，标价 300 美元。这位妇人解释说，这只玩具狮子是祖传宝物，因孙子病重，不得已才出卖以换取住院治疗费。彼克用手一举狮子，发现狮子很重，看起来似乎是用黑铁铸成的。不过，那一对狮子眼则是珍珠的。

于是，彼克就对老妇人说："我给你 200 美元，只买下两只狮子眼吧！"

老妇人同意了。彼克回到了宾馆，得意地对哲学家说："我只花了 200 美元，竟然买下两颗硕大的珍珠！"

哲学家一看这两颗大珍珠，少说也值上千美元，忙问朋友是怎么一回事。当彼克讲完缘由，哲学家忙问："那位妇人还在原处吗？"

彼克说："她还坐在那里，想卖掉那只没有眼珠的铁狮子！"

哲学家听后，花了 100 美元把狮子买了回来。彼克见后，嘲笑道："你呀，花 100 美元买个没眼珠的铁狮子！"

哲学家却拿起小刀刮铁狮子的脚。当黑漆脱落后，竟露出黄灿灿的金身。他高兴地大叫起来："正如我所想，这狮子是纯金的！"

原来，当年铸造这只金狮子的主人，怕金身暴露，便将狮子用黑漆漆了一遍，使它俨然如一只铁狮子。

此时，哲学家转过来笑了说："你应该好好想一想，狮子的眼珠既然是珍珠做成，那狮子的全身会是不值钱的黑铁所铸吗？"

智慧真悟

眼光短浅的人总是容易被表面的光华所迷惑，得到的只能是皮毛。而善于思考的人能透过事情的表面现象去分析本质，他们所得到的才是真正的宝藏。

第六章

智慧头脑——成功的无尽财富

聪明人深藏才学，
愚蠢人显露无知。

酒商的经营之道

> 聪明人深藏才学，愚蠢人显露无知。
>
> ——犹太人格言

有一年葡萄收成好，镇上的卖酒商也趁机捞好处。

"主顾算什么!"他傲慢地说，"我不会降价的!"

他的态度使镇上的人没有酒喝，因此他们总想着报复。

"你们等等!"黑舍尔对他们说，"我给他一个让他记一辈子的教训。"

黑舍尔找来一些华贵的使他看起来受人尊重的衣服。由镇上的年轻人陪着，一同去拜访那位卖酒商。他进去时，那些同伴就在外面等。

"早晨好!"黑舍尔说，"请允许我介绍一下自己。我从利沃夫来，是个远近闻名的制造酒的商人。我能从不好的葡萄里造出好酒，从好葡萄里造出更好的酒。"

卖酒商大喜过望。

"你会在镇上停留很长时间吧?"

"不，我只是路过。我想看看我的生意在这些地方会怎么样?"

"我想向你请教提高酒的质量的方法。"

"很高兴!"黑舍尔回答，"带我到你的酒窖里去，我来教你。"

于是他们来到了酒窖。黑舍尔从他的旅行包里掏出一个打孔机，在一个酒桶上打了一个洞。他把手指伸进洞里，然后用嘴唇舔了舔。

"不错，"他点点头，像个专家的样子，"像我一样，你把手指伸进洞里，我去品尝第二桶。"卖酒商照做了。黑舍尔在下一个桶上也打了个孔，用手指尝了尝酒。"不错!"他慎重地说，"请你最好用另一只手的手指堵住这个孔。"

卖酒商照做了。

这样他的两只手都被占住了，黑舍尔就把他的同伴叫来。卖酒商意识到他落入了一个套圈，顿时大怒。

"你这个无赖！"他叫道，"你会被投进监狱的！"

"你还是好好看着你的洞吧，"黑舍尔愉快地说，"你一晚上都会站在这儿，我只是教训教训你，做事不要像头猪一样蠢！"

智慧真悟

智者治人，愚者治于人。在做人做事上，要有迂回策略，不要人云亦云，用自己的大脑多转一圈，你会发现其中还暗设着陷阱，隐藏着秘密。

一磅铜的价格是多少

从 0 到 1 的距离，比从 1 到 1000 的距离还要大。

——犹太人格言

在聪颖、精明的犹太人眼里，除了智慧外任何东西都是有价的，都能失而复得，只有智慧才是人生无价的财富，它引导人通向成功。

多年以前，在奥斯维辛集中营里，一个犹太人对他的儿子说："现在我们唯一的财富就是智慧，当别人说一加一等于二的时候，你应该想到大于二。"纳粹在奥斯维辛毒死了几十万人，父子俩却活了下来。

1946 年，他们来到美国，在休斯敦做铜器生意。一天，父亲问儿子："一磅铜的价格是多少？"儿子答道："35 美分。"父亲说："对，整个得克萨斯州都知道每磅铜的价格是 35 美分，但作为犹太人的儿子，应该说 3.5 美元。你试着把一磅铜做成门把看看。"

20 年后，父亲死了，儿子独自经营铜器店。他做过铜鼓，做过瑞士钟表上的簧片，做过奥运会的奖牌。他曾把一磅铜卖到 3500 美元，这时他已是麦考尔公司的董事长。然而，真正使他扬名的，是纽约州的一堆垃圾。

1974 年，美国政府为清理给自由女神像翻新扔下的废料，向社会广泛招标。但好几个月过去了，没人应标。正在法国旅行的他听说后，立即飞往纽约，看过自由女神下堆积如山的铜块、螺丝和木料后，未提任何条件，当即就签了字。

纽约许多运输公司对他的这一愚蠢举动暗自发笑。因为在纽约州，垃圾处理有严格规定，弄不好会受到环保组织的起诉。就在一些人要看这个犹太人的笑话时，他开始组织工人对废料进行分类。他让人把废铜熔化，铸成小自由女神；把水泥块和木头加工成底座；把废铅、废铝做成纽约广场的钥匙。最后，他甚至把从自由女神身上扫下的灰包装起来，出售给花店。不到 3 个月的时间，他让这堆废料变成了 350 万美元现金，每磅铜的价格整整翻了 1 万倍。

智慧真悟

通常的想法只会给你普通的成功，而优秀的头脑可以给你巨大的成就。任何东西都是有价的，只有智慧才是人生无价的财富，是永恒不变的瑰宝，它引导人通向成功，而且永不会贫穷。

由谁来继承财产

只要能够正确使用，你的头脑就是你最有用的资源。

——犹太人格言

两个儿子大了，富翁也老了。

这些日子富翁一直在苦苦思索，到底让哪个儿子继承遗产？富翁百思不得其解。

想起自己白手起家的青年时代，他忽然灵机一动，找到了考验他们的好办法。

他锁上宅门，把两个儿子带到 100 里外的一座城市里，然后给他们出了个难题，谁答得好，就让谁继承遗产。

他交给他们一人一串钥匙、一匹快马，看他们谁先回到家，并把宅门打开。

马跑得飞快，所以兄弟两个几乎是同时回到家的。

但是面对紧锁的大门，两个人都犯愁了。

哥哥左试右试，苦于无法从那一大串钥匙中找到最合适的那把；弟弟呢，则苦于没有钥匙，因为他刚才光顾了赶路，钥匙不知什么时候掉在了路上。

两个人急得满头大汗。

突然，弟弟一拍脑门，有了办法，他找来一块石头，几下子就把锁砸了，他顺利进去了。

自然，继承权落在了弟弟手里。

智慧真悟

　　人生的大门往往是没有钥匙的，在命运的关键时刻，人最需要的不是墨守成规的钥匙，而是一块砸碎障碍的石头！

所罗门王的聪明裁决

> 办法总比困难多，凡事都有解决的窍门。
>
> ——犹太人格言

《塔木德》上有这样一则故事：

所罗门时期的某个安息日，有 3 个犹太人来到耶路撒冷，由于身边带钱过多不方便，大家商议将各自带的钱埋在一块，然后就出发了。结果，其中有个人又偷偷溜回来，将钱挖走了。

第二天，大家发现钱被盗了，便猜想一定是自己人所为，但又没有证据证明是哪个人所为，于是，3人便一起去素以断案英明闻名的所罗门王那里，请求仲裁。

所罗门王了解事情经过后，什么话也没问，只是说："这里恰好有道题解不开，请你们3位聪明人帮忙解一下，然后我再为你们裁决。"

问题是这样的：有个姑娘曾答应嫁给某男，并订了婚约。但不久以后，她又爱上了另一个男子，于是她便向未婚夫提出解除婚约。为此，她还表示，愿意付给未婚夫一笔赔偿金。但这个男青年无意于赔偿金，痛快地答应了她的要求。由于姑娘很富裕，不久又被一个老头拐骗了。后来，姑娘对老头说："我以前的未婚夫不要我的赔偿金就和我解除了婚约，所以，你也应该如此待我。"

于是，老人也同样答应了她的要求。

所罗门讲完故事后，询问那3个人：姑娘、青年和老头，谁的行为最值得赞扬？

第一个人认为，男青年能够不强人所难，不拿一点赔偿金，其行为可嘉。

第二个人认为，姑娘有勇气和未婚夫解除婚约，并要和真正喜爱的人结婚，其行为可嘉。

第三个人说："这个故事简直莫名其妙，那个老头既然为了钱才诱拐姑娘的，可为什么又不拿钱放她走了呢？"

这时，所罗门王大喝一声："你就是偷钱的人！"

然后，他才解释道："他们两人关心的是故事中人物的爱情和个性，而你却只想到钱，你肯定是小偷。"

如果按现在的审判程序来看，所罗门王的断案方法难免有些主观武断，但他用旁敲侧击、转移视线的方法来突击窥测罪犯的心理，也有其一定的道理。第三个人问得确实合乎逻辑，但所罗门正是借悖谬来洞察人的心理，那两个人都被故事转移了视线，说明其心里很坦然，唯独第三个人却只注意钱，这岂不是和偷钱有关系？

智慧真悟

　　解决问题的时候思路必须灵活，当采取直接的方法有困难的时候，就要考虑采用旁敲侧击、迂回曲折的手段。

欲取之，先与之

> 　　哪怕只有1%的可能，只要你经过周密安排把握住了，你赚钱的机会就是100%。
>
> ——犹太人格言

　　有一天，犹太商人阿吉休姆在温斯彼罗市推销炊具。他敲响了公路巡逻员安徒先生家的门，巡逻员的妻子开门请推销员进去。

　　"我的先生和隔壁迪尔先生正在后院，不过，我和迪尔太太愿意看看你的炊具。"安徒太太说。

　　"请你们的丈夫也到屋子里来吧！我保证，他们也喜欢我对产品的介绍。"阿吉休姆说。

　　于是，两位太太叫他们的丈夫进来了。

　　阿吉休姆做了一次极其认真的烹调表演。他先用安徒太太家的炊具以传统方法加水煮苹果，然后用他所推销的那套炊具用文火不加水地煮。两种不同方法煮成的苹果区别是这么的明显，给两对夫妇留下深刻的印象。但是他们不会贸然买下什么东西，因而装作毫无兴趣的样子。

　　于是，阿吉休姆决定采用"欲擒故纵"的推销术。他洗净炊具，包装起来，放回到样品盒里，对两对夫妇说："嗯，感谢你们让我做了这次表演，我真地希望能够在今天向你们提供炊具，但我只带了样品，也许你们将来才想买它吧？"

　　说着阿吉休姆起身准备离去，这时两位丈夫立刻对那套炊具感了兴趣，他们都站了起来，想要知道什么时候能买得到。

"请问，现在能购买吗？我现在的确有点喜欢那套炊具了。"安徒先生说道。

"是啊，你现在能够提供货品吗？"迪尔先生问道。

"先生们，很抱歉，今天我的确只带了样品，而且什么时候发货，我也无法知道确切的日期。不过请你们放心，等能发货时，我一定把你们的要求放在心里。"阿吉休姆真诚地说。

"唔，也许你会把我们忘了，这是很有可能的。"安徒先生坚持说。

这时，阿吉休姆感到时机已到，就自然而然地提到了定货事宜："你们最好还是付定金买一套吧，这样做要保险一些。一旦公司能发货就给你们，这可能等待一个月，甚至可能要两个月。"

两位太太马上掏钱付了定金。六个星期以后，商品发货了。

智慧真悟

在生活的各个领域，善于思考的人都容易成为优胜者。最能干的人，不是等待机会的人，而是善于攫取机会、运用机会、驾驭机会为自己服务的人。

只借 1 美元

花 1 美元，就要发挥 1 美元 100% 的功效。要把支出降到最低点。

——犹太人格言

一个犹太人走进纽约的一家银行，来到贷款部，大模大样地坐下来。

"请问先生有什么事情吗？"贷款部经理一边问，一边打量着来人的穿着：

豪华的西服、高级皮鞋、昂贵的手表，还有镶宝石的领带夹子。

"我想借些钱。"

"好啊，你要借多少?"

"1美元。"

"只需要1美元?"

"不错，只借1美元。可以吗?"

"当然可以，只要有担保，再多点也无妨。"

"好吧，这些担保可以吗?"

犹太人说着，从豪华的皮包里取出一堆股票、国债等等，放在经理的写字台上。

"总共50万美元，够了吧?"

"当然，当然! 不过，你真的只要借1美元吗?"

"是的。"说着，犹太人接过了1美元。

"年息为6%，只要您付出6%的利息，一年后归还，我们可以把这些股票还给你。"

"谢谢。"

犹太人说完，就准备离开银行。

一直在旁边冷眼观看的分行长，怎么也弄不明白，拥有50万美元的人，怎么会来银行借1美元? 他慌慌张张地追上前去，对犹太人说："啊，这位先生……"

"有什么事情吗?""我实在弄不清楚，你拥有50万美元，为什么只借1美元? 要是你想借30、40万美元的话，我们也会很乐意的……"

"请不必为此事慌张，只是我来贵行之前，问过了几家金库，他们保险箱的租金都很昂贵。所以嘛，我就准备在贵行寄存这些有价票据。租金实在太便宜了，一年只需要花6美分。"

贵重物品的寄存按常理应放在金库的保险箱里，对许多人来说，这是唯一的选择。但犹太商人没有困于常理，而是另辟蹊径，找到让证券等被锁进银行保险箱的办法，从可靠、保险的角度来看，两者确实是没有多大区别的，除了收费不同。

智慧真悟

只借1美元是为了存放犹太人的股票，的确是一个聪明人的聪明的举动。通常情况下，人们是为了借款而抵押，总是希望以尽可能少的抵押争取尽可能多的借款。犹太人能够钻这个"空子"，转换思路思考问题，这就是他在思维方式上的"精明"。

猎人与鸟

问路十次胜过迷路一次。

——犹太人格言

有一次，一个捕鸟的人抓住了一只鸟。但是，这是一只非常特别的鸟，它能听懂人类的七十种语言。于是，它就用捕鸟人的母语恳求他："放了我吧，我会传授给你三条很有用的教诲。"

"你先告诉我，我就放了你。"捕鸟人说。

"你先发个庄严的誓约，你一定要遵守你的诺言。"鸟儿回答。

"我发誓，我一定会放了你。"捕鸟人回答。

于是鸟儿说："那就好好听着！第一个教诲是：'不要为已经发生的事后悔'；第二个教诲是：'不要相信难以置信的事'；第三句教诲是：'不要去干做不到的事'。"

鸟儿把它的心得教给捕鸟人后，再次央求他："现在遵守你的诺言，把我放了吧。"

捕鸟人同意了，给了它自由。

鸟儿振翅飞到旁边的一棵大树顶上，嘲笑捕鸟人说："你真是太傻了！让我脱离了你的手掌心。你不知道，我身上有颗珍珠，有着神奇的魔力，是无价之宝，就是靠着它，我才会这么聪明。"

听完这些，捕鸟人立刻为刚才放走鸟儿的愚蠢行为后悔了。他开始攀登鸟儿栖息的那棵大树，想要挽回损失。艰难地爬到半路的时候，他一失手，摔了下来。他跌断了骨头，躺在地上，痛苦地呻吟着。

鸟儿居高临下地看着他就笑说："你这个蠢蛋！"它骂他，"几分钟前，我刚把自己的心得传授给你，你眨眼就忘记。我让你不要为过去的事后悔，几乎是同时你就后悔给了我自由；我让你不要相信难以置信的事，你仍然把我的话当作真理，居然相信我有一颗神奇的魔珠；要知道，我不过是一只再普通不过的鸟儿，每天都不得不辛辛苦苦地为食物奔波；最后，我提醒你不要去做你做不到的事情，你还试图空手去抓一只会飞的鸟儿。因为你不听我的，你现在不得不躺在那儿，摔断了骨头，流着血。你这种人就像谚语中说的那样：'对聪明人只要说一句就够了，对傻瓜，说一百句也不管用。'可悲的是，人类中有太多像你一样的傻瓜了！"

智慧真悟

做事一定要有聪明的头脑，要有自己的主观判断力，只让别人牵着你走，那样你迟早会被带入深渊。

一分钱，掰成两半花

愚蠢的人，心在嘴上；聪明的人，嘴在心里。

——犹太人格言

有个好吃懒做的小孩，他的父亲时时刻刻都指望他能改掉这个不良习惯。然而那个孩子一点也没有改正自己缺点的意思。

父亲不得不随时随地提防自己的孩子，担心他会把家里的钱或值钱的东西偷到外面去换吃的，这位父亲觉得自己每天都活得很累很辛苦。不过说来也怪，孩子虽说好吃懒做，却从没偷过家里的钱，也没有听说过他在外面偷过左邻右舍的东西。他弄钱的办法完全是一种正当的手段。比如说你给他钱买酒，他会少买一点酒，然后把剩余的钱一古脑儿买了吃的。无论是买油盐还是买酱醋，他总会用相同的办法省出钱来满足他那张不争气的嘴……

为了使孩子的懒惰的习性不再滋长，父亲决定给孩子一些力所能及的事做，包括一个原则：少给钱多办事。尽管如此，孩子依然我行我素，把父亲的话当作耳旁风。

有一回，父亲一气之下扔了一分钱给孩子，让他去买油。父亲心想，我看你怎么把钱掰成两半用：一半买油一半买吃的不成？

孩子到了店里，售货员给他装满了油，把瓶子递给他，手却不缩回去。孩子知道售货员要的是钱，就装模作样地把自己浑身摸了一遍，然后苦着脸告诉售货员说钱丢掉了。售货员无奈，只好把瓶子里的油倒出来，把空瓶子给孩子。

孩子嘴里哑着一粒糖，双手抱着那个油瓶子，兴致勃勃地回到家里。一进门，父亲劈头就问，油呢？

孩子举了举瓶子。

瓶子壁上附的油正慢慢流回瓶底里，差不多有一小勺。

父亲大怒，这点怎么够吃？

孩子说，一分钱只能买到这么多。

不管这个孩子的好吃懒做有多么的不好；他这个恶劣的品行有多么的冥顽不灵，但他的机智却依然让我感到佩服。

智慧真悟

人往往都会有这样的感慨：当你生活在富裕的环境中，你的生活享受会多一些，但是当你被逼上梁山，你也不会拔刀自卫的，尽管你以前没有干过这件事，但这其实是人的本能。小男孩虽然面对钱少的难题，但依然机智应对，值得佩服。

便宜的酒

> 如果你有 1 元钱，却不能做成 10 元甚至 100 元的生意，你永远成不了真正的企业家。
>
> ——犹太人格言

约瑟和曼代是一个小村庄酒铺的合伙人。这一天，他们卖完存货，便一起驱车去城里买了一桶威士忌。

在回家的路上天气渐渐冷起来，还刮起了大风，两个人互相开玩笑说对方想喝威士忌。但要真那样做可就是个严重的问题，因为，事前他们装酒的时候就曾约定，谁也不能先喝一口，那是他们一周的生活来源。

约瑟可是个聪明的家伙，他翻了翻口袋，找到了 5 毛钱，于是他对曼代说："给你五毛钱，从你那份酒里卖给我一点儿喝。"

曼代是个生意人，他回答道："既然你付现金，那我自然是要卖给你的。"

于是他舀了一杯酒给约瑟。约瑟喝了酒以后不久暖和了起来，而且变得很兴奋，而曼代的鼻子因为冷而变得更青了。

他真嫉妒该死的约瑟能那么幸运地找到 5 毛钱！但是，突然他碰到了口袋里的那枚 5 毛硬币。

"现在，这钱可是我的啦！"他自言自语道，"为什么我不能拿它买酒喝呢？"

于是他对约瑟说："约瑟，给你 5 毛钱，从你的那一份里给我倒点儿酒喝。"

约瑟应声道："有现金就行。"

他给曼代舀了一杯酒，收回了他那 5 毛钱硬币。

就这样约瑟和曼代用那唯一的 5 毛钱互相买酒，你一杯我一杯喝了一路。等他们到酒铺时两个人都喝得醉醺醺的了。

"真是个奇迹啊！"约瑟嚷道，"想想看，整整一桶威士忌才花了5毛钱！"

智慧真悟

整整喝了一桶威士忌就花了5毛钱，你有这样的"智慧"吗？实在是令人竖起大拇指。

一份暗藏心机的遗嘱

闪光的智慧带来财富，有了智慧就有了财富。

——犹太人格言

犹太富翁波普尔，在病入膏肓之际，知死之将至，便口述遗书，让人执笔代录：

"我儿尤第雅，我谨将全部财产留给送遗书给你的忠实奴仆；你只可以从我之所有物中选择一项。"

波普尔不久便与世长辞了，按照他的遗嘱，奴仆无可争议地获得了财产继承权。

奴仆兴冲冲地将遗书送至拉比手里，然后同拉比一起去找波普尔的儿子。拉比对波普尔的儿子尤第雅说："令尊已将所有财产送给送遗书给你的那个忠实奴仆，你只能选择其中一件东西作为遗物，你自己随便选吧。"

尤第雅不假思索地说："我选择这个奴仆。"

犹太人波普尔实实在在地使了一个小计谋，遗嘱所给予奴隶的全部权利，都建立在满足儿子一个要求的基础之上，前提一变，一切权利皆成泡影。这样一个暗藏心机的活扣，是这个犹太人计谋的关键。这充分显示了犹太民族在订约守约方面的独特智慧。

智慧真悟

机智自古以来都是渡过难关、反败为胜、绝处逢生的利器。也正是凭借这种智慧，波普尔让儿子拥有了他的全部财产。

丢失的金币

金钱不可能使一切都变好，但是也不可能让一切都变得腐朽。

——犹太人格言

有个犹太商人来到一个市场里做生意，当他得知几天后这里所有商品大甩卖时，就决定留下来等待，可是，他身上带了不少金币，当时又没有银行，放在旅店也不安全。

经过反复思忖，他独自来到一个无人的地方，挖了一个洞，把钱埋藏起来。第二天当他回到藏钱的地方时，发现钱已经丢了。他呆呆地愣在那里，反复回想藏钱的情景，当时附近没有一个人啊，他怎么也想不出钱是怎样丢的。正当他纳闷之际，无意中一抬头，发现远处有间屋子，可能是这家屋子的主人正好从墙洞里看到他埋钱的地方，然后将钱挖走了。那么，怎样才能把钱要回来呢？经过深思熟虑，他去找那屋子的主人，客气地说道："您住在城市，头脑一定很聪明，现在我有一件事想请教您，不知是否可以？"那人热情地回答说："当然可以。"

犹太商人接着说道："我是来这里做生意的外地人，身上带了两个钱袋，一个装了800金币，一个装了500金币，我已把小钱袋悄悄埋在没人的地方。但不知道这个大钱袋是交给能够信任的人保管好，还是继续埋起来比较安全呢？"

屋子的主人答道："因为你是初来乍到，什么人都不该相信，还是将大钱袋一块埋在藏小钱袋的地方吧。"

等犹太商人一走，这个贪心的人马上取出偷来的钱袋，放到原来的地方……

> ### 智慧真悟
>
> 犹太人的机智就在于巧妙地利用了人的贪心。但是他点破却并没有说破，使这位贪心的偷钱人悔过自新，真是智者之举。

我是谁

> 以眼还眼，以牙还牙。
>
> ——犹太人格言

就要毕业考试了，怀特起早贪黑地复习了一个月的时间。

考试那天，只见亨利教授提了一个鸟笼子走进了教室，鸟笼子用黑布裹着，只露了两条鸟腿在外面。

亨利教授把鸟笼子放在讲台后，面带微笑地对同学们说："今天的考试内容，就是猜这只鸟笼里装的是什么鸟。现在就开始答卷，然后交上来，猜对者就算通过了考试！"

同学们从没见过这种考试形式，都不知如何是好，眼睛直愣愣地瞪着鸟笼子，教室里静极了。

这时候，一阵桌凳移动声，打破了教室里的安静。是怀特交卷了。亨利教授接过怀特的试卷一看，上面干干净净，什么也没有写，就连填写姓名一栏也是空空的。亨利教授气愤地问道："你叫什么？"

怀特用一根手指推了推滑到鼻翼上的深度眼镜，一言不发地提起两条裤腿，露出两条毛腿问："教授！你猜，我是谁？"

智慧真悟

面对无理的刁难，最好的办法就是以其人之道还治其人之身。怀特的现学现用，巧妙应付老师的怪题，令人顿生一种拍案叫绝的冲动。

穷鞋匠与富老板

只要你贪婪，别人就有可乘之机。

——犹太人格言

许多年前日本京都市有两个邻居，一个是具有犹太血统的穷鞋匠，一个是鱼行的富老板。

鱼行老板很善于经营，他从早到晚剖鱼、煮鱼，把鱼串在竹签上，放在火炉上熏好晒干。

他做的鳗鱼特别好吃，他把鳗鱼浸在酱油里，然后放在油锅里炸，再浇上一些醋。

但是他有一个缺点：那就是太吝啬，对谁也不肯赊账。

邻居穷鞋匠非常喜欢吃鳗鱼，但他没有多余的钱买鱼吃。

但穷有穷的办法。

一天中午到了吃饭时间，穷鞋匠走到鱼店老板家里，从怀里掏出一块米饼坐到熏鱼的炉子边，一边和鱼老板闲聊，一边贪婪地吸着熏鱼的香味。

这味道多好啊！鞋匠用鱼的香味就着米饼吃，就好像自己嘴里有一块又肥又柔软的鳗鱼一样。

接连好几天，鞋匠都到鱼老板家里来吸熏鱼的香味。

吝啬的鱼老板发觉了鞋匠的计谋，就决定无论如何也要收他的钱。

一天早晨鞋匠正在补鞋子，鱼老板走进鞋匠家，默默地交给他一张纸，上面写着鞋匠到鱼店里去过几次，吸了几次熏鱼的香味。

"先生，这张纸为什么交给我？"

鞋匠心中已猜到八九，表面则装作不解地问道。

"为什么？"鱼老板不客气地叫道，"你难道以为每个人都可以随便到我店里来吸熏鱼美味吗？不行的！这种享受必须付钱！"

鞋匠听了一句话也没说，默默地从口袋里掏出两枚铜币放在茶杯里，用手掌捂住后开始摇茶杯，铜币发出很响的声音。

过了几分钟他停止摇动，把茶杯放在桌子上，笑着对鱼老板说："听见铜币的声音了吧！现在我们抵消了债务！"

"怎么抵消？你说什么？你不肯付吗？"

"我已经付给你了。"

智慧真悟

生活中，我们每个人都会遇到耍无赖或无理取闹的人，对待这种人千万不能妥协，更不能屈服，而应该坚决地以其人之道还治其人之身。

哪一个才是最好的木匠

我见阳光之下，钓鱼的人先投饵，赶车的人先喂驴，传教的人先敬神。提前给予是为了以后更多的获得。

——犹太人格言

在远方的一个国家，有两个非常杰出的木匠，他们的手艺都很好，难以分出高下。

有一天，国王突发奇想："到底哪一个才是最好的木匠呢？不如我来办一次比赛，然后封胜者为'全国第一的木匠'。"

于是，国王把两位木匠找来，为他们举办了一次比赛，限时3天，看谁刻的老鼠最逼真，谁就是全国第一的木匠，不但可以得到许多奖品，还可以得到册封。

在那3天里，两个木匠都不眠不休地工作。到了第三天，他们把已雕好的老鼠献给国王，国王把大臣全部找来，一起做本次比赛的评审。

第一位木匠刻的老鼠栩栩如生、纤毫毕见，甚至连鼠须也会抽动。

第二位木匠的老鼠则只有老鼠的神态，却没有老鼠的形貌，远看勉强是一只老鼠，近看则只有三分像。

胜负即分，国王和大臣一致认为第一个木匠获胜。

但第二个木匠当廷抗议，他说："大王的评审不公平。"

第二个木匠接着说："要决定一只老鼠是不是像老鼠，应该由猫来决定，猫看老鼠的眼光比人还锐利呀！"

国王想想也有道理，就叫人到后宫带几只猫来，让猫来决定哪一只老鼠比较逼真。

没有想到，猫一放下来，都不约而同地扑向那只看起来并不十分像的"老鼠"，啃咬、抢夺；而那只栩栩如生的老鼠却完全被冷落了。

事实摆在面前，国王只好把"全国第一"的称号给了第二个木匠。

事后，国王把第二个木匠找来，问他："你是用什么方法让猫也以为你刻的是老鼠呢？"

木匠说："大王，其实很简单，我只不过是用鱼骨刻了只老鼠罢了！猫在乎的根本不是像与不像，而是腥味呀！"

智慧真悟

人生的竞赛往往是这样，获胜者往往不是技巧最好的，而是那些最肯动脑筋、最有创意的人。

陷　阱

> 不要让你的舌头抢先于你的思考。
>
> ——犹太人格言

　　德国有名的犹太富翁休·蒙克，想兴办一座高尔夫球场来作为他事业的促进。经过多方努力，他终于看中了一块土地，这块土地竞标者很多，市值2亿马克。如果相互抬价，价格就会相应抬高。如何才能得到这块土地，并且使价格不至于提高呢？蒙克在思考。他先找到了地主的经纪人，向他表明了自己想购买这块土地的意愿。经纪人知道蒙克十分有钱，便想从中大捞一笔，于是对他说："这块土地的优越性是无可比拟的，建造高尔夫球场保证赚钱，要买的人很多，如果蒙克先生肯出5亿马克的话，我将优先给予考虑。"经纪人首先来了个狮子大张口。

　　"5亿马克？不算贵，我愿意购买。"蒙克表现出对地价行情一无所知的样了。这一招果然有效，经纪人高兴地将这个情况汇报给了地主。地主也很高兴，觉得5亿马克的价格已经相当高了，所以回绝了其他的竞争者。所有想购买这块土地的人听说自己的竞争对手是大富翁蒙克，也就纷纷退出了竞争。

　　布好了陷阱以后，就等有人掉入。蒙克再也没有找过经纪人，经纪人多次找上门去，他不是推三托四，就是避而不见，说买地之事还需要考虑一下。这可把经纪人急坏了，不得不磨破嘴皮，希望蒙克将买地之事赶快定下来。

　　稳坐钓鱼台，你急我不急。蒙克还是不理不睬，最后才说："土地我当然要买的，不过价钱怎么样呢？"经纪人赶紧提醒道："您答应出5亿马克买下这块地的啊。"

　　蒙克笑着说道："这是你开的价钱，你难道没听出我说'不贵，不贵'的讥讽意味吗？你怎么把一句笑话当真了呢？事实上这块土地最多值2亿马克。"

经纪人这才发现已经中了蒙克的圈套，只好照实说："这块地确实只值2亿马克，蒙克先生就按这个数目付款也行。"

"说得倒容易，要是按这个价格付款，我就不需要考虑了。"蒙克回答说。这可让经纪人进退两难，其他人已退出竞标，如果蒙克不买就没有人来购买了，最后只好以1.5亿马克成交。

智慧真悟

　　恶人往往会认为布下了周密的陷阱，等待猎物。可是谁知魔高一尺，道高一丈，聪明人对待恶人自有办法，结果是恶人自己跳下了自己挖的陷阱，这就是玩火自焚。

成功面试

> 交易大多在妥协中达成，大的成功需要小的牺牲。
>
> ——犹太人格言

犹太青年吉尔拉大学毕业后去见一位企业家，试图向这位总经理推销自己到该企业工作。

这位总经理阅历丰富，而且还比较固执，根本没把吉尔拉放在眼里，没谈上几句话，总经理便以一种肯定的口吻说："不行。"

聪明的吉尔拉皱了皱眉头。突然，他有了主意，决定转移话题来对付总经理的反驳。"总经理的意思是，贵公司人才济济，能够使公司不断地向前发展，即使外人有天大的本事，似乎也不必加以借用。再说像我这样的庸才能做什么也还是未知之数，与其冒险使用，不如拒之千里之外，是吗?"他若无其事地轻轻问道。

吉尔拉说到这里故意突然中断，只是微笑着直视总经理。在一两分钟的时间里，彼此都保持沉默。

"你能将你的经历、想法和计划告诉我吗?"总经理终于开口了。

吉尔拉又将了他一军:"噢! 实在是抱歉，刚才我太冒昧了，请你原谅，不过像我这样的人还值得一谈吗?"说完，吉尔拉又沉默了。

"请不要客气。"总经理诚恳地对他说。

于是吉尔拉便将自己的经历、学历及对该企业经营发展规划的看法等系统地告诉了总经理。

总经理听完他的话后，态度马上就发生了改变，由严肃转到和蔼。

临走时总经理对他说:"小伙子，你被录用了，明天来上班，请保持过去的热情与毅力，好好干吧!"

智慧真悟

能恰到好处地推销自己是一门学问。如果过分夸大自己的行为，则是傲慢自大的表现;相反如果过于卑微地看待自己，则是很不自信的表现，结果也会不尽人意的。只有做到恰到好处，不温不火，才会有很好的效果。

犹太囚犯的智慧

智慧既不能继承，也不能遗传。

——犹太人格言

一个波斯人押解两个犹太囚犯到卡梅尔山上去，马上就要出发了。

忽然，波斯人听到一个囚犯对另一个说，"从这条路上，刚走过一只独眼骆驼，它扛着两个小桶:一个盛着酒，一个盛着油，赶骆驼的有两个人，一个犹太人，一个波斯人。"

"你们这些死脑筋！"波斯人嘲笑说，"你们的民族真是奇怪！你们怎么知道刚才说的都是真的呢？"

于是，犹太囚犯开始解释。

"骆驼喜欢同时在路的两边吃草，但是这条路只有一边的草被啃了。这说明它只有一只眼睛能看见。往地上看你会看到有酒和油滴在路上了，因此骆驼驮着两个小桶，一个油桶一个酒桶。至于判断那两个赶骆驼人的民族就更容易了。当一个犹太人吃完饭，他会把面包屑扔到路边，而波斯人则直接扔在路中间。"

为了验证这个犹太人说法的对错，波斯人加快脚步往前赶，很快他就发现了那只骆驼和两个赶骆驼的人。通过询问，他发现犹太人说得完全正确。于是他返回来，亲吻两个犹太人，把他们带回家。他给他们举办丰盛的宴会，又唱又跳，赞美道，"感谢上帝选择以色列的孩子作为他的子民，并赋予他们智慧！"

智慧真悟

智者看到的是他的"仁"，愚者看到的是他的"愚"，所以智者会从不同的角度对人进行公平、公正的评价；愚者往往只看到他人的缺点，对人只从点上给予只言片语的议论。犹太囚犯用自己的脑袋，多角度做出了正确的判断。

煮熟的豌豆

> 富翁只是有钱，他不知道从贤人处获得智慧；贤人却很聪明，知道财富的重要，所以常到富翁家走动。
>
> ——犹太人格言

两个犹太法典的学生找到他们的老师，"老师，我们犯错了！"他们哭诉道。

"你们干了什么？"

"我们色迷迷地看了一个女人！"

老师叫道："你们真是犯下大罪了，愿上帝宽恕你们！"

"老师，我们愿意接受惩罚。"

"这样的话，你们将豌豆放进鞋子里，穿着走一个星期。也许就能提醒你以后不要再犯这样的错误了。"

他们照着老师的话去做了。几天后他们在街上碰面了。有一个正痛苦地行走着，看上去苦不堪言，而另一个却面带微笑，神情自若。于是那个痛苦的人就指责另一个说："你在接受惩罚吗？你根本没有把豌豆放进鞋里，你没有照老师的话去做！"

"我当然放进去了！只不过我将它们煮熟了！"另一个说道。

智慧真悟

做同样一件事，就会有不同的方式，会有不一样的结果。其实，只要你放慢脚步，留意一下，思考一番，你就会发现捷径，没准你会是最先到达终点的人。

相信的理由

> 人的价值是脑袋而不是手。
>
> ——犹太人格言

逾越节到了，一个犹太木匠正走在回家的路上，他在高莫尔干活干了三个月，口袋里揣着他的工资。当他穿过一个黑暗的大树林时，突然，一个强盗拿枪对准了他的脑袋。

"把钱交出来，不然我就开枪了！"凶恶的强盗吼道。

这个可怜人没有办法，只好把钱给了他。

当强盗把钱塞进口袋里时，可怜的人恳求道："你看，马上就要过逾越节了。你抢走的钱，是我用来为我的妻子小孩买酒、鸡和衣服的。我回去告诉我妻子我的钱在树林里被强盗抢了，他肯定不会相信我。"

"那是你的事！"强盗叫道。

"我知道，但是无论如何你帮我一下，好让我妻子相信我，好吗？"

"那我该怎么做？"

"在我的帽子上打一枪。"

强盗笑起来，把可怜人的帽子抛向空中，然后打了它一枪。

"很好！"木匠高兴地说，"现在再在我衣服上打一抢。"

强盗又在他的衣角上打了一枪。

"再来一枪！"木匠恳求道，一边举起另一只衣角。

"没有子弹了。"强盗抱怨说。

"要是这样的话，我的朋友，你就见鬼去吧！"木匠高兴地喊道。他把强盗痛打了一顿。然后，拿回自己的钱，兴冲冲地往家走了。

智慧真悟

> 朋友，当你遇到劫匪的时候，会有犹太人的聪明吗？所以一个人真正的财富不是多多的"财"，而是更多的"才"，只有拥有横溢的才华，睿智的头脑，才会有无尽的财富。

甩一下鞭子

> 智慧的可靠标志，就是能够在平凡中发现奇迹。
>
> ——犹太人格言

黑舍尔的妻子朝着黑舍尔叫嚷道："钱！钱！"

"我哪里来的钱？"他说。

"上帝才会听你说这个！"她大叫，"我只知道孩子们很饿。"

听到这个，黑舍尔严肃地站起来。

"去邻居家把他的马鞭借来。"他严厉地对他最大的儿子说。

"仁慈的上帝呀！"她害怕地想，"他要给我一顿鞭子！"

但是黑舍尔想的并不是这个。儿子把鞭子给了他，他拿着鞭子去了市场，把鞭子在空中很响地甩了一下。

"去雷特石夫，半价！"他喊道。

"真便宜！"人们想，于是不一会儿他就有了很多顾客。

黑舍尔收了钱，交给他的儿子带回家去。

"马在哪里？"乘客跟着他来到路上问。

"往前走，别着急！"黑舍尔告诉他们，"我会把你们带到雷特石夫的。"

于是他们没再问跟着他走了。

他们离开城之后还没有看见马。在远处他们看见一座桥。

他们想，马应该在桥上。但是他们到了桥上依然没有马的影子。

这时他们已经走了一半的路了。他们知道这个人是个骗子，但是现在返回去也没有什么好处。

最后他们到了雷特石夫。

"你这个骗子！快把钱退给我们！"他们指责黑舍尔，"你骗了我们！"

"我骗了你们？"黑舍尔讽刺地笑了起来，"我答应过带你们到雷特石夫去吗？"

"是的，让我们骑马，而不是走着！"

"嗤！"黑舍尔不屑地说，"我说过一个'骑马'吗？"

乘客们大眼瞪小眼，但他们没什么可说的，只好轻蔑地"呸"了一声走开了。

黑舍尔回到家，看到妻子微笑着在门边迎接他。

"我真不明白，黑舍尔，"她说，"你只有一根鞭子，但天知道你哪儿来的马呢？"

"真是愚蠢的问题！"黑舍尔笑道，"我要马干什么？你肯定知道这句谚语：'如果你甩了一下鞭子，你总能找到一些马'。"

智慧真悟

智慧是开启障碍之门的钥匙。犹太人在面对金钱、智慧、美女进行选择时，他们会毫不犹豫地选择智慧。因为他们坚信聪明的头脑是一切财富的源头。

挖掘出更多的意义

> 智慧，不是死的默念，而是生的深思。
>
> ——犹太人格言

《塔木德》上说："6个人可以披一块头巾祈祷。"犹太人看到这句话的时候，不仅领会了敬奉上帝的要求，还能挖掘出更多的意义。

二战期间，波兰已落入希特勒的魔爪，小国立陶宛也在虎口边上。

于是，立陶宛的犹太人纷纷逃离，经日本迁往他国。

一天，日本政府机关的函电审查官，前往日本犹太人委员会调查一个犹太拉比卡利什发往立陶宛的一个函电的内容。电文上写着："6个人可以披一块头巾祈祷。"委员会主席阿南也不知该电文是什么意思，只好解释说："这是一个宗教礼仪上的问题。"

审查官听了这番话，觉得有理，就让他把电报发出去了。

后来，阿南终于找到那位可敬的拉比，向他询问"6个人可以披一块头巾祈祷"的意思。

拉比却用深沉而悲哀的目光久久地凝视着他，然后说："你难道没听说这句有名的《塔木德》里的格言吗？6个人可以用一份证件上路。"

阿南这才恍然大悟。拉比卡利什刚刚离开欧洲来到日本，他关心着立陶宛的犹太同胞。他知道，日本办签证是以家庭为单位的。于是，他就给立陶宛的同胞建议，6个本来不属于一家的人可以作为一个家庭申请签证，以便更多的犹太人可以借此离开。

日本人没研究过《塔木德》，就连犹太人委员会的主席阿南也搞不懂拉比的建议。所以，当一个又一个犹太人的"6口之家"通过各种途径踏上日本列岛时，日本人只会惊叹犹太人在家庭中的高度同一性，根本想不到犹太人的家庭人数竟是由日本的入境管理条例所决定的。这确确实实是钻了日本法律的一个大空子!

> **智慧真悟**
>
> 　　越是紧急和危险的时候，智慧的作用就越显著，就越需要我们积极动脑，寻求突破口。所以说智慧是一把打开困难之门的钥匙。

一道智力测试题

> 　　知识不等于才能。仅有知识而没有才能的人是背着很多书本的驴子。
>
> 　　　　　　　　　　　　　　　　　　　　——犹太人格言

《塔木德》中有这样一段案例：

教士问："有两个犹太人从高大的烟囱里掉下去，一个满身脏，一个很干净，谁会去洗身子呢？"

年轻人说："当然是满身脏的人！"

教士说："你错了！满身脏的人看着很干净的人想：我身上一定也是干净的；很干净的人看着满身脏的人想：我身上一定也是满身脏的。所以，是很干净的人去洗身子！"

教士接着问："两个人后来又掉进高大的烟囱，谁会去洗身子呢？"

年轻人说："当然是那个很干净的人！"

教士说："你又错了！很干净的人在洗澡时，发现自己并不脏；而那个满身脏的人则相反。他明白了那位干净的人为什么要洗澡，所以这次他跑去洗了。"

教士再问："第三次从烟囱掉下去，谁又会去洗澡呢？"

年轻人说:"当然还是那脏身子的人。"

教士说:"你又错了!你见过两个人从同一个烟囱掉下去,其中一个干净、一个脏的吗?"

智慧真悟

善于怀疑、独立思考的人,才是聪明人。所以要鼓励人们独立思考,不给人们权威性解释,学生必须融会贯通地发表自己的见解。

·第七章·

良好习惯——迈向成功的捷径

一个有教养的人需要三代才能培养出来。

儿子的道理

一个有教养的人需要三代才能培养出来。

——犹太人格言

在实际生活中养成良好的观察习惯比拥有大量的知识更为重要。

在火车上，小彼得指着窗外说道："那些树木在飞快地向后面跑，爸爸。"

"不，那不是树木在向后跑，而是我们坐的火车在向前跑。"父亲笑着对彼得说。

"不，我认为我们坐的火车并没有动，动的是窗外的树木。"儿子天真地说，"因为我在这儿坐了很久了，但并没有发现火车有什么变化，反而发现外面的东西都变了。这不是说明窗外的东西在动还能说明什么？"

"那么，假如现在你不在火车上面而是在窗外的话，你会怎么想呢？"

"这个嘛……"小彼得想了想说，"一定是我也会向后跑，就像那些树木一样。"

"你能够跑那么快吗？"

"是呀，我能跑那么快吗？这可有些奇怪了。"小彼得有些摸不着头脑了。

"儿子，祝贺你明白了一个道理。"

"我明白了一个道理？"小彼得不解。

父亲耐心给他讲解："你说窗外的树木在向后跑，是因为你把火车当成了不动的东西，也就是说，相对于火车来说，树木的确是向后移动了。反过来，如果把树木当成不动的东西，火车就是向前跑了。"

"噢，我明白了。怪不得我会认为火车没有动呢！这是因为我把自己当成了不动的东西。火车带着我向前行驶，我们一起在动，当然就不会感到它也在动！"小彼得说道。

"那么，把你放在窗外会有什么感觉呢？"父亲启发他说。

"嗯，假如我站在窗外的地面上，火车就是不停地向前跑了。"小彼得回答道，"假如仍然以火车当成不动的话，我就是和树木一样在向后飞跑了。"

"那么，你能跑那么快吗?"这下轮到父亲奇怪了。

"当然能，因为这是相对的，火车能跑多快我就会跑多快。"

智慧真悟

爱因斯坦说过，学习知识要做到思考、思考、再思考。一个人如果书读得多而不加思考，就会自认为自己知道得很多，而当再进一步思考，他就会清晰地认识到自己所知有限，这就是思考的价值所在。

男孩的坏脾气

别让坏脾气赶走你的财运。

——犹太人格言

有一个坏脾气的男孩，他父亲给了他一袋钉子。并且告诉他，每当他发脾气的时候就钉一个钉子在后院的围栏上。第一天，这个男孩钉下了 37 根钉子。慢慢地，每天钉下的数量减少了，他发现控制自己的脾气要比钉下那些钉子容易。

于是，有一天，这个男孩再也不会失去耐性、乱发脾气。他告诉父亲这件事情。父亲又说，现在开始每当他能控制自己脾气的时候，就拔出一根钉子。一天天过去了，最后男孩告诉他的父亲，他终于把所有钉子给拔出来了。

父亲握着他的手，来到后院说："你做得很好，我的好孩子，但是看看那些围栏上的洞。这些围栏将永远不能回复到从前的样子。你生气的时候说的话就像这些钉子给围栏留下疤痕一样。如果你拿刀子捅别人一刀，不管你说了多少次对不起，那个伤口将永远存在。话语的伤痛就像真实的伤痛一样令人无法承受。"

男孩听了爸爸的教诲，低下了头。

人非圣贤，孰能无过。所以人与人之间就少不了宽容和理解。如果我们都能从自己做起，开始宽容地看待他人，相信你一定能收到许多意想不到的结果。为别人开启一扇窗，也就是让自己看到更完整的天空。

拉比和一位饶舌的女人

愚蠢的信口开河，就像在葬礼上传来了华丽的音乐一样。
——犹太人格言

有一个犹太女人很喜欢东家长、西家短地道人是非。多嘴本来是女人的天性，但是她却太过火了，以至于连平常饶舌的三姑六婆们也都无法忍受了，终于有一天大家一起到拉比那里去控诉她的行为。

拉比仔细倾听每一个女人的控诉之后，便要这些女人们先回去。然后拉比差人去找那个多嘴的女人来。

"你为什么无中生有，对邻居太太们品头论足？"

多嘴的女人笑着回答说："我并没有杜撰什么故事啊！也许我有一点夸张事实的习惯，不过我说的不是很接近事实吗？我只是把事实稍微修饰一下，使它更有声有色而已。但是或许我真的太多嘴了，连我丈夫都这么说。"她表示自己想改正这个毛病。

"好吧！让我们来想一想，有没有什么好的治疗方法呢？"拉比想了一会儿之后，走出房间，然后拿回一个大袋子，他对女人说，"你把这个袋子拿去，到了广场之后，你就打开袋子，在回家的路上将里面的东西放在路边；到家之后，你便要再掉过头来，把东西收齐以后，再回到广场上去。"

女人接过这个袋子，觉得很轻，她很纳闷，非常想知道里面装的是什么东西。于是加快脚步走到广场去，到了广场之后，她迫不及待地打开一看，里面装的竟然是一大堆羽毛。

那是一个万里无云的日子，微风轻吹，令人觉得非常舒服。女人照着拉比的吩咐，一面走，一面把羽毛摆在路边，当她走进家门时，袋子刚好空了。然后她又提着袋子，一边捡，一边回广场。

可是，凉爽的秋风却吹散了羽毛，以致所剩寥寥无几。女人只好回到拉比那里，她向拉比说，一切都照拉比的吩咐去做了，但是，却只能收回几根羽毛。

"我想也是的。"拉比说，"所有的马路新闻，都像是大袋子里的羽毛一样，一旦从嘴里溜出去，就永无收回的希望。"

在拉比的教育下，这个女人改掉了坏习惯。

智慧真悟

　　长舌远比三只手更令人头痛，假话传久就会变成谣言，谣言足以隔离亲近的朋友。因此，不要用嘴巴去"创造"看不见的东西。

以退为进的攻心战术

> 以诚信经商立世的人，在社会上才有立足之地。
>
> ——犹太人格言

犹太人梅西克是个服装商，他向布商克罗扬批发了 1200 马克的布料，却一直没付钱。克罗扬叫伙计去收了几次账，梅西克每次都溜掉，避而不见；给他寄催款单，梅西克又不理不睬。为此，克罗扬束手无策，连声叹气。

这时，一个新来的店员对他说：

"我有一个讨债的办法。您不妨先写一封催款信给梅西克，叫他尽快归还 1800 马克的债，瞧瞧他有什么反应，再作打算。"

克罗扬采纳了这位店员的办法，给梅西克去了一封信。果然，才两天，梅西克回信来了，信中说：

"克罗扬，你怎么讹我 1800 马克？随信附上 1200 马克，以后再也不来你这儿批货了——要打官司吗？你准输。"

克罗扬还有必要同他打官司吗？

店员的这个讨债的办法实际上是一个相当巧妙的以守为攻的攻心战术。本来克罗扬确实处于纯粹的守势，主动权一点不在他手上，梅西克只要避而不见，克罗扬就拿他毫无办法，总不能为 1200 马克去打官司。

但反过来，从梅西克避而不见上可以看出，他对这笔债务倒还是承认的，只是想拖着不还，而不是彻底赖账。

这就使店员的以讹诈之计有了心理基础：拖欠 1200 马克不还的梅西克，可以高枕无忧，尽让克罗扬一个人着急，要打官司也可以先让他忙乎，大不了到时候还给他，并没有额外的损失。而现在 1200 马克突然变成了 1800 马克，这就由不得梅西克不出来辩解了，因为仍然像对待催单那样置之不理，就意味着默认了克罗扬开出的催单，次数多了，日后真打起官司来，再要证明只拖欠 1200 马克就麻烦了，何况就是拖欠 1200 马克也好做不好说。原先是想占别人的便宜，哪能让别人把便宜占了去。占了理的梅西克不能不说个清楚，可这样一来，原先主动的梅西克变成了纯粹的被动，他不能再避而不见了。只要他一露面，1200 马克也就露面了。因为犹太商人一般很少有空口白舌说谎的习惯。

> **智慧真悟**
>
> 对付一个正常的客户要诚实守信；对待不讲信用的人，方式也可以灵活些。就像犹太人所说，"不能空口白舌说谎——当你面对一个无赖的时候，可以破例。"

女幽灵的秘密

> 谁保护自己的口舌，谁在今生与后世都是平安的。
>
> ——犹太人格言

从前，有一对夫妇。男人很善良，女人很泼辣，喜欢唠叨。有一年，当地发生了饥荒。

在新年前夕，男人给了一个穷人一些金币。女人知道这件事后，对男人终日唠叨不休，致使男人离开了家。男人找不到合适的地方睡觉，只好睡在墓地里。

半夜里，两个女幽灵的对话吵得他难以入眠。

"走吧，亲爱的朋友，我们一起上天，去偷听天上的秘密。让我们看看人间将有什么不幸，因为今天是犹太教的新年。"第一个女幽灵说。

"对不起，我不能去。我不能以这种打扮去天堂，因为我现在被稻草衣裹着，这太丢脸了。你自己去吧，回来时告诉我你听到的所有有趣的事。"第二个女幽灵回答。

于是，第一个女幽灵独自飞走了。等她回来后，她的朋友问："你听到了什么？"

"我听到了一个秘密，不久将有一场大冰雹，毁坏播种早的人们的庄稼。"

听完后，男人回家了。后来，播种季节到了，他等到别人播完种后，才开始播种。再后来，果然应验了女幽灵的话，大冰雹毁掉了别人的庄稼，只有他家的庄稼长得很好。

第二年，他又去墓地睡觉，又听见了两个女幽灵的对话。

"来吧，我们一起上天，偷听天上的秘密，看有什么不幸的事等着人们。"第一个女幽灵说。

"我跟你已经说过，我只有这件稻草衣。你一个人去吧，回来后再告诉我。"另一个女幽灵说。

于是，第一个女幽灵又去了。等她回来后，她的朋友问："你听到了什么？"

"我又得知了一个秘密，如果夏天播种，太阳将把庄稼晒枯。"听完后，他又回家了。到了春天，他早早播完了种。当天气变得炎热时，他的庄稼已深深地长在土地里，长势很好，而别人的庄稼都被毒辣的太阳晒枯了。

看到男人总是有这么好的运气，女人惊奇不已，缠着他要问个明白。于是，他把事情的前因后果告诉了女人。

没过几天，女人跟一个失去了女儿的另一个女人发生了争吵，女人说："告诉你吧，你女儿躺在稻草堆里。"

第三年，他再次来到墓地，又听见了两个女幽灵的对话。跟上两次的对话一样，"来吧，我们一起到天上去偷听秘密，看看人们将面临怎样的不幸。"第一个女幽灵说。

她的朋友很不安地说："我们还是守口如瓶吧，上帝怀疑我们了。以前我们说的话很快传到人们那里了，所以在这里也不能说。此刻，说不定，正有人偷听我们呢。"

智慧真悟

保守秘密，尊重别人的隐私，这是对人对己都有益的事，也是一个人最基本的道德体现。可是，社会上总有些人愿意议论是非，品头论足，议论邻里长短，常常惹祸上身。这是很不值得的。

洗 手

> 一次不诚实，就能够摧毁一个人的声誉；而要重建一份已经失去的声誉却相当困难。
>
> ——犹太人格言

罗马人囚禁了拉比雅基巴，卖粗面粉的拉比约书亚每天都去照料他，并给他带些水去。

一天，狱卒遇见约书亚时，对他说道："你带进来的水太多了。你是不是想用水在监狱里打个洞让囚犯逃跑？"

于是狱卒把水倒掉了一半，然后把剩余的交给了他。当拉比约书亚见到拉比雅基巴时，雅基巴说："你不知道我老了吗？我的生活已经离不开你所带的东西了。"于是，约书亚便将刚才发生的事情告诉了雅基巴。

"给我水，我洗洗手。"雅基巴说。

"那就不够喝了！"约书亚高声说。

"既然法律规定不洗手的人都该死，我能怎么办呢？我最好还是因自己的缘故而渴死，也不要违背了我同事们的观点。"雅基巴回答说。

果然，在把手洗干净之前，他一滴水也没有喝。

【智慧真悟】

信守承诺是一个良好的习惯，也能让别人从侧面看出这个人的为人处世的态度。所以尽管是一件小事，也不能不在乎，因为一个人惊天动地的壮举毕竟不多。

木鞋的教训

> 小小的一点虚荣，正和大最的爱一样，足够使人变得矫饰。
>
> ——犹太人格言

犹太人大卫·李嘉图是一名著名的经济学家。在他 9 岁那年，有一次，父母去商店买东西，顺便带上了他。在一家商场的陈列柜前，他看到一双漂亮的"皮鞋"，那精美的外观让他心动，于是缠着父母，非要他们买下。母亲答应了，但父亲却摇了摇头，他认为那双鞋不适合孩子穿。

大卫听后非常生气，他坐在地上不停的哭闹。最后父亲被逼无奈，只得同意儿子的要求，但要他保证，买了就一定要穿。

大卫终于拥有了这双鞋，穿上后才发现是双木鞋，走起路发出很大的响声，让人很不舒服。在以后的日子里，这双鞋让他受了很多罪。

他时常在没人的地方念叨："这双鞋的确不适合我。我为了满足自己的虚荣心，竟让父亲买了一件并不实用的东西。"

后来，为了摆脱这双鞋子，大卫想尽了一切办法。

善良的父亲再也没有逼大卫穿这双鞋，但大卫却不肯原谅自己。他把那双鞋，挂在自己房间容易看到的地方。只要看到它，就会想起自己犯的错，让它时时提醒自己再也不要任性，不要贪图虚荣。

智慧真悟

小孩子如果从小养成不良的行为习惯，会对今后的人生道路带来很不利的影响。而作为孩子第一任老师的父母来说，培养孩子的良好习惯是很重要的责任，需要正确地加以引导。

过于谨慎

> 谨慎毫无用处，除非再加上果断。
>
> ——犹太人格言

以色列人想到的最重要的事情是安全。约瑟夫是一个11岁的少年，他的父母嘱咐他同陌生人说话时要小心谨慎。

一天下午，约瑟夫领着他的狗在离公路不远的地方散步。一辆小车开了过来，坐在司机身旁的乘客对他喊道：

"小孩，能告诉我，这儿离耶路撒冷还有多远吗?"

"这要看你行路的速度。"小男孩十分谨慎地回答。

"你叫什么?"

"我和我爷爷的名字一样。"

"那么你爷爷又叫什么?"

"和他爷爷的名字一样，我们家给孩子取名时都用爷爷的名字。"

"像你这样的孩子，你家还有几个?"

"我妈妈给多少个孩子开饭就有多少个孩子。"

"那么需要多少个坐位呢?"

"在我们家，每个人都有个坐位。"

乘客叹了口气，让司机开车走了，留下小男孩在原地思考乘客为什么问他那么多问题，有什么企图。

> **智慧真悟**
>
> 为人处事小心谨慎是一个良好的行为习惯，但是凡事都需要有个尺度，过于谨慎则会使你处于被动，起到事倍功半的作用。

老鹰重生

人在追求实现自我价值的时候往往忽略的是自身。

——犹太人格言

　　一只刚练硬翅膀的小鹰兴奋地飞到了悬崖顶上，在那里，它看到了一个鹰巢。鹰巢前，有只已经很老的鹰正在费力地拔着自己的指甲，弄得两只爪子血淋淋的。

　　"天哪，老鹰前辈，你这是怎么了？是受伤了吗？"小鹰急忙上前问道。

　　老鹰停了下来："没有，我在重生。"

　　"重生？"小鹰的眼睛里闪过一丝迷惑。

　　"是啊，孩子，你可能还不知道吧，在鸟类中，我们鹰可谓是长寿之王。据说，年龄最大的鹰前辈可以活到70岁。可是要想活那么久，40岁时，我们必须作出一个十分艰难却又极为重要的决定。"

　　"什么决定？你快说。"小鹰急切地问道。

　　"是等死，还是更新自己。"老鹰沉沉地回答道，"40岁时，我们的爪子就已经老化了，无法再有效地抓住猎物；我们的喙也会变得又长又弯，几乎碰到胸膛，不再像以前那么尖锐；还有翅膀，也会因为羽毛太浓太厚而变得非常沉重，再不能支撑我们自由地飞翔。这时候，我们只能在等死和更新自己中选择其中的一样。"

　　"那你现在选择的，就是后者了？"小鹰略有疑惑地问道。

　　"是的，我选择了更新自己，虽然这个过程非常痛苦，而且要历经150天漫长的操练。"老鹰很坚定地答道。

　　"150天？要那么久?!"小鹰吃惊地问道。

　　"是啊，我们首先要很努力地飞到山顶，在悬崖上筑巢，以便保证自己的安全。然后便要停留在巢附近，不得飞翔。接下来要做的首先是用喙击打岩石，以让它们完全脱落，而后再静静地等候长出新的喙来；第二步是用新长出的喙把老化的指甲一根一根地拔出来；第三步是等新的指甲长出来后，再把羽毛一根一根地拔掉。等到这些工作全都做完时，你就必须等待羽毛生长了——大概5个月之后，我们便又可以恢复原来勇猛无比的样子，继续翱翔于蓝天了。"老鹰说道。

> **智慧真悟**
>
> 人活一世，总有面对艰难选择的时刻。怀有自我更新的勇气与再生的决心，把旧的习惯与传统抛弃掉，新的机会与技能才可能发展起来。

一条有志气的狗

> 习惯如果是在幼年时起始的，那就是最完美的习惯，这是一定的，这个我们叫作教育。教育其实是一种从早年就起始的习惯。
>
> ——犹太人格言

狗家族出了一条很有志气的小狗，它向整个家族宣布：要去横穿大沙漠，所有的狗都跑来向它表示祝贺。在一片欢呼声中，这只小狗带足了食物、水，然后上路了。

三天后，突然传来了小狗不幸死亡的消息。

是什么原因使这只很有理想的小狗死亡了呢？检查食物，还有很多；水不足吗？也不是，水壶里还有水。后来，经过研究终于发现了小狗死亡的秘密——小狗是被尿憋死的。

小狗之所以被尿憋死，是因为狗有一个习惯——一定要在树木或建筑物旁边撒尿。由于大沙漠中没有树，也没有电线杆，所以可怜的小狗一直憋了三天，最终被憋死了。

俗话讲，江山易改，本性难移。一个人的行为方式、生活习惯是多年养成的，要想改变并非易事，而要想越过或忽略自己某些固有的习惯，一意孤行，失败便无可避免。

小鹰与小鸡

由智慧所养成的习惯能成为第二本性。

——犹太人格言

一个猎人在一次打猎中捡回一只老鹰蛋，回到家里，他把老鹰蛋和母鸡正在孵的鸡蛋放在一起。

没过多久，小鹰和小鸡一起出世了。在母鸡的照顾下，小鹰很开心地和小鸡们生活在一起。

小鹰当然不知道自己是一只鹰，它和小鸡们一样学习鸡的各种生存本领。母鸡也不知道它是一只鹰，母鸡像教育其他小鸡那样教育小鹰。这样这只小鹰一直按照鸡的习惯生活。

在它们生活的地方，不时有老鹰从空中飞过。每当老鹰飞过时，小鹰就说：“在天空飞翔多好啊，有一天我也要那样飞起来。”

听它这么说，母鸡每次都要提醒它：“别做梦了，你只是一只小鸡！”

其他小鸡也一起附和：“你只是一只鸡，你不可能飞那么高！”

被提醒的次数多了，小鹰终于相信它永远不可能飞那么高。小鹰再看到老鹰飞过时，它便主动提醒自己：“我是一只小鸡，我不可能飞那么高。”

就这样，这只鹰到死那一天，也没有飞翔过——虽然它拥有翱翔蓝天的翅膀和体格。

> **智慧真悟**
>
> 　　好习惯造就辉煌成果，而坏习惯也会毁掉美好的人生！习惯一旦形成，它就极具稳定性，心理上的习惯左右着我们的思维方式，决定我们的待人接物；生理上的习惯左右着我们的行为方式，决定我们的生活起居。所以，当我们的命运面临抉择时，是习惯帮我们作的决定。

用庄稼代替杂草

> 　　人们大半是依据他的意向而思想，依据他的学问与见识而谈话，而其行为却是依据他们的习惯。
>
> 　　　　　　　　　　　　　　　　　——犹太人格言

　　一位哲学家带着一群学生来到一片草地上坐下来。

　　哲学家问："现在我们坐在什么地方？"

　　学生们答："草地上。"

　　哲学家说："旷野里长满了杂草，现在我想知道，如何才能除掉这些杂草。"

　　学生们众说纷纭，有的说用火烧；有的说用铲挖；有的说……

　　哲学家站起来说："等你们回去，按照各自的方法除去一片杂草，没除掉的，一年后再来相聚。"

　　一年后大家都来了，不过原来相聚的地方已不再是杂草丛生，而是一片长满谷子的庄稼地，可是哲学家始终没有来，原来，哲学家去世了。学生们在整理哲学家的遗物时，发现在哲学家的文章里最后写到："要想铲除旷野的杂草，方法只有一种，那就是在上面种上庄稼。同样，要想让灵魂无忧，唯一的方法就是用美德去占据它。"

> **智慧真悟**
>
> 要想铲除旷野的杂草，方法只有一种，那就是在上面种上庄稼。同样，要想让灵魂无忧，唯一的方法就是用美德去占据它。改掉坏习惯也是这样——建立好习惯。

做一条没有鱼鳔的鱼

> 不肯自己动脑，一味迷信专家的人，会犯很多错误。
>
> ——犹太人格言

有一个犹太年轻人，因为家贫没有读多少书，他去了城里，想找一份工作。可是他发现城里没一个人看得起他，因为他没有文凭。就在他决定要离开那座城市时，忽然想给当时很有名的银行家罗斯写一封信。他在信里抱怨了命运对他是如何的不公，"如果您能借一点钱给我，我会先去上学，然后再找一份好工作"。

信寄出去了，他便一直在旅馆里等，几天过去了，他用尽了身上的最后一分钱，也将行李打好了包。就在这时，房东说有他一封信，是银行家罗斯写来的。可是，罗斯并没有对他的遭遇表示同情，而是在信里给他讲了一个故事。

罗斯说：在浩瀚的海洋里生活着很多鱼，那些鱼都有鱼鳔，但是唯独鲨鱼没有鱼鳔。没有鱼鳔的鲨鱼照理来说是不可能活下去的。因为它行动极为不便，很容易沉入水底，在海洋里只要一停下来就有可能丧生。为了生存，鲨鱼只能不停地运动，很多年后，鲨鱼拥有了强健的体魄，成了同类中最凶猛的鱼。最后，罗斯说，这个城市就是一个浩瀚的海洋，拥有文凭的人很多，但成功的人很少。你现在就是一条没有鱼鳔的鱼……

那晚，他躺在床上久久不能入睡，一直在想着罗斯的信。突然，他改变了决定。第二天，他跟旅馆的老板说，只要给一碗饭吃，他可以留下来当服务员，一分钱工资都不要。旅馆老板不相信世上有这么便宜的劳动力，很高兴地留下了他。10年后，他拥有了令全美国人羡慕的财富，并且娶了银行家罗斯的女儿，他就是石油大王哈特。

> **智慧真悟**
>
> 饭来张口、衣来伸手的温室之花是开不长久的；在悬崖峭壁傲然开放的野花才更具有生命力，因为它的开放是自己千辛万苦、突破重重艰险的结果。
>
> 人也一样，过分依赖他人，追随他人去工作，不会有更大的成功；只有自强自立，充分发展自己独立的能力，才能成为生活中的强者。

·第八章·

真爱情深——幸福人生的拐杖

神祝福开朗的人，
乐观不光会使自己，
还会使别人变得快乐。

你总会和我在一起

一个人尽管很有权势、地位，甚至拥有更多平凡人所无法拥有的光鲜世界，但是唯独没有亲情，慢慢你就会发现，其实他并不快乐。亲情有一种无形的力量，这种力量会创造奇迹。

一场大地震震垮了学校的楼房，一些正在上课的孩子因来不及逃出而被埋在了废墟里，生死未卜。一位父亲听到这个消息后，顿时感到眼前一片漆黑，大喊："我的儿子!"跪到废墟前大哭了一阵后，他猛地想起儿子常说的一句话："不论发生什么，我总会跟你在一起!"

他知道儿子的教室在一楼最边上的地方。他疾步跑到那里，开始动手寻找儿子。

在他挖掘时，不断有孩子的父母急匆匆地赶来，看到这片废墟，他们痛哭着，绝望地离开了。

有些人上来拉住这位父亲说："太晚了，他们已经死了。"这位父亲双眼直直地看着这些好心人，问道："谁愿意来帮助我?"没有人给他肯定的回答，他便埋头接着挖。

救护人员走过来安慰父亲说："你很难过，大家都在为这场不幸痛苦，马上回家去吧。一切都已经无法挽回了。"

而这位父亲心中只有一个念头："儿子在等着我。"

他已经挖了一天一夜了，满脸灰尘，双眼布满血丝，衣服破烂不堪。到第二天上午时，他突然听见底下传出孩子的声音："爸爸，是你吗?"

是儿子的声音!父亲大喊："我的儿子! 啊，是我的儿子!"

"爸爸，真地是你吗?"

　　"是我，是爸爸！你现在怎么样？有几个孩子还活着？"父亲担心地问他的儿子。

　　"我们这里有 11 个同学，都活着，我们都在教室的墙角，房顶塌下来架了个大三角形，我们没被砸着。"

　　父亲大声向四周呼喊："这里有 11 个孩子，都活着！快来人！"

　　一个小时后，一个安全的小出口被挖开了。

　　父亲激动地说："出来吧！我的孩子。"

　　"不！爸爸。先让别的同学出去吧！我不怕。不论发生了什么，我知道你总会和我在一起。"

智慧真悟

　　一句不经意的话，一个小小的动作都会影响孩子的一生。人生在世要体现一个人存在的价值，特别是在危难时刻，更应该学会关爱别人，帮助别人，这样你在付出的同时也收获了更大的幸福，因为人类是生活在一个充满爱的世界。

心灵蛋糕

　　一个人应该有恭谨友爱之心，心地宽容，气量应该大些，对待孩子时尤其要如此。

　　　　　　　　　　　　　　　　——犹太人格言

　　罗伊先生是犹太民族中的传奇人物之一，他赤手空拳、艰苦奋斗，成为成功的金融家。

　　罗伊先生 40 岁时有了独子雷特。因为罗伊经历过贫困和艰难，所以，他愿意给儿子创造一个优越的环境，让其顺利地成长为一个卓越不凡的人。

雷特 6 岁时，罗伊先生问儿子："长大以后你希望做什么呢?"当时雷特刚刚获得了一个儿童绘画大奖，罗伊特意推掉事先计划的商务会谈，父子俩一起到酒店庆祝。小圆桌上摆着香喷喷的甜点，雷特嘴巴塞得满满的，眨巴着眼睛对父亲嘟噜道："我想当个糕点师，给您做最棒的布朗尼蛋糕。"罗伊先生被逗乐了，顺着话头夸了儿子几句，但打心眼里没把儿子的回答当真。

时光荏苒。天真的小雷特已长成一个英俊少年，他是学校里最出类拔萃的学生。高中快毕业的时候，学校的老师和罗伊先生的朋友热情地为雷特推介了许多优秀的高等学府，甚至有些大学提前给他寄来了报考材料。

罗伊先生把所有资料交给儿子，微笑着对他说："一切由你自己决定。"但雷特却出人意料地推开那些东西，笃定地说："我想考烹饪学院，以后当一名很棒很棒的糕点师。"

罗伊先生的微笑有点僵硬了，他回忆起儿子当年说过的话，看来那不是孩子气。平心而论，罗伊觉得自己并不是一个想把自己的意愿强加给儿子的父亲，很多年来，他一直给儿子最大的自由，但他不曾料到会是这样一个结果。

面对优秀的儿子，他即使从不苛求儿子去做他金融帝国的继承者，但也希望儿子成为某个领域里的优异者，比如医生、艺术家、学者等等，而糕点师算什么?

心里这样思忖，但罗伊先生的脸上很是平静，他拍了拍雷特的肩膀说："啊，这个理想有点特殊，那就好好干吧。"

不久，雷特踌躇满志地报考了 3 所烹饪学院。可接踵而来的都是坏消息，那些学院无一例外地拒绝雷特，不仅因为他的考试成绩不理想，甚至有专业老师给他下了"缺乏烹饪资质"的评语。

这对一直一帆风顺的雷特实在是个不小的打击，他把自己关在屋子里好些天。有个夜晚，他沮丧地打开房门，看见父亲就站在门外，脸上满是怜惜。罗伊朝儿子伸出双臂轻声说："来吧，一切都会过去的。"雷特扑向父亲温暖的怀抱，伤心地哭泣起来。而罗伊先生则紧紧抱住儿子，他很清楚，儿子哭过之后，一切都会过去的。

果然，翌日，雷特主动向父亲要回了当初推掉的那些高等学府的资料。

几年以后，雷特以优异的成绩从大学毕业，然后进了罗伊先生的公司工作。好像有先天遗传似的，雷特不仅很快熟悉了金融业务，而且以他的创见和才能很快在业内崭露头角了。

有这样一个出色的儿子，罗伊先生高兴得能从梦里笑醒，但是，在另一方面，他又凭着父亲的敏感察觉到雷特身上的某种忧郁。为什么呢？他想不透，也找不出理由。

毕竟岁月不饶人，罗伊先生病倒了，是老年人常见的心脏病。虽然不严重，但医生还是叮嘱他卧床休养。

休养的第3天晚上，罗伊先生悄悄从床上爬起来，打算到楼下找几份报纸。那是周末，家里的佣人都回了家。可是，厨房里却透出灯光，还有轻微的动静。罗伊先生蹑手蹑脚地走过去，看见儿子雷特正埋头摆弄着一堆杂碎。只见他有条不紊地将奶油、巧克力、香草精、新鲜鸡蛋分类打散、混合，又将面粉和泡打粉一起均匀搅拌，然后倒入模具放进电烤箱。他的动作娴熟又专注，仿佛在创作一件艺术品。

"嗨，你在干什么？"罗伊先生好奇地问，他从不知道儿子还会这么一手。雷特回头看了一眼父亲，回答说："我在给您做一块布朗尼蛋糕。"

> **智慧真悟**
>
> 父母是孩子的启蒙老师，但不是说要让孩子按照你们的意愿生活，活在你们的羽翼保护之下。孩子有孩子的理想，不要扼杀孩子的灵魂。尽管你付出了爱，却不一定会得到爱的回报。

一句感动人心的问候

> 礼貌和热情是人际交往的润滑剂。有时一句习惯性的真诚问候，甚至可以感化刽子手。面对周围的人，尽情展示你的礼貌和热情，主动多问候一些吧。
>
> ——犹太人格言

一位犹太传教士每天早晨总是按时到一条乡间土路上散步。无论见到任何人，总是热情地打一声招呼："早安。"

其中，有一个叫米勒的年轻农民，对传教士这声问候起初反映冷漠。在当时，当地的居民对传教士和犹太人的态度是很不友好的。然而，年轻人的冷漠，未曾改变传教士的热情，每天早上，他仍然给这个一脸冷漠的年轻人道一声早安。终于有一天，这个年轻人脱下帽子，也向传教士道一声："早安。"

好几年过去了，纳粹党上台执政。

这一天，传教士与村中所有的人，被纳粹党集中起来送往集中营。在下火车、列队前行的时候，有一个手拿指挥棒的指挥官，在前面挥动着棒子，叫道："左，右。"被指向左边的是死路一条，被指向右边的则还有生还的机会。

传教士的名字被这位指挥官点到了，他浑身颤抖，走上前去。当他无望地抬起头来，眼睛一下子和指挥官的眼睛相遇了。

传教士习惯地脱口而出："早安，米勒先生。"

米勒先生虽然没有过多地表情变化，但仍禁不住还了一句问候："早安。"声音低得只有他们两人才能听到。最后的结果是：传教士被指向了右边——意思是他可以成为生还者。

人是很容易被感动的，而感动一个人靠的未必都是慷慨的施舍、巨大的投入。往往一个热情的问候，温馨的微笑，也足以在人的心灵中洒下一片阳光。

智慧真悟

不要低估了一句话、一个微笑的作用，它很可能使一个不相识的人走近你，甚至爱上你，成为你开启幸福之门的一把钥匙，成为你走上柳暗花明之境的一盏明灯。

爱的力量

> 爱的力量大到可以使人忘记一切，却又小到连一粒嫉妒的沙石也不能容纳。
>
> ——犹太人格言

一个少妇在回家的路上，马上要到家时，习惯地看一下四楼自家的阳台，可爱的儿子也正在阳台上期待着妈妈回来。当看到妈妈时，儿子开始招手，这时少妇也有意识地招手，突然少妇意识到这样可能会有危险，但已经晚了，儿子由于要迎妈妈，身体前倾，突然失去平衡，从阳台上掉了下来。这时房间里的人惊呆了，纷纷跑到阳台上呼叫。再看妈妈，当发现儿子掉下来，就奋不顾身地去救儿子，也许是感动了上帝，儿子被妈妈接住了，并且安然无恙。人们都觉得很奇怪，一个少妇怎么跑得那样快，并能接住自己的儿子？因为按当时少妇跑的速度，她应该已打破了百米世界记录。

后来人们找百米世界冠军做了一个试验：同样的距离，从阳台上掉下同样重量的物体，看能否接得住。结果是无论如何也接不住。再让这位少妇试，结果也是再也没有看到她打破百米世界记录的速度。最后人们总结为：爱的力量是伟大的。

智慧真悟

爱的力量是伟大而神奇的，它可以穿越时空，创造奇迹。爱往往能激发人的潜能，做出你自己都无法相信的事，这就是爱的力量。

爱就在身边

> 从幸福转为不幸，只需瞬间；从不幸转为幸福，则需要一辈子；
> 困苦与不幸对于强者是一种财富。
>
> ——犹太人格言

在考艾岛一个美丽的岛屿，犹太作家弥林尔喜欢去参观一条流经青翠的山谷的神秘的河流。河流的一个小回旋形成了一个小池塘。现在，他经常去那里。

当弥林尔第一次进入小池塘时，他注意到池底积聚一些自然的残骸。他怜爱地为它清理了一些棍棒、叶子、坚果壳。当弥林尔认为自己已经恢复池底一个光滑的泥沙表面时，他注意到了更多的小枝，就是他刚刚扔到外面的；然后，又有一些。当弥林尔把手伸到水底下面到处翻找，想去除所有的残骸时，他发现池底是由残骸构成的。泥沙盖着的一层只有不到 1 英寸厚，泥沙底卜全都是碎石。如果清走了所有的残骸，就意味着将是清理走了这个小池的地基。

生活中的残骸并不能妨碍我们成为什么——它使我们成为自己。我们趋向于因为我们遇到的困难而谴责自己和抱怨生活，然而，正是困难锻造了我们的性格。丹·迈克坎纳说道："人就像茶叶袋——在被放入热水中之前，我们不知道自己的真正的实力。"

弥林尔认为，每一种境遇都是一个揭示爱的存在的机会。在这里，我们的目的是找出可能存在于不同形式的光明。为了获得生活的最高奖赏，我们的最大的目标，就应该是发现生活中每一件事的可爱之处。

弥林尔讲述过一个由 6 个已遁入空灵境地的老和尚主持的一个毫无生气的寺院的故事。一天，有一个神秘的陌生人来到寺院。当和尚们欢迎他时，他们发现他身上能发出一种不同寻常的光。第二天，他们陪着客人吃早饭，他们急于想听他说出什么充满智慧的话来。"昨晚我做了一个梦,"他说,"梦里向我透露你们中有一个人是弥赛亚(犹太人盼望的复国救世主)。"

这些和尚都惊讶地相互望着,心中迷惑不已,"他是谁?"其中一个人大胆地问道。

"这个我不能透露给你们。"陌生人回答,"你们要自己发现他。"然后,他和来时一样神秘地离开了。

接下来的日子里,和尚们彼此都步履轻轻地走路,都更深深地对望一眼。他们就像任何一个人可能是弥赛亚一样互相对待。过了一段时间,奇迹发生了。许多年来第一次,愉快的感觉充满了寺院的大厅,一种充满期望的感觉使他们的祈祷、吃饭、交谈充满着生气。结果,拜访寺院的人们感受到了一种蓬勃向上的气息,前来拜访的人也多了。过了一段时间,寺院恢复了生机,并且这种状态被新来的学习心法的和尚传了下去。

最后,那些和尚都圆寂了,他们谁也没有被指认为弥赛亚。他们已经全都成为了弥赛亚。

弥林尔想:如果我们把每个人都看作是弥赛亚或救世主,生活不是更美好吗?正如琼·奥斯伯恩在一首歌中唱到的:"如果我们中的一个人就是上帝,该会是怎样?"

智慧真悟

在日常生活的琐事与吵闹声中,我们或许可以发现珍宝或巨大的财富。不要低估任何遭遇和经历的价值,那可能是上帝走近你,向你伸出手,说:"你的机会来了!"

家是爱的港湾

> 温暖的家庭是上帝赐给我们的最好礼物。
>
> ——犹太人格言

"若夫妇互敬互爱，上帝就与他们同在；若夫妇不和睦，则是吞没自己的大火。"在爱情和婚姻方面，是不存在老师和学生的。年轻人可能爱得如痴如醉，老年人也可以过得和睦美满。

《塔木德》中说："温暖的家庭是上帝赐给我们的最好礼物。"在生活中，很多人是在走了许多弯路之后，才认识到这一格言的明智的。

雷蒙总是忙，抽不出时间陪陪家人。女儿洁尔迎来了她 7 岁的生日。她好几个星期前就念叨着她的首次"成长"派对了。雷蒙的妻子塔米告诉他，这个派对他必须参加。但那天他在旧金山有一单不能错过的生意。他查到，会面之后有班飞机能够在女儿生日派对前及时赶回西雅图，就订了票。

到了那天，会面顺利地结束了。即将做成一笔大生意，他兴奋不已。他赶到机场，飞机晚点了，而他必须赶回家。他试着订另一班飞机，但是没门儿，他赶不回去了。他坐在候机室，用手机拨通了办公室电话，对他的搭档弗兰克说："会面很成功，但是我被困在飞机场，错过了洁尔的生日。"一阵失落的感觉袭击了他，他非常难过。

他回到家时，餐桌上的一束气球向他摇摆，他不胜悲哀。气球上贴着一张卡片，上面写着："对不起，我迟到了——爱你的爸爸。"他想，这肯定是弗兰克的主意。这时妻子塔米从后院走进来，疲惫却面带微笑的洁尔跟在后面，尖叫道："爸爸！"

"生日快乐！"他说着走到女儿面前，给了她一个热烈的拥抱和一个吻。他不好意思地对妻子说："至少这些气球没有迟到。"

妻子说："雷蒙，你知道，这张生日卡片很有趣——真地一点也不像你的作风。"

"嗯，实际上……不是我送来的。肯定是弗兰克的主意，他知道我会迟到的。"

他害怕这时他的妻子会开始骂他，但没有，只见她握着卡片，说："雷蒙，你不明白这意味着什么吗?"

他看着卡片上的笔迹——这些话是送给妻子、女儿这样的亲人的，却是由一个根本不认识她们的人写下的……他感到很惭愧。

一天早晨，他把公司的每个人都叫到了会议室。他宣布："从今天开始，公司将有一些改变。新的工作时间定为：从星期一到星期四，每天早晨9点到下午5点——最迟到6点。休息日时我不接任何有关工作的电话。过去我花了太多的时间守着你们工作，现在，我要让你们独立做自己的工作。"他看得出来，大家费了很大的劲，才忍住要欢呼的冲动。

他想他的妻子和女儿也会高兴和欢呼起来的。

> **智慧真悟**
>
> 我们需要工作，更需要生活，需要家庭。千万不要为了工作而忽视家庭和亲情。因为家永远是你避风的港湾，它会给你爱、理解与宽容。

今天是母亲的生日

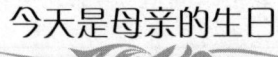

> 谁是被尊重的人? 尊重别人的人是被尊重的人。
>
> ——犹太人格言

他在为工作埋头忙碌过冬季之后，终于获得了两个礼拜的休假。他老早就计划好要利用这个机会到一个风景秀丽的观光胜地去，泡泡音乐厅，交些朋友，喝些好酒，随心所欲地休憩一番。

临行前一天下班回家，他十分兴奋地整理行装，把大箱子放进轿车的车厢里。第二天早晨出发前，他打电话给他母亲，告诉她去度假的主意，她说："你会不会顺路经过我这里，我想看看你，和你聊聊天，我们很久没有团聚了。"

"母亲，我也想去看你，可是我忙着赶路，因为同人家已约好了见面时间。"他说。

当他开车正要上高速公路时，忽然记起今天是母亲的生日。于是他绕回一段路，停在一个花店门口，打算买些鲜花，叫花店给母亲送去。他知道母亲喜欢鲜花。

店里有个小男孩，正挑好一把玫瑰，在付钱。小男孩面有愁容，因为他发现所带的钱不够，少了10元钱。

他问小男孩："这些花是做什么用的？"

小男孩说："送给我妈妈，今天是她的生日。"

他拿出钞票为小男孩凑足了花钱。小男孩很快乐地说："谢谢你，先生。我妈妈会感激你的慷慨。"

他说："没关系，今天也是我母亲的生日。"

小男孩满脸微笑地抱着花转身走了。

他选好一束玫瑰、一束康乃馨和一束黄菊花，付了钱，给花店老板写下他母亲的地址，然后发动车，继续上路。

仅开出一小段，转过一个小山坡时，他看见刚才碰到的那个小男孩跪在一个小墓碑前，把玫瑰花摊放在碑上。小男孩也看见他，挥手说：

"先生，我妈妈喜欢我给她的花。谢谢你，先生。"

他将车开回花店，找到老板，问道："那几束花是不是已经送走了？"

"还没有。"

"不必麻烦你了，"他说，"我自己去送。"

智慧真悟

我们一生也不能报答父母的养育之恩。父母并不祈求儿女们多大的回报，只需要他们常回家看看就知足了，所以，趁着父母还健在，一定要多多抽时间去看看他们。

善良的回报

在一个渔村里有个穷寡妇，靠补渔网谋生。有一段时间，天气不好，渔民不能出海，她也就没有事可做，最后连面包都吃不上了。她想了又想，决定向村里最富有的人家要点吃的。

"我已经好几天没吃东西了，您能赏赐我一块面包吗？"

"《塔木德》教导我们，说'厌恶赠品的人才有可能长寿'，白拿别人的东西会减少寿命，也是一种罪过。神也不允许我这样做，我不能让你犯错，所以我不会施舍你任何东西。"富人说。

"那么，你可以借给我一些面包吗？"

"这也不行。所罗门王说过，借债的人极有可能成为债主的奴隶。我一直从外国人中挑选奴隶，不想让亚伯拉罕的后代成为奴隶，所以我也不能把面包借给你。"

"那么，您就忍心看着我在您面前饿死吗？恐怕神也不愿看到这样的事发生吧。"寡妇仍不放弃最后的希望。

富人缓缓地说道："这种事情不会发生的。我将代替神来帮助你。你可以去捡那些无主的东西。我刚给所罗门王献过面粉，现在仓库是空的，但撒落在地板上的面粉是无主的，你可以将它收集起来。"

寡妇来到仓库，看见仓库的地板上真的有好多撒落的面粉。她把那些面粉带回家，烤了三个面包。

她正要吃第一个面包时，传来了一阵急促的敲门声。

"可怜可怜我，给我点吃的吧。我住的村子被火包围着，我侥幸逃了出来，已经有好几天没吃饭了。"这个人衰求她说。

寡妇对他的遭遇表示同情，就给了他一个面包。看着那人消失在夜暮中，寡妇心想：自己的面包也是要来的，没想到还用它做了好事，真地感谢神的恩赐。正当她准备拿第二个面包时，门又被敲响了。

"好心的人，可怜可怜我吧，我快要饿死了。"

这个人告诉寡妇，强盗抢走了他所有的财产，还杀死了他的妻子、子女以及仆人，他已经一无所有，他是穿过沙漠才逃到这儿来的。

寡妇同情地把第二个面包给了他。这个男子拿了面包消失在暮色中。

她很高兴又做了一件善事，然后做了祷告，想吃最后一个面包。

这时刮起了大风，小屋的屋顶被风掀走了。不幸并没有终止，寡妇手里的最后一个面包也被大风刮往大海的方向。

大风整整刮了一夜。第二天早上，暴风雨总算停了，然而寡妇的最后一个面包也没了，她怎么也想不通，自己将前两个面包施舍给了最需要帮助的人，为什么第三个面包还会被风刮走呢？神不是照顾寡妇和孤儿的吗？要不就是风违背了神的意愿，故意来制造麻烦？她决定向所罗门王状告风的这种恶行。她长途跋涉，走向耶路撒冷，来到了所罗门王的宫殿前。

"陛下，我是来告状的。"

"你要告谁呀？"

"我要告风。"

她把事情经过讲了一遍。听完，所罗门王说："原来是这样啊。你先在这住一段时间吧，一直到再起风的时候。家臣，给他安排一下她的衣食住行。"

寡妇出去以后，王宫里又进来了三个外国人。经过询问，所罗门王得知他们是阿拉伯的商人，装了一船的宝石、金银、香料等贵重物品来进行贸易，途中遇到了暴风雨，船在海上拼命地摇晃，船底还破了个大洞，水不断往里涌。他们大声地祈祷，请求神的帮助，但没有回音，最后猛然想起了以色列的神，就乞求以色列神灵的帮助，大声高喊："要是我们得救的话，将把船上的所有金银财宝都献给以色列神。"

话音刚落，从空中飞来一个东西，将船底的漏洞堵上了，没过多久，暴风雨也停了。他们得救了。

"所以，为了实现我们许下的诺言，我们来到了耶路撒冷。我们不知道以色列之神在哪，不知道把金银财宝献到哪儿才好。"阿拉伯商人向所罗门王说明了来意。

"那个从天空中飞来的东西是什么？"

"那是一个烤面包。我们把它也带来了。"

　　说着，一个商人从包里取出了一个小面包，呈送到所罗门王的面前。所罗门王马上把那个寡妇叫了出来。

　　"你见过这个面包吗？"

　　寡妇仔细地看了看这个小面包，认出了它，这正是那个被风刮走的面包。

　　所罗门王作了裁决："这些金银属于你了。这是神赏赐给你的，作为对借了你的面包的回报。风是受了神的派遣才这么做的，他并不是故意制造麻烦。"同时，善良的寡妇还得到了她那块被风吹走的小面包。

> **智慧真悟**
>
> 　　万事都有因果报应，善有善报，恶有恶报。犹太人的格言这样说："做善事最大的报酬是什么？是能够再做一件善事。"因为他们相信善因必有善果。

捐献的利润

> 　　谁是富人？对自己满足的人是富人。
>
> 　　　　　　　　　　　　　　——犹太人格言

　　有一位农夫拥有一笔很大的农产，他还是当地最慈善的人。每年拉比都会到他家访问，他都毫不吝啬地捐财献物。

　　可是有一年，由于风暴和瘟疫的袭击，农夫的农田和果园都遭到破坏，牲畜也都死光了。

　　债主们却蜂拥而至，把他的财产都扣押了起来，只留给他一小块土地。

　　他却说："这是神的旨意，他给了我，又收回去了，我还能有什么可说的呢？"

　　他丝毫不怨天尤人。

那一年，拉比又到农夫的家请求捐献财物。当拉比们看到他家道中落，都对他表示了同情，无意再请他捐献。这位农夫的太太说："我们时常为教师建造学校、维持会堂，为穷人和老人捐款，今年拿不出钱来，实在遗憾。"

后来，夫妇俩不愿让拉比们白跑一趟，否则他们会心里不安，便把最后剩下的那块地卖掉一半，把所得的钱捐献给拉比。拉比非常惊讶，并且感激不尽。

有一天，农夫在犁地的时候，耕牛滑倒了。

他赶紧扶起耕牛时，却在牛倒下的地方发现了宝物。他卖掉宝物后，又过上了先前的富裕日子。

第二年，拉比们又来到农夫家，以为农夫还和原来一样贫穷。可附近的人告诉他们："农夫的新居就在前面，那所高大的房子就是他的家。"

拉比们走进大房子，农夫高兴地向他们说明了这一切的原因，并总结道："只要乐于行善，它必定会倒过来，这就是捐献的利润。"

智慧真悟

财富不仅仅是金钱的代名词，它还有更深刻的含义。善良、谦卑、亲情、爱情等等都是你人生不可或缺的财富之一，所以只拥有金钱的人不能称之为真正的富翁。

家

看看庭院，就知道园艺师。

——犹太人格言

有一个犹太人觉得自己快活不下去了，因此，跑来找拉比寻求建议。

"神圣的拉比！"他叫道，"对于我来说，事情变得太糟糕了，而且无时无刻不在变得更糟糕！我很穷，我和妻子、六个孩子、儿媳、女婿生活在一间木屋里。我们随时都相见，争吵是平常事，神经都快崩溃了，因为我们有太多的矛盾。我的家简直就是个地狱，再这样下去，我迟早会死的！"

拉比认真地思考了这件事。

"我的孩子，"他说，"如果你答应按照我说的去做，你的情况会变好。"

"我答应，拉比，"这个陷入愁苦的人回答，"我一定会做你说的任何事。"

"告诉我，你都有什么家畜？"

"有一头奶牛，一只山羊和一群鸡。"

"很好！那就回家去，把这些家畜带到你屋里，和它们一起生活。"

因为这个可怜人已经答应了拉比，他只好按照拉比说得去做，尽管他非常地吃惊与不愿意。

过了一天，这个人哭喊着跑到拉比跟前："拉比，你的建议给我带来了怎样的不幸啊！我把动物们都带到了我屋里一起生活，这是按照你说得去做的。但现在我得到的是比以前更糟糕的事情！我的生活真成了十足的地狱，我的家成了一个畜棚！救救我，拉比！"

"我的孩子，"拉比平静地说，"回家把那些鸡赶出房间就会好了。神会保佑你！"

于是这个可怜人回了家，把鸡赶了出去。但不久他又跑到拉比这里来了。

"神圣的拉比！"他哀叹道，"帮帮我，救我吧！我房间里的一切东西都被那只山羊撕碎了，这让我的生活如同噩梦。"

"回家，"拉比温和地说，"把那只山羊牵出房去就会好些了。神会保佑你！"

这位可怜人回家把羊牵了出去。但不久他又跑到拉比这儿来了，并且哀伤地说："你给我带来了巨大的灾难，拉比！那头牛把我的房子变成了牛棚！你怎么可以想象人和动物生活在一起呢？"

"你绝对是对的！"拉比说，"那么回家，把牛牵出房去！"这个不幸的人赶快回家把牛牵了出去。不到一天，他又来找拉比。

"拉比！"他的脸上放着光，"感谢你把甜蜜的生活给了我。现在所有的动物都出去了，房子显得那么安静，那么宽敞，那么干净！多开心啊！"

当你劳累时，有家送来的温暖，让你释放疲劳；当你受挫折时，有家送来的鼓励，让你有了战胜困难的决心；当你成功时，有家送来的祝福，让你倍感亲切。所以，家是永恒的爱的主题。

价值20美元的小狗

仅仅凭借知性就想博得周围人的喜爱，就如同在沙漠中抓鱼一样。

——犹太人格言

宠物市场上，每个摊位的特色宠物都吸引着络绎不绝的动物爱好者。其中，一个30多岁的男人手里举着一块牌子："出售小狗。"身旁有6只毛茸茸的小狗，其中一只小狗紧紧地贴在他的脚边，呜呜地低声叫着。

一会儿，一个小男孩慢慢地走到了男人的面前。

"先生，你的小狗卖多少钱？"小男孩问道。

"20美元。"

"能让我先看看它们吗？"

小男孩蹲下身来逗这些活泼可爱的小狗，他看到了那只呜呜叫着的小狗。

"这只小狗怎么了？"小男孩好奇地问道。

"它的一条腿瘸了，生了一场病就变成这样了。"

"我想买这只小狗。"

"这条小狗不卖。"男人想了一下，说，"如果你很想要，我可以把它送给你！"

"不！"小男孩认真地看着对方，一字一句地说："我不需要你的赠予。这只小狗应该和别的小狗一样值20美元！"

"它的腿不好，不可能像别的小狗那样蹦蹦跳跳地陪你玩。"

小男孩低着头，轻声说道："我自己也不能蹦蹦跳跳了。这只小狗需要一个理解它的人，给它一份关爱。"说完，他卷起裤脚，露出一条严重畸形的小腿。

男人接过小男孩的20美元，小男孩接过了那只一条腿受伤的小狗。

智慧真悟

作为一个生命，每一个人的地位都是平等的，每一个人的价值都是一样的。不要用这样那样的标准把你我分隔开，因为人生没有高低贵贱之分，尊重对方也就是尊重自己。

有爱就有财富

你能够施舍多少钱，你就会多富有，与别人分享你的财富，你将得到更多的快乐。

——犹太人格言

在普通的一户农家，一家三口正坐在一起准备吃晚餐。虽然在干净的木柜上只有几个馒头了，但是一家人还是笑声不断，其乐融融。

"咚！咚！咚！"有人在敲门。女主人打开门一看，只见三个陌生的年轻人站在门口，一副风尘仆仆的样子。她礼貌地打招呼："请问你们找谁啊?"

"你家男主人在吗?"三个年轻人问。

"在呀!"

"事情是这样的。"一个年轻人开口说道，"上帝知道你们是一个幸福的家庭，听说你们的生活遇到了困难，特地派我们来帮助你们。"

年轻人接着说："我叫成功，另外两个叫爱和财富。在我们三个之间，你们只能选择一个，而且只有一次机会!"

屋里的男主人听见了他们的谈话，惊喜地叫了起来："快，我们就把财富请进来吧!"

女主人反对这样做："亲爱的，为什么我们不选择成功呢？有了成功，就有鲜花和掌声，就有了一切!"

这时，坐在桌子旁边的小男孩开口了："爸爸妈妈，我们还是把爱请进来吧! 有了爱，我们不就会更加幸福吗?"

夫妻俩相互看了一眼，觉得儿子的话很有道理："对! 我们还是把爱请进来吧!"

奇怪的是：等爱走进门的时候，财富和成功也跟了进来。

女主人疑惑地看着他们问："我们只是说把爱请进来，你们怎么全都进来了?"

三个年轻人异口同声地回答道："哪里有爱，哪里就有财富和成功。这就是上帝的旨意!"

全家人从此过上了更加幸福的生活。

智慧真悟

记住这样一个真理：爱是生命的源泉，拥有了爱也就拥有了一切!

继母的教诲

肥皂是为了身体，眼泪是为了心灵。

——犹太人格言

人们常说，有妈的孩子是个宝，没妈的孩子像棵草。的确，自从母亲死了以后，他变成了一个调皮的孩子。只要谁家的牛走失了，或者是后院的树莫名其妙被砍倒了，大家都认为是他做的坏事。甚至父亲和哥哥都是这么想的。渐渐地，他也变得无所谓了。

有一天，父亲打算第二次结婚了，家里的孩子们都担心新妈妈会对他们不好。他也打定主意，不把新妈妈放在眼里。最后，新妈妈终于走进家门，来到每个房间，愉快地向孩子们打招呼。当新妈妈走到他面前时，他像枪杆一样站得笔直，双手交叉在胸前，偏开头看着一边，一点欢迎的意思也没有。

新妈妈回头看了父亲一眼，眼里有些疑惑。

"这就是我跟你说的那个孩子，"父亲懒洋洋地说，"全家最坏的孩子。"

仿佛是为了印证父亲的这一番话，他冷冷地瞪着新妈妈，满脸的倔强。

然而，令他猝不及防的是，新妈妈说出了一番让家里所有的人都吃惊的话，包括他自己。她把手放在他的肩上，看着他，眼里闪烁着光芒。"最坏的孩子？"新妈妈说，"一点也不，他是全家最聪明的孩子，我愿意拿出我所有的积蓄跟你赌一赌。"

20 年以后，他成了一位著名的企业家。当有人问到他成功的力量来自何处时，他自豪地回答："是妈妈赐给了我无穷无尽的爱！"

> **智慧真悟**
>
> 爱是一切力量的源泉。有了真爱，可以让干涸的心灵长出嫩绿的新叶，开出鲜艳的花朵，在阳光下释放生命的芬芳。

与我共进晚餐

> 教育孩子的最好办法就是以身作则。
>
> ——犹太人格言

父亲是个体力劳动者，挣钱不容易，而且，每天都是身心俱疲。一天，下班的路上，儿子伸手要 20 美元。他为什么要这样对待自己的父亲？父亲加班到很晚才回来，还没有到家，他就远远地看见 4 岁的儿子站在路边等着他。儿子伸手拦住了满身疲惫的父亲。

"爸爸，我可以问你一个问题吗？""什么问题？"父亲显得有些不耐烦。

"你 1 小时可以赚多少钱？""这与你无关，你想干什么？"父亲生气了。

"我只想知道你 1 小时到底可以赚多少钱？"儿子低声说。

"我 1 小时赚 25 美元。"

"哦，"儿子低下了头，又问，"爸，可以借我 20 美元吗？"

父亲气得跳了起来："如果你只是要借钱去买玩具的话，那就给我乖乖地回去睡觉！好好想想你为什么这样过分，我每天辛辛苦苦地工作，你却只想向我不断地要钱，钱，钱！真受不了你！"

儿子被父亲的神情吓住了，看了他一眼，低头往回走了。

父亲看着儿子有些落寞的背影，觉得自己刚才有些过分，都还没问孩子想要买什么东西，就这样来对待他，真是不应该。于是，他又追上了儿子。

"爸爸刚才做得不对，"父亲拍着儿子的肩膀说，"爸爸不对，这是你要的 20 美元。"

"爸爸，你真是太好了。"儿子高兴地接过 20 美元，接着又从自己的口袋里掏出几张皱巴巴的钞票，慢慢地数了起来。

"你要这么多钱干吗？"父亲又感到自己被欺骗了，他担心儿子拿着这么多的钱很容易学坏。

"我想买你一个小时的时间。"儿子拿出 25 美元递向爸爸，"爸爸，明天你能早一小时回来和我共进晚餐吗?"

男孩一个小小的愿望不经意间就感动了自己的父亲。他用自己的一份小小的爱让父亲知道，在他下班回家的路上，有一个深爱着他的儿子在等他回家共进晚餐，享受父子在一起的幸福时光。父亲的泪水滑落下来，把儿子紧紧地抱在怀里。

智慧真悟

爱是相互的，是需要沟通，需要理解的。不要认为拼命工作，拼命挣钱，给孩子吃好、穿好，就是给他们最好的爱。爱是心灵上的沟通，甚至不需要任何语言。

·第九章·

直面挫折——乐观坦然的心态

可以祈求奇迹，但是不能依靠奇迹。

驴子的心态

可以祈求奇迹，但是不能依靠奇迹。

——犹太人格言

有一天，某个农夫的一头驴子不小心掉进一口枯井里，农夫绞尽脑汁想办法救出驴子，但几个小时过去了，驴子还在井里痛苦地哀嚎着。最后，这个农夫决定放弃，他想这头驴子年纪大了，不值得大费周章去把它救出来，不过无论如何，这口井还是得填起来。于是农夫便请来左邻右舍帮忙一起将井中的驴子埋了，以免除它的痛苦。农夫的邻居们人手一把铲子，开始将泥土铲进枯井中。

当这头驴子了解到自己的处境时，刚开始哭得很凄惨。但出人意料的是，不一会儿，这头驴子就安静下来了。农夫好奇地探头往井底一看，出现在眼前的景象令他大吃一惊：当铲进井里的泥土落在驴子的背上时，驴子的反应令人称奇——它将泥土抖落在一旁，然后站到铲进的泥土堆上面！就这样，驴子将大家铲到它身上的泥土全数抖落在井底，然后再站上去。很快地，这头驴子便得意地上升到井口，然后在众人惊讶的表情中快步地跑开了！

就如驴子的情况，在生命的旅程中，有时候我们难免会陷入"枯井"里，各式各样的"泥沙"会倾倒在我们身上，而想要从这些"枯井"脱困的秘诀就是：将"泥沙"抖落掉，然后站到上面去。

智慧真悟

事实上，我们在生活中所遭遇的种种困难挫折就是落在我们身上的"泥沙"。然而，换个角度看，它们也是一块块的垫脚石，只要我们锲而不舍地将它们抖落掉，然后站上去，那么即使是掉落到最深的井里，我们也能安然地脱困。

不贬值的钞票

乐观者在灾难中看到机会；悲观者在机会中看到灾难。

——犹太人格言

在一次讨论会上，一位著名的演说家没讲一句开场白，手里却高举着一张 20 美元的钞票。

面对会议室里的 200 个人，他问："谁要这 20 美元？"一只只手举了起来。他接着说："我打算把这 20 美元送给你们中的一位，但在这之前，请准许我做一件事。"他说着将钞票揉成一团，然后问："谁还要。"仍有人举起手来。

他又说："那么，假如我这样做又会怎么样呢？"他把钞票扔到地上，又踏上一只脚，并且用脚碾它。尔后他拾起钞票，钞票已变得又脏又皱。

"现在谁还要？"还是有人举起手来。

"朋友们，你们已经上了一堂很有意义的课。无论我如何对待那张钞票，你们还是想要它，因为它并没有贬值。它依旧值 20 美元。

人生路上，我们会无数次被自己的决定或碰到的逆境击倒、欺凌甚至碾得粉身碎骨。我们觉得自己似乎一文不值。但无论发生什么，或将要发生什么，在上帝的眼中，你们永远不会丧失价值。在他看来，肮脏或洁净，衣着齐整或不齐整，你们依然是无价之宝。生命的价值不依赖我们的所作为，也不仰仗我们结交的人物,而是取决于我们本身!你们是独特的——永远不要忘记这一点!"

　　遇到困难和挫折并不可怕,可怕的是没有敢于面对困难的决心和勇气。每个人都有自身独特的价值,如何体现?心态很重要。只要能有坚持到底的决心,面对困难的勇气,什么都不会是你人生的绊脚石。

胡萝卜、鸡蛋还是咖啡豆

> 能认识到自己的愚蠢,就是聪明。
>
> ——犹太人格言

　　一个女儿对父亲抱怨她的生活,抱怨事事都那么艰难。她不知该如何应付生活,想要自暴自弃了。她已厌倦抗争和奋斗,好像一个问题刚解决,新的问题就又出现了。

　　她的父亲是位厨师,他把她带进厨房。他先往三只锅里倒入一些水,然后把它们放在旺火上烧。不久锅里的水烧开了。他往一只锅里放些胡萝卜,第二只锅里放只鸡蛋,最后一只锅里放入碾成粉末状的咖啡豆。他将它们侵入开水中煮,一句话也没有说。

　　女儿咂咂嘴,不耐烦地等待着,纳闷父亲在做什么。大约20分钟后,他把火闭了,把胡萝卜捞出来放入一个碗内,把鸡蛋捞出来放入另一个碗内,然后又把咖啡舀到一个杯子里。做完这些后,他才转过身问女儿,"亲爱的,你看见什么了?""胡萝卜、鸡蛋、咖啡",她回答。

　　他让她靠近些并让她用手摸摸胡萝卜,她摸了摸,注意到它们变软了;父亲又让女儿拿一只鸡蛋并打破它,将壳剥掉后,她看到了是只煮熟的鸡蛋;

最后，他让她喝了咖啡，品尝到香浓的咖啡，女儿笑了。她怯生问到："父亲，这意味着什么？"

他解释说，这三样东西面临同样的逆境——煮沸的开水，但其反应各不相同。胡萝卜入锅之前是强壮的，结实的，毫不示弱；但进入开水之后，它变软了，变弱了。鸡蛋原来是易碎的，它薄薄的外壳保护着它呈液体的内脏。但是经开水一煮，它的内脏变硬了。而粉状咖啡豆则很独特，进入沸水之后，它们倒改变了水。"哪个是你呢？"他问女儿，"当逆境找上门来时，你该如何反应？你是胡萝卜，是鸡蛋，还是咖啡豆？"

你呢，我的朋友，你是看似强硬，但遭遇痛苦和逆境后退缩了，变软弱了，失去了力量的胡萝卜吗？你是内心原本可塑的鸡蛋吗？你先是个性情不定的人，但经过死亡、分手、离婚或失业，是不是变得坚强了、变得倔强了？你的外壳看似从前，但你是不是因有了坚强的性格和内心而变得严厉强硬了？或者你像是咖啡豆吗？豆子改变了给它带来痛苦的开水，并在它达到合适的高温时让它散发出最佳的香味。水最烫时，它的味道更好了。如果你像咖啡豆，你会在情况最糟糕时，变得有出息，并使周围的情况变好了。

智慧真悟

问问自己是如何对付逆境的。你是胡萝卜，是鸡蛋，还是咖啡豆呢？

你的问题出在哪里

心境愉快、欲念正常的人吃什么都有味道。

——犹太人格言

1959 年的夏天，罗伯特在一家旅馆打工，做夜班服务台值班员，兼在马厩协助看管马匹。

旅馆老板是瑞士人，他对待员工的做法是欧洲式的。罗伯特和他合不来，觉得他是一个法西斯主义者，只想雇用安分守己的农民。

有一个星期，员工每天晚餐都是同样的东西：两根维也纳香肠、一堆泡菜和不新鲜的面包卷。伙食费要从薪水中扣除。罗伯特觉得异常愤慨。

罗伯特整个星期都很难过。到了星期五晚上 11 点左右，罗伯特在服务台当班。当走进厨房时，他看到一张便条，是写给厨师的，告诉他员工还要多吃两天小香肠及泡菜。

罗伯特勃然大怒。因为当时没有其他更好的听众，他就把所有不满一股脑儿向刚来上班的夜班查账员沃尔曼宣泄。罗伯特说："我已经忍无可忍了！我要去拿一碟小香肠和泡菜，吵醒老板，用那碟东西掷他。什么人也没有权力要我整个星期吃小香肠和泡菜，而且还要我付账。我讨厌吃小香肠和泡菜，要我再吃一天都难受！整家旅馆都糟透了！我要卷铺盖不干了……"罗伯特就这么痛骂了 20 分钟，还不时地拍打桌子、踢椅子，不停地咒骂。

当罗伯特大吵大闹时，沃尔曼一直安静地坐在凳子上，用忧郁的眼神望着他。

沃尔曼曾在纳粹德国奥斯威辛集中营关过 3 年，最后死里逃生。他是一个德国犹太人，身材瘦小，经常咳嗽。他喜欢上夜班，因为他孤身一人，既可以沉思默想，又可以享受安静，更可以随时走进厨房吃点东西——维也纳小香肠和泡菜对他来说是美味佳肴。

"听着，罗伯特，听我说，你知道你的问题在哪里吗？不是小香肠和泡菜，不是老板，也不是这份工作。"

"那么，到底我的问题在哪里？"

"罗伯特，你以为自己无所不知。但你不知道不便和困难的分别。若你弄折了颈骨，或者食不果腹，或者你的房子起火，那么你的确有困难。其他的都只是不便。生命就是不便，生命中充满种种坎坷。学会把不便和困难分开，你就会活得长久些，而且不会惹太多的烦恼。晚安。"

他挥手叫罗伯特去睡觉，那手势既像打发，又像祝福。

有生以来很少有人这样给自己当头一棒。那天深夜，沃尔曼使罗伯特茅塞顿开。

智慧真悟

　　每当遇到挫折，感觉被逼得无路可退、要愤怒地做出决定或做出蠢事的时候，都要冷静地想一想：这是困难，还是只是不便？

你应该勇敢地去尝试

不能只依靠幸运，必须与幸运合作。

——犹太人格言

　　为了贴补家用，减轻父母的负担，年幼的查尔斯很早就开始了卖报生涯。卖报也并非易事，常常会因地盘和别人发生争议，但他从不示弱，因而，他很幸运地总是成为胜方。有时，他也到一些小饭馆或小酒吧去卖报，因为那里聚集的人多，但老板并不欢迎小报童的出现，总是将他扫地出门，可查尔斯并不退缩，常常趁人不注意，又偷偷地溜进去。

　　就在查尔斯初中毕业准备升高中的那年夏天，他母亲说服他利用假期为保险公司拉生意。按照母亲的指点，他来到一幢办公楼前，但从何开始呢？他不知道，他有些害怕了，想打退堂鼓，毕竟他还只是个未成年的孩子；可想想自己当年做报童时的勇气和胆量，他也就镇定了，他对自己说："当你尝试去做一件对你只有益无害的事时，你就应该勇敢地去尝试，而且应该说干就干。"就这样，他毅然走进了那幢办公大楼。

　　他从一间屋子出来，又马不停蹄地走进另一间屋子，不断地劝说人们购买意外伤亡保险。他甚至不敢有片刻的犹豫，担心畏惧感会乘虚而入。他几乎跑遍了整个办公楼，最后，终于争取到两位客户。区区两位客户对别人也许算不了什么，但对查尔斯来说却意义重大，可以毫不夸张地说，这是查尔斯人生历程的一座里程碑。

初试推销能拉到两位客户，查尔斯的心情别提有多高兴了。在保险公司的账户上，查尔斯也有了几元钱的佣金，这点令他异常欣喜。

【智慧真悟】

　　遭到拒绝和挫折时，千万不要轻易灰心和放弃。只要不断地用力敲，任何门都会打开。因为成功之门永远都为勤奋而不怕困难、积极进取的人敞开着。

遭遇挫折而不沉沦

　　要是你的牛陷在沟里，哪怕是天冻得连眼珠都会裂开，或者下雨，再或不论你喜不喜欢，甚至你不舒服，总是要把牛拉上来。

——犹太人格言

　　1958 年，年轻的达斯汀·霍夫曼决定离家去纽约闯天下，他对家人说："丢丑也决不丢在家门口。"

　　到了纽约之后，霍夫曼几经挫折，终于被一家有影响的戏剧学院录取。课余时间，他打过各种短工。一开始，他到一家精神病院当护理员，大约 1 个月后，他觉得在这疯人院里呆够了，就去当打字员和售货员，后来又找到在一家剧院当检票员的工作。以后，他还干过像舞厅看门、编织夏威夷花环及跑堂等几种临时性工作。这以后，他又去过纽约一家儿童俱乐部教授表演艺术。

　　霍夫曼在事业上的转折是在他加入波士顿戏剧公司、成为一名性格演员以后开始的。刚进公司时，他在 9 个月中演了 10 部戏。评论家们说，他最出色的表演是在《等待戈多》中扮演奴隶司机波佐。然而，霍夫曼并没有因此沾沾自喜，而是赶去百老汇参加试演，争取在《哈里，中午与黑夜》中得到角色。霍夫曼入选以后，为了能使自己更好地把握住所饰演的角色，他干脆闭门谢客，躲了起来。

一天，他又不知去向，连导演也不知他躲在哪里，可第二天当他回到舞台参加排练时，他又对自己的角色十分熟悉，而且演得有板有眼。之后，不断有制片商邀请他在百老汇担任重要角色。

但是，命运又捉弄了他，霍夫曼在参加完第一天的排练后，晚上来到他的女友家。当他用牛肉乳酪准备晚餐时，装乳酪的锅突然爆裂，滚烫的油溅了他一身，随即引起厨房着火。当时霍夫曼慌忙地用双手把火扑灭。结果他的手被烧成三度灼伤。事后他既没有去医院也没有去找医生包扎，唯恐为此而失去百老汇获奖剧中的角色。然而，他的双手烧伤程度远比他自己想象的严重得多，感染扩至血液里，以致他不得不留医一个月。

经过一个月的治疗，霍夫曼康复出院。他不顾手上还裹着几层绷带，就急切地返回剧组排练。可当他来到剧组时，才知道他的角色已被别人抢去，这使他非常伤心。

霍夫曼为了能重返剧坛，每个星期都参加挑选演员的小品表演。大约一个月后，他又交上了好运，被选入另一家剧组。然而到了排练的第6天，导演关照他回去休息一两天或更长时间，言下之意，是不用再回来排练了。导演明显地对他的表演和一些怪癖不满。这一类意想不到的挫折对霍夫曼来说已屡见不鲜，他已习惯在争议中急流勇进。失去又一次的登台机会显然又是一次沉重打击。但霍夫曼并不就此罢休。

之后，由于在《第五匹马的旅程》一剧中演出成功，霍夫曼开始奠定了他在舞台剧中作为性格演员的地位。该剧演出结束后，他又在英国喜剧《哦》中成功地扮演了一个反叛角色——一个负责管理一间半自动化印染厂的锅炉房的古板、可笑的管道工，这是他生平第一次担任主角。

霍夫曼成名后，《毕业生》、《午夜牛仔》、《伦尼》等影片为他赢得了巨大的声誉，《毕业生》甚至还获得了5项金球奖，但是却在3次奥斯卡评奖中失败了，这使霍夫曼受到了很大打击。霍夫曼最终没有沉沦，他觉得自己的表演仍有巨大的潜力。

经过不懈的努力，1980年4月14日，在充满节日气氛的盛大授奖仪式上，霍夫曼一举夺得美国第52届奥斯卡金像奖，成为美国电影史上一颗璀璨的明星。此后，他还连续两届担任了金像奖授奖仪式的颁奖人。

┌───┐
　　　　　　　　　　智慧真悟

　　　没有纷乱就没有平静，没有紧张就没有轻松，没有悲伤就没
　　有欢乐，没有奋斗就没有胜利，这是我们生存所要付出的代价，
　　这是关于胜利者的精辟的论断。
└───┘

我还有几个忠告没对你说

> 当别人说出一加一等于二时，你应该想到大于二。
>
> ——犹太人格言

　　施怀特养了 100 只鹅。有一天，死了 20 只。于是，他跑到犹太牧师那里，请教怎样牧鹅。

　　那位犹太牧师专注地听完施怀特的叙述，问道：

　　"你是什么时候放牧的？"

　　"上午。"

　　"哎呀！纯粹是个不利的时辰！要下午放牧！"

　　施怀特感谢牧师的劝告，高兴地回了家。3 天后，他跑到犹太牧师那里。

　　"牧师，我又死了 20 只鹅。"

　　"你是在哪里放牧的？"

　　"小河的右岸。"

　　"哎呀，错了！要在左岸放牧。"

　　"非常感谢您对我的帮助，牧师，上帝祝福您。"

　　过了 3 天，施怀特再次来到犹太牧师那里。

　　"牧师，昨天又死了 20 只鹅。"

　　"不会吧，我的孩子。你给它们吃了什么？"

　　"喂了包谷，包谷粒。"

犹太牧师坐着深思良久，开始发表见解：

"你做错了，应该把包谷磨碎喂给鹅吃。"

"万分感谢您——牧师。由于您的劝告，上帝会酬谢您。"

第三天，施怀特有点不快地、但又充满希望地敲着犹太牧师的房门。

"唔，又碰到什么新问题啦？我的孩子。"犹太牧师得意地问道。

"昨晚又死了20只鹅。"

"没关系，只要充满信心，常到我这儿来。告诉我，你的鹅在哪里饮水？"

"当然是在那条小河里。"

"真是大错特错，错上加错！不能让它们饮河水，要给它们喝井水，这样才有效。"

"谢谢，牧师。您的智慧总是拯救您的信徒。"

……

施怀特通过开着的门进来时，犹太牧师正埋头读着一部厚厚的古旧的书。

"向您问好，牧师。"施怀特带着极大的尊敬说道。

"上帝把你召到我这儿。看，甚至现在我都在替你的鹅操心。"

"又死了20只鹅，牧师。现在我已经没有鹅了。"

犹太牧师长时间地沉默不语。深思许久后，他叹息道：

"我还有几个忠告没对你说，多可惜啊！"

智慧真悟

善于听取别人意见是一种美德，但是智者听"面"，愚者听"点"。许多人生活和事业的失败，在于太愿意听从别人的"忠告"。记住：用自己的脑袋思考，才能获得真正的人生经验！

亚麻布与旧外套

忍耐是美德；坚韧不拔是一切希望之母。

——犹太人格言

桌子上放有一块亚麻布，非常漂亮，质地很好。

它自负地说："我将会被做成一件多漂亮的外套啊！"

突然，一件被人扔在角落的、布满油污的破烂外套引起了亚麻布的注意。"真替你悲哀，你这块可怕的烂布！多么单调的样子！"亚麻布嘲弄地对外套说。

没过几天，主人用亚麻布缝成了一件上衣。但是当他出去的时候他还是披上了那件旧外套。当新上衣认出旧外套时，它心里很不满。

它质问道："你怎么突然跑到我的外面，变得如此重要了？"

旧外套回答道："一开始他们把我带到洗衣房。用棒槌重重击打我，把灰尘、沙子和泥土都打了出去。当这一切结束时，我对自己说：'这都是值得的，因为我又变干净了！看看我！跟以前相比不是干净漂亮多了吗？'我正这样想着时，他们向我泼来一壶热水，然后是一壶温水。突然，我看见自己成了一件漂亮的外套！这时我才认识到受这么多的苦是有价值的。"

智慧真悟

有这样一句经典歌词：不经历风雨，怎么见彩虹，没有哪个人会随随便便成功。的确，每个成功者的背后都有一本酸甜苦辣的奋斗故事。遇到挫折并不可怕，可怕的是没有坚定的信念，没有成功的决心。

想要自杀的年轻人

当命运微笑时，我也笑着在想，她又快蹙眉了。

——犹太人格言

一个年轻人对生活失去了希望。夜里，趁家人都熟睡后，他走到屋后的树林里准备上吊自杀。

当他把绳子绑在树枝上后，树枝说话了："亲爱的年轻人，有一对小鸟正在我的枝头上筑巢呢！我很高兴能保护它们。如果你在我身上上吊，我就会折断，鸟巢也就保不住了。请你谅解我，并且也可怜可怜那对可爱的小鸟吧！"

年轻人体谅它的爱心，就放弃了这根树枝，找到更高的一根树枝。可是当他把绳子绑上去时，这树枝也说话了："年轻人，请你谅解我吧！春天就要到了，不久之后我就要开花，成群的蜜蜂会飞来嬉戏、采蜜，这带给我极大的快乐。如果你在我身上上吊，我就会被你折弯到地上，花朵就会被摧残而死，那么蜜蜂们会非常失望。"年轻人听了，只好默默地将绳子解下。

"原谅我吧！"他还没在第三根树枝上绑绳子，树枝就开口了，"年轻的朋友啊！我把自己远远地伸到路上，目的就是要使疲惫的旅行者在我的底下能得到一些阴凉，这带给我很大的快乐。如果你吊在我身上，会使我折断，以后我就再也不可能享有这种快乐了。"

对生活失去了希望的年轻人陷入沉思，他问自己："我为什么要自杀？只因为我遭受了挫折吗？连树木都如此热爱生活，关心身边的事物，而我……"

于是，他迈着轻松的步伐，走出了树林。

智慧真悟

　　人最宝贵的是生命，生命属于每个人只有一次。人离开这个世界就永远不会再有这样的机会和幸运了。人有幸生活在这个世界上，就要勇敢地承担生活带来的磨难，也要好好地享受生活赐予的幸福。

跳蚤可以跳多高

　　当压力出现，迫使我们改变自己的法规时，我们要不顾一切地战斗，即使面临强敌也要战斗，生命不息，战斗不止。

——犹太人格言

　　在昆虫中，跳蚤可能是最善跳的了，他可以跳到自己身高的几万倍的高度。为什么会这样呢？带着这个问题，一个大学教授开始了他的研究。可是他研究了一整天，都没有找到答案。

　　第一天下班的时候，教授用一个高一米的玻璃罩罩着这只跳蚤以防它逃跑。就在那天晚上，跳蚤为了能跳出玻璃罩，就跳啊跳啊，可是无论它怎样努力，无论它怎么跳，都在跳到一米高的时候，就被玻璃罩挡了下来。第二天，教授上班取下玻璃罩，惊奇地发现，这只跳蚤只能跳一米高了，于是他来了兴趣。第二天下班时，教授用了一个 50 厘米的玻璃罩罩着跳蚤，第三天，教授发现跳蚤只能跳 50 厘米的高度；晚上，教授又用 20 厘米的玻璃罩罩着跳蚤，第四天，跳蚤跳的高度又降为 20 厘米。到了第四天下班时，教授干脆用一块玻璃板压着跳蚤，只让跳蚤能在玻璃板下面爬行。果然，到了第五天，跳蚤再也不能跳了，只能在桌面上爬行。可就在这个时候，教授不小心，打翻了桌上的酒精灯，酒精洒在了桌上，火也慢慢地向跳蚤爬的地方蔓延。奇迹出现了，就在火快要烧着跳蚤的一瞬间，跳蚤又猛地一跳，又跳到了他最开始的超过他身体一万倍的高度。

智慧真悟

生活中，有许多人也在过着这样的"跳蚤人生"。

这些人刚开始时意气风发，屡屡去尝试着追求成功，不过一旦事与愿违，几次失败以后，就常常抱怨这个世界的不公，怀疑自己的能力。他们不是百折不挠地努力去追求成功，而是一再地降低成功的标准。结果怎样，可想而知。

强者的真正含义

一个机敏谨慎的人，一定会交一个好运。

——犹太人格言

有一个男孩都已经十六七岁了，却连一点儿男子汉的气概都没有。他的父亲为此事很烦恼，再三考虑决定去拜访一位拳师，请求这位武术大师帮助他训练自己的儿子，希望能够把儿子塑造成一个真正的男子汉。

拳师说："把你的孩子留在我这里半年，这段时间你不要见他，半年后，我一定把你的孩子训练成一个真正的男子汉！"

半年后，男孩的父亲来接儿子，拳师安排了一场拳击比赛向这位父亲展示他半年来的训练成果。与男孩对打的是一名拳击教练，没想到教练一出手，男孩便应声倒地。但是，男孩一倒地就立即站起来接受新的挑战，倒下去了又站了起来……如此来来回回回总共二十多次。

拳师问这位父亲："你觉得你的孩子够不够男子汉气概？"

"我简直无地自容了，想不到我送他来这里训练了半年，他还是这么不禁打，轻易就被人打倒了，哪儿有一点儿男子汉的气概？"父亲非常失望地回答。

拳师意味深长地说："我很遗憾，因为你只看到了表面的胜负，而没有看到你儿子倒下去又立刻站起来的勇气和毅力！这才是真正的男子汉气概！"

> **智慧真悟**
>
> 真正的强者，不是身强力壮、貌似强大者，而是站起来的次数比倒下去的次数多的人。唯有站起来的人，才有机会摘取成功树上的果实。被挫折击倒并不可怕，可怕的是我们的意志从此倒下。

三个旅行者

> 人生如同道路，最近的捷径通常是最坏的路。
>
> ——犹太人格言

三个旅行者同时住进了一个旅店。早上出门的时候，一个旅行者带了一把伞，另一旅行者拿了一根拐杖，第三个旅行者什么也没有拿。

晚上归来的时候，拿伞的旅行者淋得浑身是水，拿拐杖的旅行者跌得满身是伤，而第三个旅行者却安然无恙。于是前两个旅行者很纳闷，问第三个旅行者："你怎么会没事呢？"

第三个旅行者没有回答，而是问拿伞的旅行者："你为什么会淋湿而没有摔伤呢？"

拿伞的旅行者说："当大雨来到的时候，我因为有了伞，就大胆地在雨中走，却不知怎么淋湿了；当我走在泥泞坎坷的路上时，我因为没有拐杖，所以走得非常仔细，专拣平稳的地方走，所以就没摔伤。"然后，他反问拿拐杖的旅行者："你为什么没有淋湿而是摔伤了呢？"

拿拐杖的说："当大雨来临的时候我因为没带雨伞，便拣能躲雨的地方走，所以没有淋湿，当我走在泥泞坎坷的路上时，我便用拐杖拄着走，却不知为什么常常跌跤。"

第三个旅行者听后笑笑说："这就是为什么你们拿伞的淋湿了，拿拐杖的跌伤了，而我却安然无恙的原因。当大雨来时我躲着走，当路不好时我细心地走，所以我没有淋湿也没有跌伤。你们的失误就在于你们有凭借的优势，认为有了优势便少了忧患。"

智慧真悟

在生活中，我们常常因为一些障碍而跌倒，但是有些时候我们不是跌倒在自己的缺陷上，而是跌倒在自己的优势上，因为缺陷我们往往一目了然，而对自己的优势却常常骄傲自喜。挫折并不可怕，可怕的是没有一颗清醒的头脑去面对困难。

推门的勇气

你若失去财产，你只失去了一点儿；你若失去了荣誉，你就失去了许多；你若失去了勇敢，你就失去了全部。

——歌德

从前，有一位国王，决定要改选内阁，他决定以考题的形式进行选拔。

他把臣子们领到一扇奇大无比的门前说："这是我们王国中最大的门，也是最重的门。请问，你们当中谁能把它打开？"

大臣们都知道，这扇门过去从没打开过，所以他们认为这门肯定是打不开的。于是，一些大臣望着门不住地摇头；另一些人则装腔作势地走上前去看一阵，但并不动手，因为他们不想当众出丑；还有人甚至猜想，国王或许另有用意,所以,静观其变才是最稳妥的态度;还有人想国王这不是故意在难为我们吗?这时,有一位年轻的大臣向大门走了过去,只见他双手猛力向大门推去,门被豁然打开了。原来,这扇门本来就是虚掩着的,没有锁也没有插栓,任何人都能轻易地推开它。这个大臣最终得到了国王的奖赏,并获得了重要的职位。而那些左顾右盼的大臣后悔莫及,"我怎么没有……""我还正想去呢,结果让他抢先了。"无论怎样,结果已成定局了。

智慧真悟

> 每个成功者的经历中必不可少的一条就是勇气。没有勇敢的行为,没有敢于冒险的精神,光有雄心壮志的人,即使很聪明,也很有知识,但是他成功的几率会小很多。因为,只说不练,只是个空想主义者。

我要当一个服装老板

> 付出异常艰苦的努力,才能品尝醉人的美酒。
>
> ——犹太人格言

罗森沃德是全美最大的百货公司西尔斯—娄巴克公司的最大股东,他也是全美20世纪商界风云人物。然而,这个做服装生意起家的富翁却也经历了许多创业时的失败与艰辛。

罗森沃德于1862年出生在德国的一个犹太人家庭,少年时随家人移居北美,定居在伊利诺伊州斯普林菲尔德市。由于家境不好,为了维持生活,中学毕业后,他就到纽约的服装店当跑腿,做些杂工。

罗森沃德从年幼时就受犹太人的教育影响,这使他拥有了艰苦奋斗的精神。他确信凡人皆有出头日,一个人只要选定了目标,然后坚持不懈地往目标迈进，百折不挠，胜利一定会酬报有心人的。罗森沃德本着这种精神，十分卖力地赚了几百块钱。

"我要当一个服装老板。"这是罗森沃德的奋斗目标。为了实现这个目标，他除了在工作中留心学习和注意动态外，把全部的业余时间都用于学习商业知识，找有关的书刊阅读。到1884年，他自认为有些经验和小额本金了，决定自己开家服装店。可是，他的商店门可罗雀，生意极为不佳，经营了一年多，把多年辛苦积蓄的一点点血汗钱全部赔光了，商店只好关门，罗森沃德垂头丧气地离开纽约，回伊利诺伊州去。

痛定思痛，罗森沃德反复思考自己失败的原因。最后，他找出了缘由：服装是人们的生活必需品，但又是一种装饰品，它既要实用，又要新颖，这才能满足各种用户的需求。而自己经营的服装店，没有自己的特色，也没有任何新意，再加上自己的商店未建立起商誉，没有销售渠道，那是注定要失败的。针对自己出师不利的原因，罗森沃德决心改进。他毫不气馁，继续学习和研究服装的经营办法。他一边到服装设计学校去学习，一边进行服装市场调查，特别是对世界各国时装进行专门研究。

一年后，他对服装设计很有心得，对市场行情也看得较为清楚，于是，决定重整旗鼓。他向朋友借来几百美元，先在芝加哥开设一间只有10多平方米的服装加工店。他的服装店除了展出他亲自设计的新款服式图样外，还可以根据顾客的需求对已定型的服式改进，甚至完全按顾客的口述要求重新设计。因为他的服装设计款式多，新颖精美，再加上灵活经营，很快博得了客户的欣赏，生意十分兴旺。

两年后，他把自己的服装加工店扩大了数十倍，并把服装店改为服装公司，大批量生产各种时装。从此以后，他财源广进、声名鹊起。

智慧真悟

"失败是成功之母"这句话之所以从古流传至今，是因为它的精髓依然熠熠生辉。在人生的征程中，失败时常发生，但不必悲观，因为失败并不意味着没有希望，相反，总结和分析失败与错误，是我们自我教育和提高的有效途径。

·第十章·

抓住机遇——成功真谛的砝码

在一切大事业上，

人在开始做事情前要像千眼神那样察看时机，

而在进行时要像千手神那样抓住时机。

被丢掉的心愿石

> 在一切大事业上，人在开始做事情前要像千眼神那样察看时机，而在进行时要像千手神那样抓住时机。
>
> ——犹太人格言

有个年轻人，想发财想到几乎发疯的地步。每每听到哪里有财路他便不辞劳苦地去寻找。有一天，他听说附近深山中有位白发老人，若有缘与他见面，则有求必应，肯定不会空手而归。

于是，这个年轻人便连夜收拾行李，赶上山去。

他在那儿苦等了5天，终于见到了传说中的老人，他向老者请求赐珠宝给他。

老人便告诉他说："每天早晨，太阳未东升时，你到村外的沙滩上寻找一粒'心愿石'。其他石头是冷的，而那颗'心愿石'却与众不同，握在手里，你会感觉到很温暖而且会发光。一旦你寻到那颗'心愿石'后，你所祈祷的东西都可以实现了。"

青年人很感激老人，便赶快回村去。

每天清晨，青年人便在沙滩上检视石头，发觉不温暖也不发光的，他便丢下海去。日复一日，月复一月，青年在沙滩上寻找了大半年，始终也没找到温暖发光的"心愿石"。

有一天，他如往常一样，在沙滩开始捡石头。一发觉不是"心愿石"，他便丢下海去，一粒、二粒、三粒……

突然，"哇……"青年人哭了起来，因为他刚才习惯地将那颗"心愿石"随手丢下海去后，才发觉它是"温暖"的！

智慧真悟

　　机会降临眼前，很多人都习惯地让它从手上溜走，一旦发觉时，就后悔莫及了，"哭"和"早知道"都是没用的。

财富的秘密

> 任何个人财富都不能成为个人最终的生命价值。
>
> ——犹太人格言

　　出生在一个贫民窟里，和所有出生在贫民窟的孩子一样，他争强好斗，也喜欢逃学。唯一不同的是，菲勒有一种天生会赚钱的眼光。他把一辆街上捡来的玩具车修理好，让同学们玩，然后向每人收取十美分，他竟然在一个星期内赚回一辆新玩具车。菲勒的老师对他说："如果你出生在富人家庭，你会成为一个出色的商人。但是，这对你来说已是不可能的，你能成为街头商贩就不错了。"

　　中学毕业后，菲勒真的成了一名商贩。正如他的老师所说的，与贫民窟的同龄人相比，他已是相当体面了。

　　他卖过小五金、电池、柠檬水，每一次他都得心应手。

　　菲勒真正起家靠的是一堆丝绸。这些丝绸来自日本，因为在海轮运输当中遭遇风暴，这些丝绸被染料浸湿了，数量足足有一吨之多。这些被浸染的丝绸成了日本人头痛的东西，他们想处理掉，却无人问津，就想搬运到港口，扔进垃圾箱，又怕被环境部门处罚。于是，日本人打算在回程路上把丝绸抛到大海里。

　　港口的一个地下酒吧，是菲勒夜晚的乐园，他每天都来这里喝酒。那天，菲勒喝醉了。当他步履蹒跚地走到几位日本海员旁边时，海员们正在与酒吧的服务员说那些令人讨厌的丝绸。说者无心，听者有意，他感到机会来了。

第二天，菲勒来到海轮上，用手指着停在港口的一辆卡车对船长说："我可以帮助你们把这些没用的丝绸处理掉。"结果，他不花任何代价便拥有了这些被化学染料浸过的丝绸。然后，他把这些丝绸制成迷彩服、迷彩领带和迷彩帽子。几乎在一夜之间，他靠这些丝绸拥有了10万美元的财富。

从此，菲勒不再是商贩，而成为一名商人。

有一次，菲勒在郊外看上了一块地。他找到地皮的主人，说他愿花10万美元买下来。地皮的主人拿到10万美元后，心里嘲笑他真愚蠢：这样偏僻的地段，只有傻子才会出这么高的价钱！

令人料想不到的是，一年后，市政府宣布将在郊外建造环城公路。不久，菲勒的地皮升值了。城里的一位地产富豪找到他，愿意出2000万美元购买他的地皮，富豪想在这里建造一个别墅群。但是，菲勒没有出卖他的地皮，他笑着告诉富豪："我还想等等，因为我觉得这块地应该值更多。"

果然，三年后，菲勒把这块地卖到2500万美元。从此，他成了新贵，可以像上层人一样出入高贵的场所。他的同行们很想知道他当初是如何获得这些信息的，甚至怀疑他和市政府的高级官员有来往，但结果令他们很失望，菲勒没有一位在市政府任职的朋友。

智慧真悟

很多富豪之所以成为巨大财富的拥有者，就在于他们有一个善于思考和把握机遇的大脑。其实，挣钱的途径很多，只不过每个挣钱的途径都被蒙上一层薄薄的窗纱，看看你有没有撩开窗纱见月明的能力。

捕雀的启示

> 仅仅知道等待和忍耐，不是真正的聪明。
>
> ——犹太人格言

一天，靠炒卖股票发家的犹太巨富列宛，看着他 8 岁的儿子在院子里捕雀。

捕雀的工具很简单，是一只不大的网子，边沿是用铁丝圈成的，整个网子呈圆形，用木棍支起一端。木棍上系着一根长长的绳子，孩子在立起的圆网下撒完米粒后就牵着绳子躲在屋内。

不一会儿，就飞来几只雀儿，孩子数了数，竟有 10 只之多！它们大概是饿久了，很快就有 8 只雀儿走进了网子底下。列宛示意孩子可以拉绳子了，但孩子没有，他悄悄告诉列宛，他要等那 2 只进去再拉，再等等吧。

等了一会儿，那 2 只非但没进去，反而走出来 4 只。列宛再次示意孩子快拉，但孩子却说，别忙，再有一只走进去就拉绳子。

可是接着，又有 3 只雀儿走了出来。列宛对他说，如果现在拉绳子还能套住 1 只玩儿。但孩子好像对失去的好运不甘心，他说，总该有些要回去吧，再等等吧。

终于，连最后 1 只雀儿也吃饱走出去了。孩子很伤心。

列宛抚摸着孩子的头，慈爱地教训道：

"欲望无穷无尽，而机会却稍纵即逝，很多时候，为了得到更多而一味等待，不采取果断的行动，不但不能满足我们的欲望，反而会让我们把原先拥有的东西也失去。"

智慧真悟

　　人的欲望就像是一个无底的深渊。它会不知不觉地诱引你往下跳。及时抓住机遇，这才是智者之举。

我发现了勇气

　　一个美梦的破灭往往是另一个未来的开始。

——犹太人格言

　　许多年来，吉姆·弗斯一直在违背戒律。第一次他违背了"你不可偷窃"这条戒律，这时他还在大学读书。有一天他偷了9274美元，乘飞机前往佛罗里达州。不久，他又持枪抢劫，被抓获投入监狱。不久他得到了大赦。此后他参加了军队，然而，即使在军队中，他仍没放弃作案。

　　事情就这样在进行。吉姆在人生的道路上不断地滑下去。但他行恶愈久，就愈感到内疚。开始吉姆还没有自觉地感到更多的内疚——因为他的犯罪的自觉意识变得迟钝了。但是他的下意识心理却在积累着内疚情绪。

　　吉姆从军事监狱里获释后，结了婚，搬到了加利福尼亚州。在那儿他开了一家电子咨询商店。一天，一个自称安地的人来找吉姆，他谈到一个想法，用一种电子装置去打击其他种族的人。在几个星期内，吉姆便深深地陷入黑社会中去了。为此，他有了一辆价值9000美元的汽车，并在郊区拥有一所漂亮的房子。他的业务多得使他忙不过来。

　　一天，吉姆同他的妻子发生了争吵。她要了解所有这些钱是从哪儿来的，他却不肯说，所以她哭了起来。吉姆不忍看他的妻子哭泣，因为他爱她。为了安慰妻子，吉姆提议开车到海滨去。在去海滨的途中，他们碰上了交通堵塞，几百辆汽车涌进了一个停车场。

"啊，看呀，吉姆，"妻子说，"那是格拉汉！我们去听他讲演吧，还可能蛮有意思呢。"

吉姆想迁就她，就走了过去。但刚坐下不久，他就变得十分烦躁不安。他觉得格拉汉似乎是在直接对他讲话，良心使吉姆感到不安了。格拉汉的论点是：

"如果一个人获得了整个世界，却失去了他的灵魂，这对他有什么好处呢？"

接着格拉汉又说："这儿有一个人，他听到这些话时，受到良心的谴责，他想要离开他的老路，却未做出决定。但这将是他最后的机会。"

他最后的机会？对吉姆来说，这个说法叫他吃惊。这位教士的意思是什么呢？

吉姆想知道正在发生的事，为什么他总想哭呢？他突然对妻子说："我们走吧，亲爱的。"妻子顺从地走向一边，但吉姆抓住她的一只胳膊，把她的身子转过来。

"不，亲爱的，"他说，"走这边……"

几年后，吉姆完全改变了他的生活。他在洛杉矶发表了一次演说，讲了他的经历，特别是他下决心的那天的情况。那天他被通知飞往圣·路易士城去执行一次窃听任务。"我决不到圣·路易士去，"他说，"我发现了勇气。"

智慧真悟

人生就像一部精彩的喜剧，里面有喜有悲，有成功也有失败……可谓人间百态，尽在其中。所以"坎坷人生"是古人的经典总结。失败了，可以重新站起来；失足了，可以找回正确的路。亡羊补牢，犹为未晚。

1 美元的豪华别墅

> 因为有所期待，所以才会犹豫不决。
>
> ——犹太人格言

《纽约时报》在醒目处刊登了一则广告，大意是说某海滨城市有一幢豪华别墅公开出售，靠海、向阳、有花园草地，只售 1 美元。后面还留有联系电话及别墅详细地址等等。

广告连续刊登了一个月，无人问津。又刊登了一个月，还是无人问津。有一天，一个退休老人读报，又看到了这条广告。于是想：这城市离自己家不远，1 美元的别墅啥样，去看看稀奇，于是就动身去了那座海滨的城市。

老人按地址找到了这幢别墅，简直不相信自己的眼睛——这真是一幢豪华气派的别墅。他按了一下门铃，一个老太太开门让他进去了。他怀疑地看着自己眼前的一切，几乎不敢问这幢别墅是不是广告上的那幢。但还是抑制不住好奇心，他支支吾吾地向老太太讲明了自己来的目的。老太太说："没错，这幢别墅只售 1 美元！"老人大喜过望，掏出 1 美元，准备购下这幢别墅。这时，老太太指了指桌边一个正在写着什么文件的人说："对不起，先生，他比你早到了一刻钟，正在签订合同呢！"

这下，老人从刚才强烈的好奇一下跌进了深深的懊悔之中，不断地责怪自己为什么不早一点来呢！

故事的结局简单而又合理——临别，老人仍控制不住自己的好奇心，希望房东老太太能告诉自己，为什么这么漂亮的别墅只售 1 美元？老太太告诉他：这幢别墅是自己丈夫留下的遗产。在遗嘱中丈夫交代，自己的所有财产归老太太拥有，但这幢别墅出售后所得归自己的情人拥有。老太太听完遗嘱，十分伤心，因为她没想到自己深爱着的丈夫竟然会有情人，大怒之下将这幢豪华别墅以 1 美元出售，然后按法律规定将所得交给丈夫的情人。

智慧真悟

习惯性的思维方式让我们放弃了很多有价值的机会；当我们发现身边有一丝可能的良好机会的时候，千万不要轻易地认为不值得冒险尝试。

信息就是财富

> 如果你在灯油方面所花的钱，比起食用油方面还要多得多，你就能成为智者。
>
> ——犹太人格言

密歇尔·福里布尔是个在比利时出生的犹太人，他经营着当今世界最大的两家谷物公司之一，那就是大陆谷物总公司。他的公司在伦敦、纽约、巴黎、芝加哥、拉巴达、苏黎世、香港、悉尼、渥太华、汉堡、布宜诺斯艾利斯等世界几十个城市都有分公司，每个分公司所在地都有他的豪华住宅。他的总公司设在纽约，但他却住在他在各国的别墅。据有关公布的资料，他的公司每年总收入超过25亿美元，他个人的资产近10亿美元，是个世界级大富豪。

福里布尔的公司是以经营谷物为主的，他的发迹经过可追溯到20世纪初。他的五代前老祖父西蒙·福里布尔是一个小商人，曾在比利时南部的一个小镇开过一间很小的谷物买卖商行。经过四代人的继承经营，这小商行业务量有所扩大，但生意仍停留在比利时，顶多算得上是个中小型商行。

福里布尔29岁那年，他的父亲去世了，他继承家业，当了该商行的老板。

福里布尔是充满犹太人意识的经营者，他接任父辈产业后，采取了与前辈不同的经营方式，运用了现代经营策略，把公司的业务迅速扩展到世界各地。他知道，谷物这个产品是面向全球的，只有拓展全球市场，才能不断扩大业务。据此，他先在欧洲各国建立起他的分公司，待实力增强后，又向世界最大的市场美国进军，最后甚至把公司的总部设在美国纽约。到20世纪80年代初，他的分公司已在五大洲各主要城市建立起来，总共100多家，成为一个名副其实的跨国大公司。

大陆谷物总公司能够在30多年时间迅速发展壮大，除了福里布尔有一套高超的经营艺术外，还与他高度重视信息有密切关系。自从开始跨国经营后，他就把信息当作企业的生命线。在20世纪50年代，通讯主要靠电报、电话，而当时这两方面的成本十分昂贵。但福里布尔却不惜代价，为了及时掌握各地谷物生产、供应和消费的信息，所有分公司都普遍应用电报、电话与总公司时刻保持联系。以后有了电传和传真机后，他又率先购置这种最新的现代设备。这些沟通信息的通道都与他分布在世界各地的住宅接通，他住到任何一个住宅，时刻可与各地分公司取得直接的联系，信息一刻也不会中断。

福里布尔还聘雇了大批懂技术的专业人才，分布在他各地的分公司及住宅，随时为他收集、分析来自世界各地的信息情报。他根据各地的不同信息情报，做出决策，就地通过先进的信息传导设备，给相关的分公司发出指令，使其每笔买卖都能够恰到时机，不会因错失时机而导致经营失利。据统计，他的总公司每天收到来自他的分公司及情报代理人发来的电报、传真、电传、电话近万次，由一个专门的信息情报部进行分类、整理、分析、归纳，取粗去精，去伪存真，最后浓缩进电脑，供福里布尔及总公司决策高层人员时刻参考。

福里布尔靠大量而准确的信息，使其谷物生意兴旺发达。他在各地的公司经常贮存着几十万吨乃至几百万吨粮食，随时根据信息情报情况，把它们运到有殷切需求的市场去，使他每笔交易都赢得较好的效果。

智慧真悟

信息是一种软资源，谁拥有了它，谁就掌握了主动权。经营者在获得商业信息的时候，就要注重从各方面努力，广泛获得信息，紧紧抓住商机。

抓住机会即见缝插针

假如所有的人都向同一个方向行走，这个世界必将覆灭。

——犹太人格言

阿曼德·哈默于 1898 年 5 月 21 日生于美国纽约的布朗克斯，他的祖上是俄国犹太人，曾以造船为生，后因经济拮据，大约于 1875 年移居美国。他的父亲是个医生，兼做药品买卖。哈默是 3 个兄弟中最不听话但又是最富于创造精神的一个。就在哈默 16 岁的那年，他看中了一辆正在拍卖的双座敞篷旧车，但车子的标价却高达 185 美元，这个数字对哈默来说是惊人的。尽管如此，他仍然抓住机遇不放，向在药店售货的哥哥哈里借款，买下了这辆车，并用它为一家商店运送糖果。两周以后，哈默不仅按时如数还清了哥哥的钱，自己还剩下了一辆车。哈默的这第一笔交易与后来相比起来根本不算什么，但当时对他来说却属"巨额交易"，在这笔交易中，哈默考察了自己的竞争能力和独自开创赚钱途径的本领。

1921 年 8 月，哈默在经过漫长旅途之后，风尘仆仆地抵达莫斯科。哈默在苏联考察时发现，这个国家地大物博、资源丰富，但人们却饿着肚子，为什么不出口各种矿产品去换回粮食呢？哈默直接向列宁提出建议，并很快得到了列宁肯定的答复，于是哈默取得了在西伯利亚地区开采石棉矿的许可证，从而成为布尔什维克俄国第一个取得矿山开采权的外国人，两国之间的易货贸易也由此开始。哈默通过他后来在莫斯科建立的美国联合公司沟通着 30 多家美国公司同苏俄做生意。一个偶然的发现，使哈默又萌生在苏联办铅笔厂的念头。有一天，他顺便走进一家文具店想买支铅笔，但商店里只有每支铅笔售价高达 26 美分的德国货，而且存货有限。哈默清楚地知道同样的铅笔在美国只需 3 美分。于是他拿着铅笔去见苏俄主管工业的人民委员克拉辛说："您的政府已经制订了政策要求每个公民都得会读书和写字，而没有铅笔怎么办呢？我想获得生产铅笔的执照。"克拉辛答应了他的要求。

于是，他以高薪从德国聘来技术人员，从荷兰引进机器设备，在莫斯科办起了铅笔厂。到1926年，他生产的铅笔不仅满足了苏联全国的需要，而且出口到土耳其、英国、中国等十几个国家，哈默从中获得了百万美元以上的利润。

20世纪30年代哈默从苏返美时，美国正处在经济萧条时期，所有企业家都在为保存自己而努力，而哈默却在寻找新的机会和市场。那时罗斯福正在竞选总统，他听说只要罗斯福登上总统宝座，1919年通过的禁酒令就会被废除，以缓解全国对啤酒和威士忌的渴望。随着产酒高潮的到来，酒桶的需求量将会空前增加，而市场上却没有酒桶。于是他不失时机地从苏联订购了几船桶板木，在新泽西州建了一座现代化的酒桶厂。当禁酒令废除之日，他的酒桶正从生产线上滚滚而出，被各酒厂高价抢购一空。继而他又干上酿酒生意，他生产的丹特牌威士忌酒以其物美价廉而享誉美国。

> **智慧真悟**
>
> 经营者要尽量利用一切可以利用的机会，采取行动，达到预期的目的。一旦发现机会，就要深入开掘、锲而不舍。

妻子的礼物

> 欲望是人的仆人，遇到诱惑时她却成了人的主人。
>
> ——犹太人格言

有一个犹太商人，做的是收购糖的买卖。每天向村民们收购完糖后，他总是在家将糖装进箩筐或者麻袋里，然后再运到镇子上或外地去卖掉。就在他集中或者分装糖的时候，总是会不小心掉下一些糖，而他却从来不在乎，觉得损失那点儿糖算不了什么。

不过，商人的妻子却是个有心人。她看到每次丈夫分装完糖以后，地上都会撒些糖，觉得很可惜，就偷偷把那些糖重新收起来，装进麻袋里。不知不觉之间居然攒了四大麻袋糖。

后来，有一段时间蔗糖突然短缺，商人很长时间收不到糖，生意一时间没办法做了，几乎蚀了本。妻子想起自己平时存下的糖，就拿了出来，化解了商人的燃眉之急，还小挣了一笔钱。

这件事一传十、十传百，很快就传到了镇子上。

镇子上有对夫妻开了一家文具店，妻子听说这件事，先是感动，后来又觉得很受启发，心里也很想在关键时刻帮助丈夫。于是，她开始趁丈夫不注意时把报纸、记事本、日历等货物偷偷收藏起来，以备货物紧缺时用。过了大约两年时间，妻子觉得到了给丈夫一个惊喜的时候了，就洋洋得意地叫丈夫到后房去看。丈夫不看还好，一看险些昏过去。那些妻子收藏起的东西不是过时了，就是发霉了，还有谁会要呢？

智慧真悟

想赚大钱仅仅有欲望和想法是不够的，要学会聪明，懂得重长远，趋大利，还要善于审时度势。

不同的命运

别人不能给你带来烦恼，你也不必自寻烦恼。

——犹太人格言

有两个到处流浪的叫花子，乞求救助。一个是一辈子都没得过病的巨人；另一个是个瘸子，一生中经常生病。

瘸子已经习惯于巨人的嘲笑，他只有将嘲笑都吞到肚子里，在没事的时候，他总是这样祈祷："圣明的主啊！惩罚这个整天嘲弄我的邪恶的人吧！请弥补我的缺陷。"

最终，他到达了都城，正赶上国王遭受到巨大的不幸。他最信任的两个仆人突然死了。一个是他的私人保镖，另一个是可以给皇室成员熟练地看病的医生。于是国王派人到全国各地寻找健壮的人和医生来补充这两个空缺。

最后在众多请愿者中，国王从选出了一个最强壮的人和一个医生。然后让他们出示各自胜任的证据。

"国王陛下！请把这个城里最强壮的人带来，我会一拳打死他。"那个强壮的人说。

"给我一个最没希望的瘸子，我能在一星期内治好他。"那个医生说。

于是国王快速派人在城里寻找这样的两个人。很凑巧，他们在街上碰到了这两个叫花子。他们把他俩带到国王面前。

首先是那个强壮的人，他一拳就打死了巨人。然后是那个医生，他检查了瘸子，一星期内让这个病人痊愈。

> **智慧真悟**
>
> 人的命运固然迥异，这与每个人的出身背景、奋斗经历、人生理想等紧密联系在一起的。所以不要埋怨命运的不公，要善于抓住属于自己的机会，把握好人生应走的每一步，你的人生迟早会出现奇迹。

总有看着火车开走的理由

不要自以为是，直到死的那一天！

——犹太人格言

女孩大学毕业了，要到很远的一个城市去。四个同时暗恋他的男生一起去送她。女孩知道，这一去恐怕与他们再也无缘见面了。

火车就要启动的时候，四个男孩似乎都想说什么，女孩笑着问："你们是不是舍不得我离开啊？真舍不得就跟我走呀！"

四个男孩神情戚然，一时都不知道如何是好。

就在车门架就要收起来的时候，其中一个男孩飞身跃上了火车，冲到女孩的座位上，把她紧紧抱在怀里。

女孩没有拒绝。她靠在男孩的肩头，泪水濡湿了他的衣领。

站台上的三个男生一下子惊诧得目瞪口呆，还没容他们做出任何反应，火车就"咔嚓咔嚓"地驶出了站台。

一年后，另一座城市，在女孩的婚礼上，其他的三个男孩问女孩："你是什么时候决定嫁给他的?"

女孩说："就在他奋不顾身跃上火车的那一刻。"

女孩又问："那时候，你们怎么不跟我走呀？"

"我还以为你在开玩笑呢！"一个男孩说。

"当时，我还没来得及做任何准备呀。"第二个男孩说。

"我原想，来日方长，我们可以从长计议。"第三个男孩说。

各有各的理由，可是，启动的火车不会为这些理由而停留。

机遇就像是那个站在车厢里的女孩！要得到她的心，挚爱、敏感、果决和奋不顾身，一样都不能少。

> **智慧真悟**
>
> 智者总能抓住机遇，把它变成美好的未来。其实，不只是爱情，生命中一生的失去或者得到，在火车启动的那一瞬间就已经注定。努力使自己做一个善于把握机会的人。

成功需要乘虚而入

> 要相信你自己的判断，任何人的意见都不十分可靠。
>
> ——犹太人格言

一位面试者到一家知名企业去面试，他早就听说这家著名的企业挑选人才极其严格，不过他还是准备试一下，他不想浪费任何一个机会。在一间小型的会议室里，他接受了这家公司的面试。

首先进来的是营销部经理，问了几个市场拓展方面的问题。凭着自己以往的经验，年轻人对答如流。接着，制造部经理进来了，他问的是关于控制产品不良率的问题。年轻人谨慎作答，也过了关。正在年轻人想要喘一口气时，财务部经理进门，问他对公司的薪酬有什么要求。年轻人按照以往的应聘经验回答："我没有任何要求。"财务部经理耸耸肩说："很抱歉，看来你没有诚意为本公司工作。"年轻人一下子愣住了。只听财务部经理接着说："你不对公司提出薪酬要求，那么公司如何对你提出工作要求呢？我们要招的是人才，是精英，而不是混日子的人。没有薪酬要求的工作者大多是混日子的人。"财务部经理站了起来，准备离开。"等一下，经理，我要求月薪三千美金左右。"年轻人鼓足勇气说。"那好，你还有一次机会。"财务部经理点点头，出去了。

最后一个面试他的是公司的副总经理罗伯斯。罗伯斯坐在他对面之后，开始拿出手机打电话，边打电话边示意他："请帮我拿一下文件柜里的文件夹，我需要一些数据。"年轻人站起来，走到屋角的文件柜那里，拿出一个文件夹递给罗伯斯，但是他接过文件夹看都没有看就放在了桌子上。罗伯斯停止了打电话，对他说："很遗憾，面试结束了，你可以出去了。""可是你什么都没有问啊？"年轻人有些摸不着头脑。

"刚才我让你取文件夹的过程就是所有的面试内容。"

"可是，您能够告诉我我错在哪里吗？"年轻人还是不知所以然。

"好，我告诉你。你一共犯了三个错误。第一，柜子里共有四个文件夹，是编着号的，你并没有问我需要几号文件夹，而是随便拿了一个给我；第二，你应该快速跑向文件夹以节省对方等待的时间和公司的电话费，而你只是慢吞吞地走过去，并没有在意这些；第三，你拿到文件夹后，应该问我需要哪些数据并快速帮忙找到那一页，而你显然等着我自己来做好这一切，这也浪费了时间。现在，你知道我为什么说你犯了错误了吗？"

年轻人抱着最后的一线希望说："对不起，我虽然忽略了这一点，但是请你重新考虑一下。我具备一定的管理经验，在拓展市场方面，我还是一个很好的人选。"既然来了，他不想就这么轻易地放弃。

"可是，我们需要的是各方面都非常出色的人，你的行为证明了你并不是最好的人选。纽约人才济济，每天都有很多人来我们公司面试，我们一定能够找到最合适的人才的。很遗憾。"罗伯斯说完耸了耸肩，表示遗憾。

"我可以提最后一个问题吗？"年轻人依然没有放弃。

"当然。"

"我想用行动来证明我是否适合这个职位，从今天起，我在这工作一个月，这一个月我可以不要薪水，一个月后，如果我做得让您不满意，我立即辞职，如果我做得好，请您留下我。相信我一定能做好的。"年轻人坚毅地望着罗伯斯说。

罗伯斯似乎被这位年轻人的执着所打动了，同意了他的请求。年轻人没有让他失望，一个月后，这名年轻人成为了这家著名企业的正式员工。

智慧真悟

机遇只会降临给有准备的人，即使前进路上布满荆棘，也不要害怕，坚持一下，因为幸运之神在向你招手呢！

机遇在哪里

> 与其悔恨已经过去的事情，不如悔恨想做却没有做的事情。
>
> ——犹太人格言

一个20出头的年轻小伙子急匆匆地走在路上，对路边的景色与过往行人全然不顾。

一个人拦住了他，问："小伙子，你为何行色匆匆啊?"

小伙子头也不回，飞快地向前跑着，只泛泛地甩了一句："别拦我，我在寻求机遇。"

转眼20年过去了，小伙子已变成了中年人，他依然在路上疾驰。

又一个人拦住他："喂，伙计，你在忙什么呀?"

"别拦我，我在寻求机遇。"

又是20年过去了，这个中年人已成了一个面色憔悴、老眼昏花的老头儿，还在路上挣扎着向前挪。

一个人拦住他："老头子，还在寻找你的机遇吗?"

"是啊。"

当老头回答完别人的问话，猛地一惊醒，一行眼泪掉了下来。原来刚才问他问题的那个人，就是机遇之神啊，他寻找了一辈子，可机遇之神实际上就在他旁边。

智慧真悟

不要给自己制订那些虚无缥缈的终极目标，机遇和快乐其实就在你手头的每一件小事中。机遇只会给那些有准备头脑的抓住机遇的人，没有准备的人往往会和机遇擦肩而过。

等待时机

> 等到万事俱备时才采取行动常常是偷懒者的借口。
>
> ——犹太人格言

一个年轻猎人很希望自己有发财的机会，哪怕是让他多打一些猎物也行。于是，他整天茫然地靠在一块石头上，等待着时机的到来。

这时，从远处走来一位白须老者，只听老者问这个年轻人："年轻人，你靠在这里做什么呢？你的猎枪都已经生锈了，难道你没有看到刚才有一只野兔跑过去吗？"

年轻人看了看老者回答说："我靠在这儿等待时机啊。"年轻人对眼前的野兔没有丝毫的察觉。

老者笑着反问道："那你知道时机是什么样子吗？"

"不知道。"年轻人摇了摇头说，"不过，听说时机是一个很神奇的东西，只要它来到你的身边，你就会走运，就会发大财……"他一边说一边自我陶醉着。

"其实并不是这样的，年轻人！"老者忽然正色道，"时机是不可捉摸的，如果你专心等它，它可能迟迟不来；而你不留心时，它又可能来到你的面前。你看，刚才从你身边跑过的那只野兔，那不就是时机吗？而你却错过了它，使它再难回头了。你既然连时机是什么样子都不知道，它来到你身边的时候你怎么会知道呢？所以说，你这样坐着等待简直就是一种愚蠢的行为啊。"

说完，老者就消失了。年轻人这才明白过来，原来这老者就是时机的化身。可惜的是，他再一次错过了，不仅仅因为他不知道时机是什么样子，更因为他一直靠在石头上等待。在美梦中等来的只有一场虚幻的盛宴。

智慧真悟

机会不是等来的。守株待兔，只是一种坐失良机的愚蠢行为。积极行动，寻找时机或者不断地为自己创造机会，才可能在人生的竞赛中掌握主动。

·第十一章·

金钱观念——测量诱惑的度量衡

金钱是最清白的，同时也是最肮脏的。

金钱的诱惑

> 金钱是最清白的，同时也是最肮脏的。
>
> ——犹太人格言

曾经有一位哲人做过一个实验：他问两个男人，如果有人出100元买你们的爱妻，你们是否愿意，两人都摇头；他又问道：如果出100万呢？其中一个点点头；他继续问道，100亿呢？结果另一个人也点了头。

100元的价格上，两个男人都是道德的，100万时一个男人走向了不道德，100亿时另一个也下了水。

是不是100亿的男人比100万的男人更道德些？我不敢肯定，但有一点可以肯定，前者比后者经得起诱惑一些，他抗诱惑的临界点更高，因此，他可以更多地保持道德的风范。

英国大哲学家罗素说过：人之所以有道德，是因为受的诱惑太少。

我不敢苟同罗大哲人的观点，因为在如今这个五光十色的人类社会中，权力、金钱、美色等等如同一把把利剑高悬于我们的头上，自始至终伴随着我们走完人生的路程。

面对如此众多的诱惑，我们不可能纯洁到视任何诱惑而不动心的地步，但我们可以提高自己抗诱惑的临界点，因为100亿毕竟不多。

智慧真悟

金钱的诱惑的确有时让人迷失方向，丧失道德底线。所谓道德底线，就是道德的最起码的基本规范，即对行为主体的最低道德要求。

洛克菲勒与 1 毛钱

> 对于浪费的人，金钱是圆的，可是对于节俭的人，金钱是扁平的，是可以一块块堆积起来的。
>
> ——犹太人格言

石油大王约翰·洛克菲勒为美国 19 世纪的三大富翁之一。

洛克菲勒享有 98 岁高寿，他一生至少赚进了 10 亿美元，捐出的就有 7.5 亿。

但他平时花钱却十分节俭。有一次，他下班想搭公车回家，缺 1 毛零钱，就向他的秘书借，并说："你一定要提醒我还，免得我忘了。"

秘书说："请别介意，1 毛钱算不了什么。"

洛克菲勒听了正色说："你怎能说算不了什么，把 1 块钱存在银行里，要整整两年才有 1 毛钱的利息啊！"

还有一件趣事。洛克菲勒习惯到一家熟识的餐厅用餐，餐后，给服务生 1 毛 5 分钱的小费。有一天，不知何故，他只给了 5 分。

服务生不禁埋怨说："如果我像你那么有钱的话，我绝不吝惜那一毛钱。"

洛克菲勒笑了笑说："这就是你为何一辈子当服务生的缘故。"

我们非但不做钱财的奴隶，而且要把钱财当作奴隶来使用。

智慧真悟

有钱人如何用钱是一门很深的学问。挥金如土、纸醉金迷的生活，迟早会使你成为穷人；有钱而不浪费，节俭而有尺度，心中永远充满爱的生活，你永远会是个富人。

自己赚了多少钱

> 金钱既不是诅咒，也不是罪恶。金钱是祝福人类的。
>
> ——犹太谚语

小镇上一位颇有钱的五金店老板把支票放在棕色大信封内，把钞票放在雪茄烟盒里，把到期的账单都插到票插上。

那个当会计师的儿子来探望他，说："爸爸，我实在搞不清你怎么做买卖的。你根本无法知道自己赚了多少钱。我替你搞一套现代化会计系统好吗？"

"不必了，孩子，"老头说，"这一切，我心中有数，我爸爸是个农民，他去世时，我名下的东西只有一条工装裤和一双鞋。后来我离开农村，跑到城市，辛勤工作，终于开了这家五金店。

今天我有三个孩子，你哥哥当了律师，你姐姐当了编辑，你是个会计师。我和你妈妈住在一所挺不错的房子里，还有两部汽车。我是这家五金店的老板，而且没欠人家一分钱。"

老头停顿了一下接着说："好了，说说我的会计方法吧——把这一切加起来，扣除那条工装裤和那双鞋，剩下的都是利润。"

智慧真悟

生活中人们常常为钱奔波，渐渐成为了钱的奴隶。其实金钱本身没有罪恶，只是人的心赋予了它各种色彩。朋友，放下沉重的包袱，轻松上路，钱会给你祝福的。

散发温暖的金钱

> 金钱本身无好坏，要看怎样利用它。
>
> ——犹太谚语

《塔木德》说："《圣经》发射光明，金钱散发温暖。""如果赚的钱都揣进自己的腰包，你就不是一个真正的富翁。"许多在经济上成功的犹太人都愿意慷慨地回馈社会。

英国的牛津和剑桥这两所大学各有一个"伊沙克·沃夫森学院"，这来自于一个犹太人的名字。

被誉为当代最慷慨的慈善家的伊沙克·沃夫森是一个苏格兰犹太人，英国最大的百货公司"大宇宙百货公司"的总裁。该公司拥有3000多家零售商店，同时涉及银行业、保险业、房地产，还有水陆运输业等。

1955年，沃夫森设立了以自己名字命名的基金会，在以后的20年间，为各个方面，主要是教育机构提供了4500万美元的经济资助。许多大学和学院都向他颁发了荣誉学位证书。

沃夫森非常乐于对人讲这样一个故事：

曾经有一个人问他："沃夫森这个家伙既是皇家外科医师学会会员和皇家内科医师学会会员，又是牛津大学的教会法规博士和剑桥大学的法学博士，他到底是干什么的？"

"他是个写东西的。"

"写东西？他写了些什么？"

"支票。"

智慧真悟

赚钱的能力是评价一个商人成功与否的重要标准。但只有那些不仅仅为自己谋得利益，而且还慷慨回馈社会的人，才能真正实现自我的价值。

上帝与三个商人

上帝把钱作为礼物送给我们，目的在于让我们购买这世间的欢乐，而不是让我们攒起来还给他。

——塔木德格言

在犹太人中流传着这样一个故事：三个商人死后去见上帝，讨论他们在尘世中的功绩。

第一个商人说："尽管我经营的生意几乎破产，但我和我的家人并不在意，我们生活得非常幸福快乐。"上帝听了，给他打了50分。

第二个商人说："我很少有时间和家人呆在一起，我只关心我的生意。你看，我死之前，是一个亿万富翁！"上帝听罢默不作声，也给他打了50分。

这时，第三个商人开口了："我在尘世时，虽然每天忙着赚钱，但我同时也尽力照顾好我的家人，朋友们很喜欢和我在一起，我们经常在钓鱼或打高尔夫球时，就谈成了一笔生意。活着的时候，人生多么有意思啊！"上帝听他讲完，立刻给他打了100分。

智慧真悟

不会欣赏和享受每日的生活是现代人最大的悲哀。太多的人忙于奔波，为了赚钱而无意中预支了"此刻的生活"，这种状况应该及时得到纠正。

爱是最大的财富

获得金钱不是目的，而是达到目的的一种手段。

——犹太人格言

1929 年，纽约股市崩盘，美国一家大公司的老板忧心忡忡地回到家里。

"你怎么了？亲爱的！"妻子笑容可掬地问道。

"完了！完了！我被法院宣告破产了，家里所有的财产明天就要被法院查封了。"他说完便伤心地低头饮泣。

妻子这时柔声问道："你的身体也被查封了吗？"

"没有！"他不解地抬起头来。

"那么，我这个做妻子的也被查封了吗？"

"没有！"他拭去了眼角的泪，无助地望了妻子一眼。

"那孩子们呢？"

"他们还小，跟这档子事根本无关呀！"

"既然如此，那么怎能说家里所有的财产都要被查封呢？你还有一个支持你的妻子以及一群有希望的孩子；而且你有丰富的经验，还拥有上天赐予的健康的身体和灵活的头脑。至于丢掉的财富，就当是过去白忙一场算了！以后还可以再赚回来的，不是吗？"

三年后，他的公司再度成为《财富》杂志评选的五大企业之一。这一切成就靠的仅仅是他妻子的几句话而已。

爱比克泰德说："智者不为自己没有的悲伤而活，却为自己拥有的欢喜而活。

智慧真悟

　　智者的失败不会仅仅定位在金钱的缺失上，他们往往把健康、知识、亲情视为财富的法宝，只要它们还在，金钱上的缺失早晚会被填平。

神奇的泥土

　　你越爱金钱，那金钱就越害你，直至你死亡。

——犹太人格言

　　以色列的犹太人想送一个礼物给国王。经过反复讨论之后，他们决定让纳胡姆去送礼物，因为他经历了许多神奇的事。他们把一个装满了珍珠和宝石的口袋交给了他。路上，他在一家小客店住宿。在他睡着的时候，店主人将他的宝石都偷走了，然后在他的口袋塞满了泥土。

　　第二天早上，纳胡姆发现了，他说："这也是出于好意！"

　　当纳胡姆到达目的地的时候，他打开礼物，大家都看到里面装满了泥土。

　　国王大叫："犹太人在戏弄我！"于是下令把纳胡姆处死。

　　"这也是出于好意！"纳胡姆再一次说道。

　　这时，先知以利亚装扮成国王的大臣出现了，说："这也许是他们的族长亚伯拉罕的泥土。当他把泥土扔向敌人，泥土都变成了剑；当他扔向草根，草根都变成了箭。"当时国王还有一个省没有征服。于是他的士兵把这些泥土扔向敌人，很快敌人就被打败了。

　　国王十分高兴，他让人把纳胡姆带到皇家宝库里。在那里，他得到了很多的宝石和珍珠，他满载着荣誉回家了。

当他来到从前经过的那家小客店时，人们问他："你给国王送去了什么，他奖赏你这样高的荣誉？"

纳胡姆回答说："我给他带去的就是从这里拿走的东西。"

于是，店主人带了一些泥土给国王，说："不久以前送给你的泥土是属于我们的。"国王让人检查店主带来的泥土，发现没有一点魔力，就把店主处死了。

> **智慧真悟**
>
> 金钱有一种魔力，从古至今为之生死的故事不胜枚举。所以在追逐金钱的时候一定要擦亮眼睛，发挥聪明才智，这样才不会陷入魔力的掌控之中。

聪明的犹太人

> 拥有金钱，享受金钱，利用金钱，才是真正的富有。
>
> ——犹太人格言

在小城里，一个犹太裁缝开了一家店，城里一群小孩经常去骚扰他。在他的店铺外面他们每天大叫："犹太人！犹太人！"

裁缝很恼怒，可又无可奈何。好几天合不上眼，最后终于想到了一个主意。

第二天，小孩们又来了，他走到门前说："从今天开始，谁叫我'犹太人'谁就能得到一块钱。"于是，他给了每个小孩一块钱。

孩子们很高兴，第三天又跑来大叫："犹太人！犹太人！"

裁缝笑着出来了，说："一块太多了，今天每人只有五毛。"他给了每个小孩五毛钱。

孩子们还是很高兴，五毛钱也是钱呀。

但是等到第四天的时候，裁缝只肯给他们一毛钱了。

他们问："为什么今天只有一毛？"

"今天我只有这么多。"

"这不公平。前天给一块，昨天给五毛，为什么今天只有一毛了？"

"我只能给这么多，要不要随你们的便。"

"你以为我们会为了一毛钱叫你'犹太人'吗？"

"你们可以不叫！"

他们果然不叫了。

智慧真悟

犹太人以聪明著称，他们从不做金钱的奴隶，能挣钱，善用钱，巧花钱，把每一分钱都运用在智慧中，尽可能地发挥它的最大功效。

没有野心就没有财富

> 人爱钱并不能成为富翁，必须钱爱人才能成为富翁。
>
> ——犹太人格言

许多犹太商人并不讳言：经营当以"追求最大利润"为最高原则。如果你有 1 块钱，却不能做成 10 元甚至 100 元的生意，你永远成不了真正的企业家。他们相信，投资就像按照食谱烤面包一样简单无味。想要致富，只要照计划、食谱或公式去做就行了。

德国一家电视台有一档智力游戏节目，栏目名称叫《谁是未来的百万富翁》。因为奖金丰厚，悬念迭出，吸引许多德国观众。但这档节目有一个特点，就是每答对一道题目，就可以获得相应的奖励，而如果继续答题时没有回答出，那么就退出比赛，并且剥夺已经取得的奖励。

前十几期没有一位参与者能够获得 100 万马克的奖励，能够在节目中有所收获的只是一些见好就收的人。

自节目开播几年来，虽然参赛者强手如林，可真正一路过关斩将到最后的人，从来没有出现过。因此，几乎所有的参与者都学乖了，最多到 10 万马克左右，便放弃答题，退出比赛。直到一位叫克拉马的青年人的参与，才第一次产生了百万巨奖。

令人奇怪的是，克拉马取得的百万巨款并不是因为他知识渊博，据当地媒体评论说，成就克拉马的不是他的学问，而是他的心理素质和野心。因为在 50 万马克之后，每一道题都相当简单，只需略加思考，便能轻松答出。

那么多人与巨奖失之交臂，都是因为自己"见好就收"，没有成就百万富翁的野心。

我们为什么不能成为未来的百万富翁？法国媒体大亨巴拉昂于 1998 年去世。他在遗嘱中把 100 万法郎作为奖金，奖给揭开贫穷之谜的人。在 4 万多封来信中，只有一位名叫蒂勒的小姑娘猜中谜底。那个小姑娘说：穷人最缺的是野心！这个谜底震动了欧美，几乎所有的富人都承认：没有野心就没有今天的财富。

智慧真悟

不论处在什么样的社会环境中，只有树雄心、立壮志，才能干出一番轰轰烈烈的事业。有了崇高的目标，就会产生进取心，奋发图强，具有竞争力，因而在事业上也会很成功。

·第十二章·

善于学习——凝聚力量的途径

知识是最可靠的财富，
是唯一可以随身携带且终身享受并用不尽的资产。

学习是一生的主题

> 知识是最可靠的财富，是唯一可以随身携带且终身享受并用不尽的资产。
>
> ——犹太人格言

"活到老，学到老"的至理名言依然被现代人用实际行动传承着。同样，学习也是犹太人一生都要坚持的工作。犹太人纽特·阿克塞波就是把学习当作一生的课题的榜样。

纽特·阿克塞波青年时代渴望学习语言，学习历史，渴望阅读各种名家作品，好使自己更加聪慧。当他刚从欧洲来到美国北达科他州定居的那阵子，他白天在一家磨坊干活，晚上就读书。但没过多久，他结识了一个名叫列娜·威斯里的姑娘，18岁就和她结了婚。此后他必须把精力用在应付一个农场日常的各种开销上，还必须养儿育女，繁重的家庭负担使他暂时放弃了青年时代的理想。

终于有一天，他不再欠任何人的债务，他的农场土地肥美、六畜兴旺。但这时他已经63岁了，让人觉得仿佛不久就要跨进坟墓了，没有人再需要他，他很孤独。

女儿女婿请求他搬去和他们同住。但纽特·阿克塞波拒绝了。

"不，"他回答说，"你们应该学会过独立生活。你们搬到我的农场来住吧。农场归你们管理，你们每年付给我400美元租金。但我不和你们住在一起。我上山去住，我在山上能望见你们。"

女儿女婿虽然不知他的初衷，但还是尊重了纽特·阿克塞波的决定。

他给自己在山上修造了一间小屋。自己做饭，自己料理生活。闲暇时去公立图书馆借许多书回来看。他感到他从来也没有生活得这么自在过。

在他的一生之中，白天总是有很多工作要做，累了一天之后，天一黑就没法不睡觉。现在可不同了,白天过完,夜晚他可以出去散步,他发现了黑夜的奥秘,他看到了月光下广阔的原野,他听到了风中摇曳着草和树发出的声音,有时他会在一座小山头上停下,张开双臂,站在那儿欣赏脚下那一片沉睡的土地。这使他真正告别过去,向着新的、更加自由的生活迈出的最为彻底的一步。

纽特·阿克塞波从图书馆借回来的书中,有一本现代小说。小说的主人公是一名耶鲁大学的青年学生,小说叙述他怎样在学业和体育方面取得成就,还有一些章节描述了这个学生丰富多彩的社交生活。

纽特·阿克塞波现在 64 岁。某一天的凌晨 3 点钟,他读完了这本小说的最后一页。这时他做出了一个决定:去上大学。他一辈子爱学习,现在他有的是时间,为什么不上大学?

为了参加大学的入学考试,他读了许多书,有几门学科他已有相当把握。但拉丁文和数学还有点困难,他又发奋学习。后来终于相信自己做好了入学考试的准备。于是他购置了几件衣物,买了一张东去康涅狄格州纽海芬的火车票,直奔耶鲁大学参加入学考试。

纽特·阿克塞波感到很惊讶,他原以为所有的大学生都和他一样喜欢谈论学问。

进大学还不到两星期,纽特·阿克塞波发现自己很难和其他同学融合在一起。其他的学生笑话他,不仅仅因为他年龄大(白发苍苍的他坐在台下,听一个年龄比他儿子还小的教师在台上讲课,那情景也实在些古怪),还因为他来上学的目的与众不同。那些学生选修的科目都是为了更有利于以后找工作挣钱,而他对有助于挣钱的科目不感兴趣。他是为了学习而学习。他的目的是要了解人们怎样生活,了解人们心里想些什么,弄清楚生活的目的,使自己的余生过得更有价值。但这并不重要,重要的是,他能够有自由的感觉,能够在学习中找到乐趣。

纽特·阿克塞波以真诚的态度看待生活,他将生活看成是在人前面无限延伸的、漫长的、渺无尽头的道路,人们只有坚持学习,不断地努力向前走,才不会在中途迷失。

智慧真悟

　　一个人的工作也许有完成的一天，但一个人的教育却没有终止的时候。人要活到老学到老，不断充实自己，才能成为一个优秀的人，一个有内涵、有品位的人。

正中靶心

　　求学的三个条件是：多观察、多吃苦、多研究。
　　　　　　　　　　　　　　　　　——犹太人格言

　　一次，艾列嘉教士对他的布泊农的教士朋友扎蔻博说："告诉我，你怎样才能发现和这个世界上每样东西都相称的比喻呢？"

　　这位布泊农的教士回答道："我借用一个比喻来告诉你我运用比喻的方法吧。

　　有一回，一位贵族送他的儿子去一所军事院校去学习射击。五年之后他的儿子掌握了全套的射击技术，由于他的出色表现，使他获得了一个学位证书和一枚金质奖章。

　　在他毕业返乡的途中，经过一个小村庄，便停下来在那儿歇息。在那里他发现许多粉笔画的靶子留在一面墙上，在每一个靶子正中都留下了一个弹孔。

　　这位年轻的贵族眼里充满了惊奇，目不转睛地盯着这些靶子，心想世界上竟然还有这样了不起的人，能够百发百中。他这样高超的技艺应该获得了很多的奖章吧。那么他又是在一个什么样的军事学校里学习的呢？

　　满肚子狐疑了老半天后，他终于发现了那位神枪手。令人吃惊的是那只是个赤着脚、衣衫褴褛的犹太小孩。

　　'这么好的射击技巧是谁教给你的？'年轻贵族迫不及待地问孩子。

孩子答道：'我是先朝墙上射击，而后拿粉笔在弹洞周围画上了靶子。'

"我做了同样的事，"布泊农的教士满脸含笑地总结道，"我没有给那些特别的事物寻找相应的比喻，而是相反地，我将我听到一个好的比喻或是一则智慧的故事牢记于心，迟早我会找到一件合适的事情能通过它来揭示道德教训。"

> **智慧真悟**
>
> 犹太人一生都把学习作为人生必修课。学习不是一件高不可攀的事，它就在平时生活中，甚至孕育在身边的每件小事中。

红光是红玻璃映出来的

> 上帝让每个人长一个脑袋是用来思索的，不是用来戴帽子的。
>
> ——犹太人格言

纽约电话公司的总经理麦卡罗因小时候被人开过一次最大的玩笑才醒悟过来。那时他是一个幼稚的野孩子。他那种非常易于受欺骗的情形几乎远近驰名。他只知靠别人而且绝对地依赖别人，所以他自己从不费力去思考。他那时在火车站的车道上做各种零碎的工作。

一个 7 月的大热天的下午，位于山岩与河流之间的西岸车站热得就好像锅炉一样。有一个名叫比尔哥林斯的工头，叫麦卡罗去拿一点"红油"以备红灯之用。他说"红油"是在离那儿 1 里远的圆房子里，麦卡罗很恭敬地听了工头的话，便一心朝着那个方向走去，以便完成他的任务。到了圆房子里，他就向那里的人要"红油"。

"红油?"那里的职员十分奇怪地问，"做什么用的呢?"

"点灯用的。"麦卡罗解释说。

"啊，我知道了。"那个职员心中明白了，"红油是在过去那个圆房子的油池里。"他说道。

于是麦卡罗又在那滚烫的焦煤碴上走了 1 里之远。那里的人告诉他"红油"并不在那里，而且不知道究竟是在哪里，最好到站长的办公室里去问问。于是麦卡罗又抬起脚走了。因此，在火热的太阳下，他就这么走来走去地走了一个下午。最后他着急了，便跑去问一个年老的工程师，这个慈祥的老工程师很怜悯地望着他说："孩子呀！你不知道那红光是红玻璃映出来的吗？你现在回到工头那里去和他理论吧！"

那个工头不晓得他是和将来纽约电话公司的总经理开玩笑，也不晓得这孩子将来手下所用的职工有 6 万人之多。麦卡罗得到这次教训后，就发誓以后绝不像呆子般被人玩弄了还不知道，他决心将来做事要眼睛和耳朵打开些，而且也不再让脑袋瓜只是用来戴帽子的。

【智慧真悟】

不肯动脑的人就只能听命于别人。脑袋是用来思索的，不只是用来戴帽子的。你不能仅仅依靠别人的话就采取行动，你要用自己的脑子思考！

反客为主

> 知道如何使用知识的人，才是真正的有教养者。
>
> ——犹太人格言

有一个顾客欠了迪特毛料公司 15 美元，经常接到该公司的催款电话。这位顾客愤怒地冲进了犹太人迪特先生的办公室，说他不但不付这笔钱，而且一辈子再也不会花一分钱购买迪特公司的东西。

迪特先生让他耐心地说了个痛快，然后对他说："我要谢谢你告诉我这件事，你帮了我一个大忙。因为如果我们的信托部门打扰了你，他们就可能也打扰了别的好顾客，那就太不幸了。相信我，我比你更想听到你所告诉我们的事。"

这个顾客做梦也没有想到会听到这些话。迪特先生继续说："既然你不能再向我们购买毛料，我就向你推荐一些其他的毛料公司。"

结果，这个顾客又签下了一笔比以往更大的订单。他的儿子出生后，他给他起名为迪特。后来他一直是迪特公司的朋友和顾客。

犹太人认为，要在企业或其他任何事业中获得成功，关键在于才思敏捷、口才流利。在充满竞争的市场经济社会中，善于表达自己意愿或观点的能力往往是一种利器。

智慧真悟

犹太人以聪明著称，但聪明是建立在学习的基础上的，没有平时的学习，就不会有敏锐机灵的反应，也不会有金钱的回报。这看似不相关联的事情，其实是紧密联系在一起的。

10 秒钟惊险镜头

书本给人知识，人生给人智慧。

——犹太人格言

一家电视台为了进一步提高收视率，用丰厚的奖金，征集"10 秒钟惊险镜头"活动。许多新闻工作者为此趋之若鹜，征集活动一时成为人们关注的焦点。在诸多参赛作品中，一个名叫"卧倒"的镜头以绝对的优势夺得了冠军。

　　获得冠军的作者是一位名不见经传、刚刚踏入工作岗位的小伙子。这短短的 10 秒钟，在常人看来就是眨几下眼的时间，然而，却让这家电视台频率所能覆盖的区域里的人们，在播放这组镜头的当天晚上，最初是等待、好奇或者议论纷纷，而后，每一双眼睛里都噙满了泪水。

　　这个 10 秒钟的镜头是这样的：在一个火车站，一个扳道工正走向自己的岗位，去为一列徐徐而来的火车扳动道岔。这时在铁轨的另一头，还有一列火车从相反的方向进站。假如他不及时扳岔，两列火车必定相撞。

　　此刻，他无意中回过头一看，发现自己的儿子正在铁轨那一端玩耍，而那列开始进站的火车就行驶在这条铁轨上。是抢救儿子，还是扳道避免一场灾难——他可以选择的时间太少了。那一刻，他威严地朝儿子喊了声"卧倒!"同时，冲过去扳动了道岔。一眨眼的功夫，这列火车进入了预定的轨道。那一边，火车也呼啸而过。车上的旅客丝毫不知道，他们的生命曾经千钧一发，他们也丝毫不知道，一个小生命卧倒在铁轨中间。火车轰鸣着驶过，孩子丝毫未伤。那一幕刚好被一个从此经过的记者摄入镜头中。

　　大多数人都以为，那个扳道工一定是一个非常优秀的人。后来，人们知道，那个扳道工就是一个普普通通的人。他唯一的优点就是忠于职守，没误工过一秒钟。而更让人意想不到的是，他的儿子是一个弱智儿童。

　　他对记者说，自己曾一遍一遍地告诉儿子说："你长大后能干的工作太少了，但你必须有一样是出色的。"儿子听不懂父亲的话，依然傻呼呼的，但在生死攸关的那一秒钟，他却"卧倒"了——这就是他在跟父亲玩打仗游戏时，唯一能够听懂，并做得最为出色的一个动作，想不到在最危险的时刻，竟派上了大用场。

智慧真悟

　　在竞争残酷的商业社会中，要求人们掌握的技能越来越多，多学一些知识是好的，但多中有精才行。因此犹太人强调，在一个人所掌握的全部技能中，必须有一样是出色的。

为了学艺不怕辛苦

> 像采金一样追求知识。
>
> ——犹太人格言

在美国，"钻石大王"彼得森和他的"特色戒指公司"几乎无人不知，无人不晓。彼得森从 16 岁给珠宝商当学徒开始，白手起家，经历了难以想象的艰辛，最后一跃而成为享誉世界的"钻石大王"。

1908 年，亨利·彼得森生于伦敦一个犹太人家庭，幼年时父亲便撒手人世，家庭生活的重担落在了母亲柔弱的肩上。迫于生计的压力，母亲携彼得森移居纽约谋生。在他 14 岁时，作为他生活支撑的母亲也因劳累过度一病不起，彼得森不得不结束半工半读的学习生涯，到社会上做工赚钱，肩负起家庭生活的沉重负担。

当彼得森 16 岁的时候，他来到纽约一家小有名气的珠宝店当学徒。这家珠宝店的老板是犹太人卡辛，是纽约最好的珠宝工匠之一。作为一个珠宝商，他在纽约上层社会的达官贵人和公子小姐中颇有声誉，他们对卡辛的名字就像对好莱坞电影明星一样熟悉。卡辛手艺超群，凡经过他亲手镶嵌的首饰都能赢得人们的赞誉并卖到很高的价钱。

但是卡辛作为珠宝店的老板，又是一个目中无人、言语刻薄的暴君，他对学徒的严厉简直到了暴虐的程度，珠宝店的学徒在他面前无不蹑手蹑脚、谨慎从事，唯恐自己的疏忽和过错惹怒了这个六亲不认的老板。

对于珠宝尤其是钻石的加工而言，最艰苦、最难以掌握的基本功莫过于凿石头。彼得森上班第一天，卡辛给他安排的任务就是练习凿石头，开始了他炼狱般的学徒生涯。根据卡辛的"教诲"，一块拳头大小的石头，要求用手锤和斧子打成 10 块尺寸相同的小石块，并规定不干完不许吃饭。彼得森从没有干过这种活，看着这一块石头发呆良久，不知如何下手，唯恐一不小心招来老板的训斥和挖苦。但是他别无选择，只得硬着头皮干。他先把大石头劈成 10 小块，然后以 10 块中最小的那块为标准，慢慢雕凿其他 9 块。虽说石头质地不是特别坚硬，但是层次非常分明，稍不小心就会把石头凿下一大块而前功尽弃，并招来老板的呵斥。

后来据彼得森讲，尽管老板非常苛刻，但也是为了让他们早日掌握打造石头的要领，因为对于钻石加工而言，打造石头是来不得半点含糊的基本功。老板也是借此来考验学徒们的意志，因为如果过不了这一关，是永远也不能成为成功的钻石商人的。学徒第一天下来，彼得森腰酸背痛，四肢发软，眼睛发胀，但依然没能完成老板的任务。以后的数天里，他简直变成了一台麻木的机器在那里机械地运转，整日挥汗如雨地在那里劈凿。但是后来成就了事业的彼得森对于卡辛还是充满了感激之情，说如果没有卡辛的严厉要求，他绝对不会成为一个成功的"钻石大王"。

万事开头难，自己支摊也不是件容易的事。虽然要求不高，只要有一张工作台就可以了，但是在房租昂贵的纽约找一块地方又谈何容易？关键时刻，还是有着互助意识的犹太同胞帮了他的忙。他就是彼得森在珠宝店里当学徒时认识的犹太技工詹姆。詹姆与他人合资在纽约附近开了一个小珠宝店。彼得森去找他想办法，詹姆他们的小珠宝店很小，约有 12 平方米，已经摆放了两张工作台。詹姆很热心，看他处境艰难，允许他在这个小房间里再摆一张工作台，每月只收 10 美元租金。

工作台得到了解决，但是身无分文的彼得森无力预付房租，必须找到活儿干，否则仍然无法生存。到了第 23 天，他终于揽到了一笔生意，一个贵妇人有一只 2 克拉的钻石戒指松动了，需要坚固一下，她在拿出戒指前郑重地问彼得森跟谁学的手艺，当得知面前这个首饰匠是卡辛的徒弟时，她就放心地把戒指交给了他。这对彼得森来说是一个重大发现，想不到卡辛的名字在这些有钱人中如此有分量，他马上想到借助卡辛的名气揽生意。也正是从此开始，他深刻地意识到了声誉的重要性。

尽管自己和师傅之间有一段无法说清的恩怨，但是他从心里还是对老师心存感激。彼得森靠着"卡辛的徒弟"这块招牌干了两三个月，生意不错。这时，外地的一家戒指厂的生产线出了问题，急需一个有经验的工匠做装配。在听说彼得森的名气后，这家戒指厂商慕名请他去负责，他愉快地接受了这一工作。有很多人慕名来找他加工首饰，他都一一热情接待，把业余时间都用在加工首饰上。当然，他每星期的收入也开始明显增多，有时可赚到 170 多美元。这样，他一边在工厂工作，一边加工首饰，终于在经济大萧条的年代里渡过了失业难关，生活也得到了极大的改善。

用水中的"盐"代称上帝

> 知识只是潜在力量，它只有在被有计划、聪明地实践之后，才会变成力量。
>
> ——犹太人格言

　　盖图满 12 岁后，被送往老师家学习，一直到 24 岁为止。完成学业后，盖图满身傲气地回到自己的家。父亲对他说："我们如何认识那不为我们所见的神？我们怎么知道上帝这位全能者无所不在呢？"

　　这个男孩开始背诵《圣经》中的经文，但是他的父亲却从中打断："你背的东西太复杂，难道没有更简单的方式可以习得上帝存在的道理吗？"

　　"爸爸，据我所知，是没有的。现在我是个有文化的人，我需要从《圣经》文化中找出解释神圣智慧的奥秘。"

　　父亲抱怨道："把儿子送到修道院学习，真是浪费时间和金钱。"

　　于是，父亲将盖图带往厨房，在一个陶罐内注满水，并撒下一点盐。父亲要求盖图："请从水罐中取出我刚才撒下的盐。"

　　盖图找不到盐，因为盐都溶解于水中了。

　　父亲说："那么，你尝尝水罐里的水，看看味道如何？"

　　"是咸的。"

"你再尝尝水罐深处的水？"

"同样是咸的。"

父亲说道："你读了这么多年书，却不懂上帝虽不可见，却无所不在的道理。简单地用水中的'盐'代称上帝，就说明了这个道理。请你还是抛弃你的傲气，做些实实在在的事情吧。"

智慧真悟

活到老，学到老的思想至今受用，因为万事都有解决的办法，学习是寻求解决办法的有效途径。只要我们肯于动脑、善于思考，就可以找到一种简便有效的办法。

秘密武器

由人安排假日，非由假日控制人。

——犹太人格言

第一次世界大战的时候，有一个犹太士兵抓了好多俘虏，受到了很多赞扬。夜深的时候，交战双方都停了火，四周没有什么动静，他总是很小心地爬到无人地带去。不久总能带着一批俘虏回来。他总是出其不意地整夜如此，直到天明。他对上级军官也不肯吐露秘密，谁也不知道他是怎么做到的。

他所在部队的将军听说了以后，把他叫上来问话。

"小伙子，"他严肃地说，"将你的奥秘说出来吧！如果你很容易就能抓到俘虏，你就应该将奥秘告诉我们，我们也好教教别人。"

年轻的士兵终于坦白了，不过有点尴尬："将军，我的方法不是军训手册上学来的。我是这么做的，夜深的时候我爬到最近的敌军战壕里，用意第绪语叫道：'犹太人都听着！我们要十个人为一个死去的战友背诵祈祷文。'犹太人就在德国军队的战壕里排成队，我就将他们领回来了。"

智慧真悟

这是一个有趣的秘密武器，让人在笑过之后往往会有一番思索。善于学习的精神在犹太民族是根深蒂固的。

聪明鱼

> 对于犹太人，学习是一生的课题。
>
> ——犹太人格言

罗马官员发布了一条法令，禁止犹太人学习律法。于是拉比阿开巴冒着生命危险，从一个城镇到另一个城镇讲学。他本人也对民众进行了很多次充满学识的讲演。

一天，拉比阿开巴遇到了一个圣者和爱国者——拉比帕朴斯·本·耶乎塔。

帕朴斯问道："难道你不怕那些官员吗？"

"那么多人认为你很聪明，而你说话却像个傻瓜！"拉比阿开巴说，"让我讲个寓言吧，那里面隐藏着很深的寓意。

一天，有一只狐狸在湖边走。他看到小鱼在湖里快速地游着，就很想吃掉它们。

他问道：'小傻鱼，你们为什么游得这样快啊？'

鱼儿回答：'我们刚从渔夫的网下脱险。'

'既然这样，为什么不像你们的父母那样上岸来，让我们像兄弟一样住在一起？'狡猾的狐狸说。

小鱼哈哈大笑：'哦，你这个狡猾的东西！尽管那么多人都认为你聪明，但你说话像个傻瓜。你给我们的是什么蠢建议啊？如果我们害怕我们现在生活的地方，你会以为我们就能到我们无法生存的陆地上去吗？好啊，你就等到死吧！'"

拉比阿开巴最后总结说："这些小鱼和我们犹太人一样。我们在学习律法时也害怕敌人，但律法是我们的支柱和生活。你怎么能因为害怕而放弃学习呢？"

智慧真悟

一个人想要拥有聪明的大脑、超群的智慧，就要有坚持不懈学习的精神和刻苦钻研的能力，不能因为害怕而放弃学习。

父亲的教育方式

> 没有经过驯养的马是倔强的，一个不受拘束的孩子是不可忖度的。
>
> ——犹太人格言

一个小男孩正在和他的姐姐一起玩耍，这时，他的父亲走了过来，抱起小男孩，把他放在一个窗台上说："你往下跳，爸爸在这接着你。"

小男孩以为爸爸也来和自己一起玩，高兴得欢呼起来，毫不犹豫地向他父亲的怀里跳。当孩子跳下快要落到父亲的怀抱里时，他爸爸突然撒开双臂，孩子重重地摔在地板上，哇哇地哭起来。

小男孩边哭边委屈地说："爸爸骗我，爸爸真坏。"

父亲则以一种奇怪的眼神看着自己的儿子，语气严肃地说道："儿子，这是我们犹太人所特有的一种教育方式，小孩子是没有从窗台上跳下来的胆量的，但我用这种鼓动的方式你就跳下来了。我故意把手撒开，这类的事情要是再发生几次，你就会慢慢明白的，父亲也并不是可靠的，不要一味地相信父亲。只有自己才是靠得住的。为此，我从现在起就开始对你进行这种方式的教育。"

智慧真悟

　　有些父母把孩子像"温室之花"一样小心呵护，事事俱到，面面俱全，致使孩子失去了动手的能力，丧失了独立生活的能力。犹太人要让孩子学会自己走路，这种教育模式是值得我们学习的。

玻尔与父亲

> 在他童年时要使他低头谦逊，只要他还小，可以打他的屁股。否则，他会变得对你倔强和反抗，而你要为他而忧伤。
>
> ——犹太人格言

　　尼尔斯·玻尔是诺贝尔物理学奖获得者。在他还小的时候，父亲就很注重对他的教育，经常故意编写出很多科学研究的课题，让他思考和回答，使他产生强烈的求知欲。孩子一般都喜欢争强好胜，他们在父母面前也是如此，因此，小玻尔和父亲经常在一些问题上发生争执和讨论。

　　一次，父子俩在讨论水的张力问题。父亲是物理学教授，这个问题对他来说真是太简单了，但儿子并不服气。最后，父亲与儿子达成协议，由儿子去父亲的实验室做实验，仪器必须由儿子亲自操作，父亲只是担任仪器制作和实验的"顾问"，最后让事实说话。玻尔非常高兴，因为他和父亲合作得很愉快。

后来，玻尔在学校里做了类似的实验，获得了很大的成功，玻尔也凭此在学校里为自己赢得了荣誉。

智慧真悟

不要禁锢孩子的思想，要放手让他们把心中的想法付诸实践，尽管会有失败挫折，甚至不切实际，但那是孩子内心最真、最美的世界，千万不要扼杀。没准，坚持下去就会有奇迹的诞生。

压力就是阻力

不要以他为唯一的寄托，否则你要有忧虑并且最后咬脱你的牙齿。

——犹太人格言

根据澳洲钢琴家大卫赫夫考的故事拍成的《钢琴师》，是一部精致、优雅又流畅的电影。一位天才儿童，在他父亲的教导下开始在音乐海中泅泳，但"成也萧何，败也萧何"，父亲的专制使孩子苦学有成，却也使性格乖巧的孩子受了相当的心理压力，最后进了疯人院。除了钢琴，他一切失常。最后在一个女人的扶持下，钢琴师才又进入演奏厅，在如雷的掌声中啜泣。

从集中营逃出来的父亲，常常不自觉地把家庭当成另外一个集中营。钢琴师的父亲是幸免于纳粹魔爪的犹太人，逃出来之后，对现实社会依然缺乏安全感。

他不知不觉地把家弄成了另一个集中营。他强迫心智未成熟的孩子，演练艰难的拉赫曼厄诺夫第三号钢琴协奏曲，不许孩子离开家庭赴异地深造，学成后也不准他回家，造成孩子精神崩溃。直到他死后，钢琴师才看到一线生机。

"我辛辛苦苦才创造这个家，你为什么可以辜负我的期望呢?"这是天下第一位严父的推理。对一个家庭而言，这样的"强将"手下只会有精神衰弱的"弱兵"。

一个品格没有瑕疵的好人，可能是坏父母，只因方式不对。艰苦奋斗的父亲，也常制造痛苦的集中营，无视孩子的意愿，反而使孩子走了许多冤枉路。

"孩子，我要你比我更强!"是每一对父母对下一代的期许。钢琴师的父亲在年少时期对音乐有兴趣，辛苦挣钱买来的小提琴被严父砸烂，于是他认为，自己能让孩子学琴，孩子是很幸福的。"说，你是个幸福的孩子!"孩子嗫嗫嚅嚅地照说了。

"你说，现在你要说什么?""我要赢!"孩子也想赢，可是每一次没有办法赢的时候，他所承担的压力，比任何竞赛者来得大。

智慧真悟

把孩子教育成一个优秀的人才是父母的职责，但是绝不可以因此而损害了孩子身心的健康。

·第十三章·

快乐生活——衡量心灵的财富筹码

施比受更有福，爱比恨明智。

幸福的真谛

> 施比受更有福，爱比恨明智。
>
> ——犹太人格言

什么是幸福？不同的人对这个词的诠释也会不同。有的说，拥有金钱就是幸福。或者说，美貌、权势地位等。而一位智者曾说，当你的需要得到满足的时候，你就拥有了幸福。

传说，有一个犹太人，他生前善良且热心助人，所以，在他死后，升上天堂，做了天使。他当了天使后，仍时常到凡间帮助人，希望感受到幸福的味道。

一日，他遇见一个农夫，农夫的样子非常苦恼，他向天使诉说："我家的水牛刚才死了，没它帮忙犁田，那我怎能下田作业呢？"

于是天使赐他一只健壮的水牛，农夫很高兴，天使在他身上感受到幸福的味道。

又一日，他遇见一个男人，男人非常沮丧，他向天使诉说："我的钱被骗光了，没盘缠回乡。"

于是天使给他银两做路费，男人很高兴，天使在他身上感受到幸福的味道。

又一日，他遇见一个诗人，诗人年轻、英俊、有才华且富有，妻子貌美而温柔，但他却过得不快活。

天使问他："你不快乐吗？我能帮你吗？"

诗人对天使说："我什么也有，只欠一样东西，你能够给我吗？"

天使回答说："可以。你要什么我也可以给你。"

诗人直直地望着天使："我要的是幸福。"

这下子把天使难倒了，天使想了想，说："我明白了。"

然后把诗人所拥有的都拿走了。

天使拿走诗人的才华，毁去他的容貌、夺去他的财产和他妻子的性命。

天使做完这些事后，便离去了。

一个月后，天使再回到诗人的身边。

他那时饿得半死，衣衫褴褛地在躺在地上挣扎。

于是，天使把他的一切还给他。

然后，又离去了。

半个月后，天使再去看看诗人。

这次，诗人搂着妻子，不住地向天使道谢。

因为，他得到幸福了。

智慧真悟

只要曾经拥有，就是一种财富，一种幸福。但是，人往往很奇怪，每每在快要失去的时候，才懂得珍惜，其实幸福就在你的身边，你可能缺乏一双善于抓住幸福的慧眼。

要时刻清醒地认识自己

绝大多数人都喜欢嘲笑别人，而不愿意被别人嘲笑。在别人处在尴尬境遇时，你如果能通过让自己出丑从而减少他人的难堪，他一定对你非常感激。

——犹太人格言

这次理发很不成功，发型很是怪异，你甚至不愿意出屋，因为你怕所有人都会看怪物一样地看你。其实当你真的走出屋子，若无其事地走在大街上，你会发现，其实大家都在忙着自己的事。下面这位犹太百万富翁的经历就有这样的意味。

这个百万富翁的办公室设在第一国家银行大厦的二楼。当他要上二楼时，他会乘坐电梯；下楼时，则利用楼梯。

他是个傲慢的人，过去曾经贫穷，后来白手起家；他是个自立更生的人，也为自己的成功感到骄傲。他每月按时缴房租，但对于那些管理升降机、高吊在半空中擦窗户以及烧锅炉的人，根本不屑一顾。在过圣诞节的时候，也不会给他们一只火鸡或一点小费。

大厦有一位打扫楼梯和大厅的穷妇人，他常常从她身边经过，但直到最近才意识到她的存在。他的头向来抬得很高，心里想的尽是怎样赚更多的钱。

有一天他从办公室出来，要走下楼梯。清洁女工正站在楼梯中央，她从最上面开始检查楼梯是否干净。在最上面的一级阶梯有一处地方被水弄湿了，而且放着一大块肥皂，百万富翁正巧踩在上面。富翁踩在肥皂上面的那只脚向日出的地方滑过去，另一只脚则快速向日落的方向滑过去。后来他跌坐在楼梯的最上一级，却没有停止在那里，他开始往下滑，但滑下的方式却非他所预料，每滑一级，楼梯便发出如同打鼓般的一声闷响。

清洁妇礼貌地站在一旁，任他往下滑。最后他由底层站起来，自忖是否应当走回大厦办公室，要求开除该名清洁女工；但他想到一旦把要求开除她的理由说出来，势必会在这大厦的其他人中间传为笑谈。于是他没有说话。

但从那天起，他开始注意那位清洁女工，带着慎重的态度走过她身旁。没有人高贵或威严到可以忽略周边的人的地步。因为一位卑微的清洁女工和一块普通的肥皂，就能令一位大人物的心思立即脱离他的事业而产生烦恼。所以，不要把自己看得高过神的儿女中最卑微的一位，否则你也可能从骄傲之处往下坠，带着疼痛与瘀伤离去；更因怀疑那个清洁女工站在肥皂水中间露出笑容而感到难堪。或许，她当天会因为你跌倒的滑稽样子而过得更愉快。

智慧真悟

　　人不可无傲骨，但不可有傲气。傲气的滋生会让你在失败面前措手不及，无力还手。所以一定要正确地审视自己的所作所为，有则改之，无则加勉，才能塑造出完美的人生。

换 脑

> 圣经放射光明，金钱散发温暖。
>
> ——犹太人格言

人往往有这样的心理：别人怎么怎么样了，我也要那样。其实，你所拥有的当下就已经比他优越了。就像下面两个犹太人换脑的故事所给读者的启迪一样。

有两个犹太人，一个体弱的富翁，一个健康的穷汉，两个相互羡慕着对方。富翁为了得到健康，乐意让出他的财富；穷汉为了成为富翁，随时愿意舍弃健康。

一位闻名世界的外科医生发现了人脑交换方法。富翁赶紧提出要和穷汉交换大脑。其结果，富翁会变穷，但能得到健康的身体；穷汉会富有，但将病魔缠身。手术成功了，穷汉成为富翁，富翁变成了穷汉。

但不久，成了穷汉的富翁由于有了强健的体魄，又有着成功的意识，渐渐地又积累了财富。可同时，他总是担忧自己的健康，一感到些轻微的不舒服便大惊小怪。由于他总是那样担惊受怕，久而久之，他那极好的身体又回到原来那多病的状态里；或者说，他又回到以前那种富有而体弱的状态中。

那么，另一位新富翁又怎样呢？

他总算有了钱，虽然身体孱弱，但他总是忘不了自己是个穷汉。他不想用换脑得来的钱相应地建立一种新生活，而不断地把钱浪费在无用的投资中，真正应了"老鼠不留隔夜食"这句老话。钱不久便挥霍殆尽，他又变成原来的穷汉。然而，由于他无忧无虑，换脑时带来的疾病不知不觉地消失了。他又像以前那样有了一副健康的身子骨。

最后，两个人又都回到了各自原来的模样。

> **智慧真悟**
>
> 世界是公平的，回报是合理的。没有一味的不劳而获的幸运，也没有一味的劳而不获的不幸。所以做好今天事，做好当下事，终有一天你会收获你该有的回报的。

银行家与修鞋匠

> 拥有很多的财产，忧愁的事可能相对地增加，但完全没有财产的人，忧愁更多。
>
> ——犹太人格言

你对财富持什么样的观点？钱就是财富吗？你或许在下面的故事中能找到答案。

有两个犹太人，一位是大名鼎鼎的银行家，另一位则是银行家的邻居修鞋匠。

银行家虽然拥有万贯家财，呼风唤雨，但是他时时对人存有戒心，很少与人有往来，为了怕被偷，晚上更是睡不好，因此经常愁眉不展，一点都不感觉快乐。相反，比邻而居的卖鞋人一天到晚都不停地唱着歌，对人总是笑脸相迎，他对自己的生活与工作都非常满意。

银行家对修鞋人的生活很好奇，难道他就那么快乐吗？他的法宝是什么？于是银行家放下高傲的姿态，主动去接近修鞋匠，想要探寻其中的秘密。

一日，银行家找到修鞋匠并问："请问您一天能赚多少钱？您为什么每天都这么快乐地生活呢？"

鞋匠告诉银行家："先生，我从来不去计算我所赚的钱，只要每天有饭吃我就心满意足了。我的财富并不是因为我拥有的很多，而是我要求的很少。"

银行家听完修鞋匠的解释后恍然大悟，终于理解了财富的真正含义。

智慧真悟

快乐是一种没有成本的享受。拥有多少财富并不一定能拥有多少快乐，只有那些知足常乐的人，才能够享受到生活的乐趣。

活着出去

锅炼银，炉炼金，上主炼人心。

——犹太人格言

维克托·弗兰克尔什么罪也没有，只因为他是犹太人，就被投入了纳粹德国的集中营。他被囚在奥斯维辛数月之久。弗兰克尔说他学会了生存之道，那就是每天刮胡子。不管他身体多衰弱，就算必须用一片破玻璃当作剃刀，也得保持这个习惯。因为每天早晨当囚犯列队接受检查时，那些生病不能工作的人就会被挑出来，送入毒气房。假如你刮了胡子，看起来脸色红润，你逃过一劫的机会便大为增加。

他们的身体在每天2片面包和3碗稀麦片粥供应之下日趋衰弱。9个男人挤睡在宽3米的旧木板上，盖两条毡子。半夜三时，尖锐的哨声便会叫醒他们起来工作。

一天早上，他们列队出去在结冰的地上铺设铁路枕木，同行的卫兵不停地喝斥，更用枪托驱赶他们。脚痛的人就靠在同伴的手臂上。每天他都在积极思考，用什么样的办法能逃出去。他请教同室的伙伴，伙伴嘲笑他：来到这个地方，从来就没人想过能活着出去。还是老老实实干活吧，也许能多活几天。可弗兰克尔不是这样想，他想到的是家有老母妻儿，自己一定要活着出去。

积极的思考终于给他带来了机会。一次，在野外干活，趁着黄昏收工的时间，他钻进了大卡车底下，把衣服脱光，趁人不注意，悄悄地爬到了附近不远处的一堆赤裸的死尸上。刺鼻难闻的气味，蚊虫叮咬，他全然不顾，一动不动地装死。直到深夜，他确信无人，才爬起来光着身子一口气跑了70公里。这正是世上没有绝望的处境，只有对处境绝望的人。这位幸存者后来对人们说："在任何特定的环境中，人们还有一种最后的自由，就是选择自己的态度。"

智慧真悟

有些东西是我们无法决定的，像容貌、出身等，但是选择怎样的生活态度，主动权则完全掌握在自己的手里。

成功人士始终用最积极的思考、最乐观的精神和最辉煌的经验支配和控制自己的人生；失败者则刚好相反，他们的人生是受过去的种种失败与疑虑所引导和支配的。

曾经身陷黑暗的老人

> 不能明智地、正直地、如愿地生活，就无法快乐地生活；同样，不能快乐地生活，也就不会明智地、正直地、富裕地去生活。
>
> ——犹太人格言

传说有一个犹太富翁，在一次大生意中亏光了所有的钱、并且欠下了债。他卖掉房子、汽车，还清了债务。此刻，他孤独一人，无儿无女，穷困潦倒，唯有一只心爱的猎狗和一本书与他相依为命、相依相随。

在一个大雪纷飞的夜晚，他来到一座荒僻的村庄，找到了一个避风的茅棚。他看到里面有一盏油灯，于是用身上仅存的一根火柴点燃了油灯，拿出书来准备读书。但是一阵风突然把灯吹熄了，四周立刻漆黑一片。这位孤独的老人觉得自己是世界上最不幸的人，他欲哭无泪，在黑暗之中找不到一丝希望，对人生绝望至极，甚至结束生命的念头在他的脑海里闪过。

但是，立在身边的猎狗给了他一丝慰藉，他无奈地叹了一口气沉沉睡去。

第二天醒来，他突然发现心爱的猎狗也被人杀死在门外。抚摸着这只相依为命的猎狗，他更加坚定结束生命的想法了，世间再没有什么值得留恋的了。于是，他最后扫视了一眼周围的一切。这时，他不由得发现整个村庄都沉寂在一片可怕的寂静之中。他不由得急步向前，啊，太可怕了，尸体，到处是尸体，一片狼藉。显然，这个村庄昨夜遭到了匪徒的洗劫，整个村庄一个活口也没留下来。

看到这触目惊人的场面，老人不由心念急转，啊！我是这里唯一幸存的人，我一定要坚强地活下去。此时，一轮红日冉冉升起，照得四周一片光亮，老人欣慰地想：我是这个世界里唯一的幸存者，我没有理由不珍惜自己。虽然我失去了心爱的猎狗，但是我得到了生命，这才是人生最宝贵的。

老人怀着坚定的信念，迎着灿烂的太阳又出发了。

智慧真悟

谁的人生都不会一帆风顺的，有波澜起伏是正常的人生状态，只要你调整好了心态，在挫折中也能够找到有利的因素，你就已经回到了成功路上了，就会重新找到生活的快乐。

将镜子后面的那层水银漆剥掉

> 适度享乐而不忘追求善行的人才是最贤明的。
>
> ——犹太人格言

有一个人，他在年轻时拼命赚钱，中年时终于实现了自己的梦想，成为一个富翁。可是物质丰富的他，其实并没有因为实现梦想而感到发自内心的快乐。他的一个经营香草种植园的高中同学,反而过着平凡却快乐的生活,时常可以看见他那愉快的笑脸。对此他十分不解。

有一天,他很不甘心地请教这位同学:"我的钱可以买100个香草种植园,可是为什么我却没有你快乐?"

同学指着旁边窗子问:"从窗外你看到了什么?"

富翁说:"我看到很多人在逛花园。"

同学又问:"那你在镜子前又看到了什么呢?"

富翁看着镜子里憔悴的自己说:"我看到了我自己。"

"哪一个风景辽阔呢?"

"当然窗子看得远了。"

同学微笑了:"就因为你活在镜子的世界里呀!当你试着将镜子后面的那层水银漆剥掉,你就会看到全世界。"

智慧真悟

> 拥有富足的物质生活并不代表就一定很快乐,幸福的真谛不在于拥有而是分享。与人分享快乐的人,永远都有享不尽的快乐。

兄弟与面条

> 笑是智慧的磨刀石。
>
> ——犹太人格言

有一次,有一个人给一个头脑简单的年轻人说亲。这个可怜的家伙根本就不知道如何和别人相处。

为了避免尴尬,他父亲教他说话要小心:"第一次见到女方时,你要想给她留一个好印象，我的建议是：先谈论一些爱的话题。然后说一些家庭私事。最后还要用一点哲理。"

他郑重地点头，表示他明白他该做什么了。于是，带着他父亲的祝福，开始了他的第一次拜访。

一开始因为女孩的父母也在场他有点紧张，但当他们故意离开以后，他放松下来。这时他想起父亲的教导，于是就问女孩："你爱面条吗?"

"当然，"女孩很奇怪，"为什么不爱呢?"

沉默了一会儿，他又问，"你有兄弟吗?"

"没有，我没有兄弟。"

他高兴起来，他已经按照父亲的教导安全地问完了头两个问题，也就是关于爱和家庭方面的。现在只剩一点哲理了。

"丽泽施，"他皱着眉头问，"如果你有兄弟，他爱面条吗?"

> **智慧真悟**
>
> 这是一个充满快乐的故事，其实生活也是一样，不要自寻烦恼，不要自己跟自己过不去，其实生活是件快乐的事，只有参与其中，才能品尝其中滋味。

验 证

> 人死后，站在神的面前时，神讨厌那些规避他所赐予快乐的人。
>
> ——犹太人格言

一男子喝了12听啤酒，摇摇晃晃、步履蹒跚地向家里摸去。当他晃到家门口时，刚好被老婆堵了个正着。

"你到哪儿去了，整个晚上都不回家?"她喝问道。

"在刚开业不久的那家相当不错的沙龙，"他说，"金色沙龙，那里的一切都是金光闪闪的。"

"做梦呢，哪有这种地方！"

"有呀，不信你去看看！金色的门，金色的地板，连尿壶都是金子做的！"

老婆对他的鬼话当然不会相信。第二天，她拿起丈夫的电话本，给那个叫金色沙龙的地方打了电话。

"这里是金色沙龙吗？"她向接电话的服务生问道。

"对呀！"

你们有金色的地板吗？"

"可以这么说。"

"那金色的尿壶呢？"

电话那头一阵沉默之后，女人听到酒保大吼："嘿，公爵，我想，在你萨克斯里尿尿的那个家伙，就是打电话的这个人！"

> **智慧真悟**
>
> 欢乐和笑声是犹太人生活中必备的良药，这使他们总能保持一种乐观的生活态度。犹太人甚至认为：只要是幽默就能使人放松心情，而唯有贤者才能在任何情况下，都永远保持着豁达的心情。

知足者常乐

> 如果非吃火腿不可，不如美美地饱餐一顿。
>
> ——犹太人格言

有一对清贫的老夫妇，他们想把家中唯一值点钱的一匹马拉到市场上去换点有用的东西。老头牵着马去赶集了，他先与人换得一头母牛，又用母牛去换了一只羊，再用羊换来一只肥鹅，又把鹅换了母鸡，最后用母鸡换了别人的一口袋烂苹果。

在每次交换中，他都想给老伴一个惊喜。

当他扛着大袋子来到一家小酒店歇息时，遇上两个美国人。闲聊中他谈了自己赶集的经过，两个美国人听后哈哈大笑，说他回去准得挨老婆子一顿揍。老头子坚称绝对不会，美国人就用一袋金币打赌，三个人于是一起回到老头子家中。

老太婆见老头子回来了，非常高兴，她兴奋地听着老头子讲赶集的经过。每当老头子讲到用一种东西换了另一种东西时，她都充满了对老头的钦佩。

她嘴里不时地说着："哦，我们有牛奶了！"

"哦，羊奶也同样好喝！"

"哦，鹅毛多漂亮！""哦，我们有鸡蛋吃了！"

最后听到老头子背回一袋已经开始腐烂的苹果时，她同样不愠不恼，大声说："我们今晚就可以吃到苹果馅饼了。"

结果，美国人输掉了一袋金币。

> ⸨智慧真悟⸩
>
> 　　已经发生了，与其抱怨，不如坦然接受，用积极的心态拥抱生活，这样或许会得到更好的结局。

适度享乐而不忘道德

> 良知和尊严绝对不是商品，不可以出卖。
>
> ——犹太人格言

有一艘船在航行的途中遇到了强烈的暴风雨，偏离了航向。

次日早晨，风平浪静了，人们才发现船的位置不对，同时，大家也发现前面不远处有一个美丽的岛屿。船便驶进海湾，抛下锚，作暂时的休息。

从甲板上望去，岛上鲜花盛开，树上挂满了令人垂涎的果子，一大片美丽的绿荫，还可以听见小鸟动听的歌声。

于是，船上的旅客自然地分成了五组。

第一组旅客认为，如果自己上岛游玩时，正好出现顺风顺水，那就会错过起航的时机。所以不管岛上如何美丽好玩，他们坚持不登陆，守候在船上。

第二组的旅客急急忙忙地登上小岛，走马观花地闻闻花香，在绿荫下尝过了水果，恢复精神之后，便立刻回到船上来。

第三组旅客也登陆游玩，但由于停留的时间过长，在刚好吹起顺风之时，以为船要开走而慌慌张张地赶回船上来，结果，有的丢了东西，有的失去了好不容易才占下的理想位置。

第四组的旅客虽然看到船员在起锚，但没看到船帆也在扬起，而且以为船长不可能扔下他们把船开走，所以，一直停留在岛上。直到船要起航之时，他们才慌忙地游到船边爬上船来。其中有些人为此受了伤，直到航行结束，也没有痊愈。

第五组旅客由于在岛上陶醉过度，没有听到启航的钟声，被留在了岛上。结果，有的被树林中的猛兽吞吃了，有的误食有毒的食物而生了病，最后全部死在岛上。

故事中的船，象征着人生旅途中的善行；岛则象征着快乐；各组的旅客象征着对善行和快乐持不同态度的世人。

第一组的人对人生的快乐一点儿不去体会；第二组的人既享受了少许快乐，又没有忘记自己必须坐船前往目的地的义务，这是最贤明的一组；第三组的人虽然享受了快乐并赶回了船上，但还是吃了些苦头；第四组也勉强赶回船上，但伤口到目的地还没有愈合；人类最容易陷入的还是第五组，往往一生为了虚荣而活着。

> **智慧真悟**
>
> 所谓理想的人格决不是那种闭眼不看世界、逃避尘世乐趣的禁欲主义者，而是知道如何享受生活却又能不越出一定限度的人，所以一定要把握好尺度。

上帝如何惩罚长老

> 如果折断了一条腿，你就应该感谢上帝不曾折断你两条腿，如果你折断了两条腿，你就应该感谢上帝不曾折断你的脖子。
>
> ——犹太人格言

有一个故事，说一位犹太教的长老，酷爱打高尔夫球。

在一个安息日，他觉得手痒，很想去挥杆，但犹太教义规定，信徒在安息日必须休息，什么事都不能做。

这位长老却最终忍不住，决定偷偷去高尔夫球场，想着打9个洞就好了。

由于安息日犹太教徒都不会出门，球场上一个人也没有，因此长老觉得不会有人知道他违反规定。

然而，当长老在打第2洞时，却被天使发现了，天使生气地到上帝面前告状，说某某长老不守教义，居然在安息日出门打高尔夫球。上帝听了，就跟天使说："我会好好惩罚这个长老的。"

第3个洞开始，长老打出超完美的成绩，几乎都是一杆进洞。长老兴奋莫名，到打第7个洞时，天使又跑去找上帝："上帝呀，你不是要惩罚长老吗？为何还不见有惩罚？"上帝说："我已经在惩罚他了。"

直到打完第9个洞，长老都是一杆进洞。因为打得太神乎其技了，于是长老决定再打9个洞。天使又去找上帝了："到底惩罚在哪里？"上帝只是笑而不答。

打完18洞，成绩比任何一位世界级的高尔夫球手都优秀，把长老乐坏了。天使很生气地问上帝："这就是你对长老的惩罚吗？"

上帝说："正是，你想想，他有这么惊人的成绩以及兴奋的心情，却不能跟任何人说，这不是最好的惩罚吗？"

> 智慧真悟
>
> 生活需要伙伴，需要倾诉的对象。快乐和痛苦都要有人分享。一个孤独的人，没有倾诉伙伴的人，是很难真正感到生活的愉快的。

我需要捕捉蜻蜓的乐趣

> 人在没有心理负担的状态下愿意去做一件事，并且容易做成。
>
> ——犹太人格言

有一个犹太富人生活很优越，但不幸患了绝症。临终前，见窗外的市民广场上有一群孩子在捉蜻蜓，就对他四个未成年的儿子说："你们到那儿给我捉几只蜻蜓来吧，我许多年没见过蜻蜓了。"

不一会儿，莱格的大哥就带了一只蜻蜓回来。富商问："怎么这么快就捉了一只？"

大儿子说："我用你送给我的遥控赛车换的。"

富商点点头。

又过了一会儿，莱格的二哥也回来了，他带来两只蜻蜓。富商问："你这么快就捉了两只蜻蜓？"二儿子说："我把你送给我的遥控赛车租给了一位小朋友，他给我3分钱；这两只是我用两分钱向另一位有蜻蜓的小朋友租来的。爸，你看这是那多出来的1分钱。"富商微笑着点点头。

不久老三也回来了，他带来10只蜻蜓。富商问："你怎么捉这么多蜻蜓？"三儿子说："我把你送给我的遥控赛车在广场上举起来，问：'谁愿玩赛车，愿玩的只需交1只蜻蜓就可以了。'爸，要不是怕你急，我至少可以收20只蜻蜓。"富商拍了拍三儿子的头。

最后到来的是莱格。他满头大汗，两手空空，衣服上沾满尘土。富商问：

"孩子，你怎么搞的？"莱格说："我捉了半天，也没捉到一只，就在地上玩赛车，要不是见哥哥们都回来了，说不定我的赛车能撞上一只落在地上的蜻蜓。"富商笑了，笑得满眼是泪，他摸着莱格挂满汗珠的脸蛋，把他搂在了怀里。

第二天，富商死了，他的孩子在床头发现一张小纸条，上面写着：孩子们，我并不需要蜻蜓，我需要的是你们捉蜻蜓的乐趣。

智慧真悟

幸福快乐与否，不在于目的的达到，而在于追求的本身及其过程。你在匆忙实现一个又一个目标的时候，是否偶尔停下来，享受一下生活的乐趣呢？

适可而止是一种战术

努力做到适可而止。

——犹太人格言

上帝制造了驴子，对它说："你是头驴子，要从早到晚不停地干活，在你的背上还需要驮着重物，你吃的是草而且缺乏智慧。你的寿命为50年。"

驴子就乞求上帝："我的主啊！50年是不是太长了，求求你再给我减去30年吧！"

上帝答应了。

上帝制造了狗，对它说："你呀，需要随时保持警惕，生活在你最好的伙伴——人类的身边，你吃的将是他们桌上的残食。你的寿命为25年。"

狗就乞求上帝："我的主啊！25年是不是太长了，求求你再给我减去15年吧！"

上帝答应了。

上帝制造了猴子，对它说："猴子啊，你将被悬挂在树上，像个白痴一样令人发笑。你的寿命是20年。"

猴子眨眨眼睛，问上帝："我的主啊！20年是不是太长了，求求你再给我减去10年吧！"

上帝也答应了它。

最后，上帝造了人。对他说："人，要有理性地生活在这个世界上，用你的智慧掌握一切，支配一切。你的寿命是20年。"

人听完是这样回答的："我的主啊！20年是不是太短了，你能不能将驴子拒绝的30年，狗拒绝的15年，和猴子拒绝的10年赐予我啊？"

上帝也同样答应了他的要求。

这是《塔木德》里的一个比较精彩的寓言故事。人的一生也就像上帝所安排的那样，人先是好好地活了20年属于自己的舒服日子，接着成家立业后，就如同驴子驮重物般地背着家庭包袱拼命地工作；然后像狗一样，守护着他的孩子，吃着他们的残羹剩饭；当人老的时候，他活得就又如猴子一般，扮演小丑去逗他们的子孙。人的贪欲造就人类颇为滑稽的一生，或许受这则故事的启示，犹太商人在做生意时，总能做到适可而止。

> **智慧真悟**
>
> 一个人不管大脑多么聪慧，长时间地紧张，过度疲劳地思考，就会开始麻木。要用八分的紧张和二分的松弛来保持最好的工作状态。

一只普通的烟斗

> 你不是个机灵鬼，别人就是个机灵鬼。
>
> ——犹太人格言

一位令人尊敬的拉比去世了。他所有的信徒都渴望得到他的一件遗物，留作纪念。其中一个信徒心系一柄烟斗，上面刻有精美的花纹。

"这要花你100个卢比。"拉比的妻子告诉他。

"对我来说这是一大笔钱。"信徒有些犹豫地说，"但是，请先给我看看，然后再决定。"

于是，拉比的妻子把烟斗给他，他点燃了它。你能想象发生了什么吗？

他刚吸完第一口不久，就仿佛看到了天堂的七重门全为他打开，里边有迷人的风景。

信徒大喜过望，赶快用激动的双手数了100个卢比，然后兴冲冲地带着烟斗回家了。

到家之后，他再一次点燃烟斗，并狠狠地吸了一大口。

你能想象发生了什么吗？

什么都没有！

什么都没有？

气昏了头的信徒赶忙去找新来的拉比，并上气不接下气地告诉他整个故事。

"我的孩子，"新拉比微笑着说，"事情很简单，当烟斗仍属于拉比时，你吸烟时就能看到他所看到的。但它一旦变成你的烟斗时，就成了一只普通的烟斗，那你只能看到你的平常所见了。"

智慧真悟

不要把自己的不顺归结于外在因素，其实有时候自己才是自己失败的罪魁祸首——世界没有改变，改变的只是我们的心情；财富的本质也没有改变，改变的只是我们对财富的不同理解。

比尔与油漆匠

> 不要让自己沉湎于悲痛，也不要庸人自扰。
>
> ——犹太人格言

历经磨难的犹太人，不管面对怎样的处境，总是能够尽量以积极的心态去面对。

比尔在一家汽车公司上班。很不幸，一次机器故障导致他的右眼被击伤，抢救后还是没有保住它，医生摘除了他的右眼球。

比尔原本是一个十分乐观的人，但现在却成了一个沉默寡言的人。他害怕上街，因为总是有那么多人看他的眼睛。

他的休假一次次被延长，妻子苔丝负担起了家庭的所有开支，而且她在晚上又兼了一个职，她很在乎这个家，她爱着自己的丈夫，想让全家过得和以前一样。苔丝认为丈夫心中的阴影总会消除的，那只是时间问题。

但糟糕的是，比尔的另一只眼睛的视力也受到了影响。比尔在一个阳光灿烂的早晨，问妻子谁在院子里踢球时，苔丝惊讶地看着丈夫和正在踢球的儿子。在以前，儿子即使到更远的地方，他也能看到。

苔丝什么也没有说，只是走近丈夫，轻轻抱住他的头。

比尔说："亲爱的，我知道以后会发生什么。我已经意识到了。"

苔丝的泪水就流下来了。

其实，苔丝早就知道这种后果，只是她怕丈夫受不了打击才要求医生不要告诉他。

比尔知道自己要失明后，反而镇静多了，连苔丝自己也感到奇怪。

苔丝知道比尔能见到光明的日子已经不多了，她想为丈夫留下点什么。她每天把自己和儿子打扮得漂漂亮亮的，还经常去美容院，在比尔面前，不论她心里多么悲伤，她总是努力微笑。

几个月后,比尔说:"苔丝,我发现你新买的套裙那么旧了!"

苔丝说:"是吗?"

她奔到一个他看不到的角落,低声哭了。她那件套裙的颜色在太阳底下绚丽夺目。

苔丝想,还能为丈夫留下什么呢?

第二天,家里来了一个油漆匠,苔丝想把家具和墙壁粉刷一遍,让比尔的心中永远是一个新家。

油漆匠工作很认真,一边干活还一边吹着口哨。干了一个星期,终于把所有的家具和墙壁刷好了,他也知道了比尔的情况。

油漆匠对比尔说:"对不起,我干得很慢。"

比尔说:"你天天那么开心,我也为此感到高兴。"

算工钱的时候,油漆匠少算了100美元。

苔丝和比尔说:"你少算了工钱。"

油漆匠说:"我已经多拿了,一个等待失明的人还那么平静,你告诉了我什么叫勇气。"

但比尔却坚持要多给油漆匠100美元,比尔说:"我也知道了原来残疾人也可以自食其力,生活得很快乐。"

油漆匠只有一只手。

智慧真悟

当我们觉得不开心的时候,不妨分析一下自己认识上的偏颇,摆脱顾影自怜的思想,更客观、更全面地看待自己和别人,尽量带着微笑生活。

健康的人生

> 聪明人永远不会因为忙而忽视了锻炼和保持身体的健康。他们知道，如果没有健康的体魄，一切都等于零。
>
> ——犹太人格言

有一次，美国商人约翰·巴布森乘飞机到以色列参加一项商务谈判，到达的那天刚好是周六。在美国，巴布森倍受交通堵塞之苦，因而看到这里街上汽车稀少、交通顺畅，他感到很奇怪。"你们首都的车辆就这么多吗？"他问他的犹太商人朋友谢文利。

谢文利解释道："你可能不了解犹太人的习惯，我们从每一周的周五晚上开始，一直到周六的傍晚为止，是禁烟、禁酒、禁欲的时间，一切杂念都要抛开，一心一意地休息和向神祈祷，人们一般都呆在家里，所以街上往来的汽车比平时少了很多。从周六的晚上起，才是我们真正的周末，我们可以尽情地享受。"

巴布森羡慕地说："你们犹太人真懂得休息与享受。"

谢文利不无得意地说道："因为我们明白只有健康的身体，才能享受快乐的人生。要想有健康的身体就必须吃好、睡好、玩好，健康是犹太商人最大的本钱。我们犹太人虽然立国已经有 2000 年了，并且长期在外流浪，遭人歧视和迫害，但并没有因此而绝种，这与我们注重养身之术是分不开的。"

智慧真悟

健康是一切革命的本钱，没有健康的身体，就不会有永久的财富。所以那些正在路上或者已经要上路的为金钱拼搏的朋友们，请适当地放慢脚步，关注一下您的财富之源——健康吧。

用心经营——积聚财富的手段

除非你十分了解内情，
否则千万不要买减价的东西。

农夫不是做生意的料

> 除非你十分了解内情，否则千万不要买减价的东西。
>
> ——犹太人格言

这是犹太人很推崇的一个故事。

有个农夫，由于庄稼种得好，生活过得很惬意。村子里的人都夸他聪明，并有人断言只要他做生意，肯定能发大财。

农夫的心就痒痒了，和妻子商量要做生意。他的妻子是个明白人，知道他不是做生意的料，就劝他打消这个念头。

但农夫主意已定，妻子怎么说都不行。见劝说无用，妻子就说，做生意总得有本钱吧，你明天就把家中的一只山羊和一头毛驴牵进城去卖了吧。妻子说完就回娘家了。她找来3个人，对他们如此这般地叮嘱了一番。

第二天，农夫兴冲冲地上路了。他妻子找来帮忙的人偷偷地跟在他的身后。

农夫贪睡，第一个人乘农夫骑在驴背上打盹之际，把山羊脖子上的铃铛解下来系在驴尾巴上，把山羊牵走了。

不久，农夫偶一回头，发现山羊不见了，忙着寻找。这时，第二个人走过来，热心地问他找什么。

农夫说山羊被人偷走了，问他看见没有。第二个人随便一指，说看见一个人牵着一只山羊从林子中刚走过去，准是那个人，快去追吧。

农夫急着去追山羊，把驴子交给这位"好心人"看管。等他两手空空地回来时，驴子与"好心人"自然都没了踪影。

农夫伤心极了，一边走一边哭。当他来到一个水池边时，却发现一个人坐在水池边，哭得比他还伤心。

农夫挺奇怪：还有比我更倒霉的人吗？就问那个人哭什么。

那人告诉农夫，他带着一袋金币去城里买东西，走到水边歇歇脚，洗把脸，却不小心把袋子掉进水里了。农夫说："那你赶快下去捞呀。"那人说自己不会游泳，如果农夫给他捞上来，愿意送给他 20 个金币。

农夫一听喜出望外，心想：这下子可好了，羊和驴子虽然丢了，可是能到手 20 个金币，损失全补回来还有富裕啊。他连忙脱光衣服跳下水捞起来。当他空着手从水里爬上岸，他的衣服、干粮也不见了，仅剩下的一点钱还在衣服口袋里装着呢。

当农夫回到家，惊奇地发现山羊和毛驴竟然还在家中，他的妻子说："没出事时麻痹大意，出现意外后惊慌失措，造成损失后急于弥补。你连这些基本的风险都预料不到，又怎么能在商海里征战呢，还是老老实实地在家中种地吧！"

智慧真悟

对于自己不熟悉的领域，如果没有足够的本领与能力，就不要轻易涉足；否则除去失败，没有第二个结局。

16 岁的总经理

致富不能盲目行事，要靠智慧加适当的变通。
——犹太人格言

一说起"参孙办公"，大家都会想到商用公事包和皮箱。这个"参孙办公"的创始者史韦达也是犹太人。

他在 1900 年初跟随父亲从东欧移居到美国。最初，他的父亲在纽约开了一家杂货店，但是经营得很不好。于是，他又搬到芝加哥从事别的买卖，但又失败了。他的父亲因为借了很多钱，已经没法回头了，就全国各地跑。最后，他在科罗拉多州的迪邦市开了一家蔬菜店，还是没有赚到什么钱。看样子，他还要重新尝试了。史韦达看到因日夜奔波而面容憔悴的父亲，就说："让我来经营吧。"

当时，迪邦是有名的疗养胜地，每年客人都络绎不绝。在蔬菜店的门口就能看到客人们拎着手提箱从停车场出来，走向疗养地。如果再仔细看，多半回来的客人的手提箱都坏了，只由一根拎带绑着。他观察到这一点，就把父亲的蔬菜店改成了皮包店。真是近水楼台先得月，这个店因为临近停车场而卖了很多皮包。

最初，供货的是纽约的皮包制造商，他们争相向史韦达的店供货。仅仅两年的时间里，史韦达店的皮包销量就在全美首屈一指，店铺的规模也变得越来越大。如果去看史韦达的总店，就会发现它只是一个盖在农村的平房，但里面有纽约最新潮的和由名家设计的皮包。就这样，他的店越来越有名。

在这期间，大生产商都会找时间和史韦达见面，对他表示感谢之情。有一次，他们决定在纽约宴请史韦达。在史韦达到达的那一天，各个公司的代表或总经理都到纽约铁路终点站来接站，那景象好像是纽约经济团体的大聚会。但当大家看到从列车上下来的史韦达，都吃了一惊。这位史韦达商会的总经理竟然是一位16岁的少年！

再以后，史韦达决定自己制造皮包。他致力于制作即使遭受碰撞也不易破损的坚固皮包。他把自己制作的皮包称作"参孙"。为什么呢？他在小时候，一直被一个《圣经》故事感动着，主人公就是一个具有超凡能力的英雄，名字叫"参孙"。他一直不能忘怀这个名字，所以就用它给自己的产品命名，以此来纪念自己儿时的梦。在他的店前驻足的客人们都非常挑剔，正是这个，成了催生"参孙"这个品牌的契机。

智慧真悟

作为商人，要能够正视和把握现实，并对现实进行合理的判断，既不能盲目行事，又不能优柔寡断。

任何东西都可以变成商品

> 追求财富是值得尊敬的目标。
>
> ——犹太人格言

在犹太人眼里，"一切都是商品，一切都可用来赚钱"，连国籍都不例外。商人罗恩斯坦就是一个典型的靠国籍发财致富的人。

罗恩斯坦的国籍是列支敦士登，但他并非生来就是列支敦士登的国民，他的列支敦士登国籍是用钱买来的。他为什么要买此国籍呢？

列支敦士登是处于奥地利和瑞士交界处的一个极小的国家，人口有两万人，面积只有157平方公里。但这个小国与别国相比，有个与众不同的特点，就是税金特别低。这一特征对外国商人有极大的吸引力，引起各国商人们的注意。为了赚钱，该国出售国籍，定价7000万元，获取该国国籍后，无论有多少收入，只要每年缴纳10万元税款就行了（不分贫富）。

因而，列支敦士登国便成为世界各国有钱人向往的理想国家，他们极想购买该国的国籍，然而，一个小国容纳不下太多的人，所以想买到该国国籍也并不容易。

但是，这难不倒机灵的犹太商人。罗恩斯坦就是购买到列支敦士登国籍的犹太商人之一。他把总公司设在列支敦士登国，办公室却设在纽约。在美国赚钱，却不用交纳美国的各种名目繁杂的税款，只要一年向列支敦士登国交纳10万元就足够了。他成为合法逃税者，减少税金，获取更大利润。

罗恩斯坦经营的是"收据公司"，靠收据的买卖，可赚取10%的利润，在他的办公室里，只有他和他的女打字员两人，打字员每天的工作，是打好发给世界各地服饰用具厂商的申请书和收据，他的公司实质上是斯瓦罗斯基公司的代销公司，他本人也可以说是一个代销商。提及斯瓦罗斯基公司，便想起罗恩斯坦致富的本钱——美国国籍，下面是罗恩斯坦的那段故事：

达尼尔·斯瓦罗斯基家是奥国的名门，他们的公司世世代代都生产玻璃制假钻石的服饰用品。精明的罗恩斯坦最初便看准了这家公司。只是时机未到，他只好静静地耐心等候。

第二次世界大战后，斯瓦罗斯基的公司，因在大战期间迫于德军的压力而不得不为其制造望远镜，故法军决定将其接收，当时是美国人的罗恩斯坦，获知情况后，立即与达尼尔·斯瓦罗斯基家进行交涉：

"我可以和法军交涉，不接收你的公司，交涉成功后，请将贵公司的代销权让给我，直到我死为止，阁下意见如何？"

斯瓦罗斯基家，对于犹太人如此精明的条件十分反感，大发雷霆。但经冷静考虑后，为了自身的利益，只好委曲求全，为保住公司的巨大利益而全部接受了他的条件。

对法国军方，他充分利用美国是个强国的威力，震住了法军。在斯瓦罗斯基接受了他的条件后，他马上前往法军司令部，郑重提出申请：

"我是美国人罗恩斯坦，从今天起斯瓦罗斯基的公司，已变成我的财产，请法军不要予以接收。"

法军哑然，因为罗恩斯坦已经是斯瓦罗斯基的公司主人，因此公司的财产属于美国人。法军无可奈何，不得不接受罗恩斯坦的申请，放弃了接收的念头。美国人的公司法国是不敢接收的，因为他们惹不起美国。

此后，罗恩斯坦未花一分钱，便设立了斯瓦罗斯基公司的"代销公司"，大把地赚取钞票。他真可谓是不沾手便能赚大钱的干将。

罗恩斯坦的致富，是国籍帮了他的大忙，以美国国籍作为发家的本钱，再靠列支敦士登国的国籍逃避大量税收，从而赚取尽可能多的钞票。

智慧真悟

"有心遍地财，处处是生意。"只要细心观察，巧做经营，生意是找得到的，钱财是挣得到的。

富翁不是攒的

> 如果赚的钱都揣进自己的腰包，你就不是一个真正的富翁。
>
> ——犹太人格言

卡恩站在百货商场前，目不暇接地看着形形色色的商品。他身旁有一位穿戴很体面的犹太绅士，站在那里抽着雪茄。

卡恩恭恭敬敬地对绅士说：

"您的雪茄很香，好像不便宜吧?"

"2美元一支。

"好家伙……那您一天得抽多少支呀?"

"10支。"

"天哪！这么多！……您抽多久了?"

"40年前我就抽上了。"

"什么，您仔细算算，要是不抽烟的话，那些钱就足够买下这幢百货商场了。"

"这么说，您不抽烟?"

"是的，我不抽烟。"

"那么，您买下这幢百货商场了吗?""没有。"

"告诉您，这幢百货商场就是我的。"

不否认卡恩的聪明，但是他的智慧是死智慧，绅士的智慧才是活智慧，巨大的财富都是靠财富繁殖出来的，靠克扣自己则很难攒成巨富。当然，我们并不是说攒钱是错误的，关键的问题是一味的攒钱，花钱的时候，就会极其的吝啬，这会让你获得贫穷的思想，从而没有发大财的机会。

善于借助各方面的力量

你赚的钱12.5%来自知识，87.5%来自关系。

——犹太人格言

犹太人的格言说："山峰永不相遇，而人却时时相逢。"这就是要我们重视人际关系。犹太人相信：你的专业本领往往只能给你带来一种机会，而交际本领则可以给你带来百种千种机会；专业本领只能利用自身能量，而交际本领则可使你利用外界的无限能量。

犹太富豪洛克菲勒经过奋斗，他的公司业绩蒸蒸日上。由于是白手起家，财力有限，在和一些对手竞争时处于劣势，这样，他梦想垄断炼油和销售的计划只能暂时搁置在一边。

经过仔细调查和认真分析，洛克菲勒认为："原料产地的石油公司在需要用铁路的时候就用，不需要的时候就置之不理，总是反复无常，使得铁路经常无生意可做，铁路的运费收入也就非常不稳定。这样，一旦我们与铁路公司订下一个保证日运油量的合约，对铁路方面必是如荒漠遇甘泉般的及时，那时铁路公司在给我们运输时必定会大打折扣。打折扣的秘密只有我们和铁路公司知道，这样的话，别的公司在这场运价竞争中必败无疑，那么垄断石油产业就指日可待。"之后，洛克菲勒在两大铁路巨头顾尔德和凡德毕尔特之间经过权衡，选择了贪得无厌的铁路霸主凡德毕尔特作为谈判对象，最后双方终于达成协议：洛克菲勒每天保证运输 60 车皮的石油，但铁路上必须打 20% 的折扣。

这样不仅挫败了铁路的垄断权，而且大大减少了运输石油的成本。低廉的价格为洛克菲勒赢得了广阔的市场，大大增加了竞争实力，使洛克菲勒又向控制世界石油市场的宏伟目标迈进了一步。

智慧真悟

洛克菲勒在和同行业的竞争中身为弱者，他如果和对手面对面竞争，不一定能够获胜，但他最终巧妙地借助第三者——铁路霸主的力量，以低廉的运输价格挤垮了同行，实现了其"小鱼吃大鱼"的愿望。

违约者必须遭到报复

契约与合同一旦签订，就没有协商的余地了。

——犹太人格言

有这样一则《塔木德》寓言：

很久很久以前，有个漂亮的姑娘和家里人一块儿出外旅行。途中，姑娘离开家人信步溜达，不知不觉中走迷了路，来到了一口井边。

当时，她正觉得口渴，就攀着吊桶，下到井里去喝水。结果，喝完了水，却攀不上井来，急得大声哭喊着求救。

这时，刚好有个青年男子打这儿路过，听见井下有人在哭喊，便设法把她救了上来。两个人一见钟情，都表示要永远相爱。

有一天，这个青年不得不出外旅行，临行前特地到她家来见她，和她道别，并且约好，要继续信守旧约。他们双方都表示，不管等待多久，也一定要同对方结婚。

两人订下了婚约后，正想请谁来担任证人，这时候，姑娘刚好看见有一只黄鼠狼走过，跑进了树林。于是，她说："现在那只黄鼠狼和我们旁边的那口井，就是我们的证人了。"

两个人就此分别。

过了好多年，姑娘一直守着贞洁，等待未婚夫的归来。可是，他却已在遥远的他乡结了婚，生了孩子，过着快乐的生活，完全把原先的婚约给忘了。

一天，孩子玩累了，躺在草地上便睡着了。这时，跑出来一只黄鼠狼，咬了孩子的脖子，孩子死了。他的父母都非常伤心。

后来他俩又生了一个孩子，所以又生活得很幸福。这个男孩长大了，会自己到外面去玩了。有一天，他来到一口井边，为了观看井下水面上映出的影子，一不小心，掉落井里，溺死了。

到这个时候，那男青年终于记起了从前和那位姑娘的婚约，当时的婚约证人正是黄鼠狼和水井。

于是，他便将事情全都告诉了妻子，同她离了婚。

青年回到姑娘住的村子，而她还在等着他。两个人终于结了婚，过着幸福的日子。

很明显，这是一个在神佑之下合约（婚约）得到履行的故事。

值得注意的是，在这个故事中，对违约行为的惩罚不是直接落在违约者本人的头上，比如让他喝醉了酒掉井里淹死，或让黄鼠狼咬了得病不治而死（不过证人黄鼠狼的小命也得搭进去了），却是让两个无辜的孩子当替罪羊，读来难免于心不忍。

其实，这本是一个劝人为善、劝人守约的寓言，其寓意根本上在于无论如何要使合约得以履行。要是让违约人一死了之，那就既不符合犹太人"憎恨罪，但不憎恨人"的信条，而且合约也彻底没了希望，守约的姑娘只好于受损失空守闺房一辈子。

所以，故事就毫不怜惜地让惩罚落在违约行为所带来的"赢利"上，即两个孩子身上。在这里，孩子只是一种象征，象征着违约行为的首要成果。

这就从根本上抽去了违约行为的内在意义，使它成为一个纯粹的无谓之举，甚至自讨苦吃之举。这对"违约"夫妻不是两次获得"赢利"而又两次从"幸福"坠入痛苦之中吗？

从这个节骨眼入手，可以说是对"违约病"的最有效的针砭。

在现实生活中，犹太人对内部的违约者采取的是逐出教门的办法。在生意场上，一个受到犹太共同体排斥的"犹太人"可以说是绝难再生存下去（作为生意人生存下去）的。

而对于非犹太人，则一方面毫不留情地上诉法院，要求强制执行合约，或者赔偿损失；另一方面，犹太共同体相互通报，以后不再同此人做生意。

智慧真悟

欺骗别人等于欺骗自己，因为言而无信的人同样也得不到别人的信任，没有人愿意和他打交道，最后陷于孤立而一事无成。

头脑是制胜的本钱

一个人应该寻找对自己最有利的角度来观察生活。

——塔木德格言

一个以色列人、一个英国人和一个法国人被一群强盗劫持。

为首的一个强盗发了善心，允许他们在被杀死前做最后一件事。

法国人说他临死前想做的最后一件事，就是想和女朋友再亲热一番；英国人说最大的心愿就是写份遗嘱，强盗们给他找来了纸笔；以色列人却站着一动也没动。

好生奇怪的强盗头子走上前去，问以色列人："你怎么不说说你的心愿？"以色列人却说："我别的不想，只想让你踢我屁股一脚。"

"哈哈！"强盗头子被他这奇怪的心愿逗得大笑起来。笑完后，猛然间，抬起大脚，狠狠地踢了以色列人屁股一脚。

以色列人一个趔趄，就在这一瞬间，他转身取出藏在身上的枪，"啪啪"

几声枪响后，强盗们便立马成了他的枪下之鬼。

见此情景，英国人和法国人便问那个以色列人："既然你身上带着枪，强盗们刚劫持我们时你为什么不开枪，要乖乖做人家的俘虏？"

以色列人满脸疑惑地说："当初，我的身体又没有受到他们的伤害，我没有理由开枪打死他们。我让强盗头子踢我屁股的原因，他就是在伤害我，对我的人身安全构成威胁，那我就可以名正言顺地以自卫的名义开枪打死他。"

这个以色列人并不是办事呆板，而是因为他深谙法律条文，采用了一种既能报复对方又属于合理自卫，还不违反法律的最好方式。

智慧真悟

要做守法的楷模，不可违法经营。但是要花费很多精力研究各种法律，以便找到漏洞，充分地利用它们。

较少资金同样可以把生意做大

> 花一块钱，就要发挥一块钱的100%的功效。
>
> ——犹太人格言

做生意总得要有本钱，但本钱总是有限的，连世界首富也只不过百亿美元左右。但一个企业，哪怕是一般企业，一年也可做几十亿美元的生意，如果是大企业，一年要做几百亿美元的生意，而企业本身的资本，只不过几亿或几十亿美元。他们靠的是资金的不断滚动周转，把营业额做大。一个企业会不会做生意，很重要的一条就是看其能否以较少的资金做较多的生意。

普利策出生于匈牙利，后随家人移居到美国生活。美国南北战争期间他曾在联盟军中服役。复员后学习法律，21岁时获得律师开业许可证，开始了他独自创业的生涯。

　　普利策是个有抱负的年轻人，他觉得当个律师创不了大业，反复思考和观察把一个有广阔发展余地的行业作为自己的立足点。经过深思熟虑，他确定进军报业界。

　　普利策既无资本，又没有办报经验，如何能办起一家报纸并能使它赚钱呢？对一般人来说，这是连想也不敢想的，更没有胆量去这个"大海"游泳、冲浪。但普利策选定了这个目标后，毫不动摇地一步步往前迈进。他想，人生之成功，与其说是战胜别人，不如说是战胜自己。一个人要有自己的人生目标，一旦目标确定后，就要树立雄心，战胜一切畏难思想，无怨无悔地往目标攀登，成功总是酬报有志者的。

　　古希腊物理学家阿基米德说过："只要给我一个支点，就能使地球移动。"这给普利策很大启发，他决心先找一个"支点"，有了"支点"才去实现移动"地球"的壮举。据此，他千方百计寻找进入报业工作的立足点，以此作为他千里之行的起步点。经过"跑断腿，磨破嘴"的历程，他找到圣路易斯的一家报馆，那老板见这位年轻人如此热心于报业工作，机敏聪慧，勉强答应留下他当记者，但有个条件，以半薪试用1年后再商定去留。

　　为了实现自己的目标而屈就，普利策全力投入该工作。他勤于采访，认真学习和了解报馆的各环节工作，晚间不断地学习写作及法律知识。他写的文章和报道不但生动、真实，而且法律性强，不会引起社会的非议和抨击，吸引着广大读者。老板高兴地吸收他为正式工，第二年还提升他为编辑，他的收入也因此增多了，开始有点积蓄。

　　几年后，对报社工作了如指掌了，他决定用自己的一点积蓄买下一间濒临歇业的报馆，开始创办自己的报纸，取名为《圣路易斯邮报快讯报》。

　　普利策自办报纸后，资本严重不足，但他善于借用别人的力量，使用别人的资金，很快就渡过了难关。他是怎么借用别人力量呢？

　　19世纪末，美国经济开始迅速发展，商业开始兴旺发达，很多企业为了加强竞争，不惜投入巨资搞宣传广告。普利策盯着这个焦点，把自己的报纸办成以经济信息为主，加强广告部，承接多种多样的广告。就这样，他利用客户预交的广告费使自己有资金正常出版发行报纸，发行量越来越大。开办5年，每年为他赚了15万美元以上。他的报纸发行量越多，广告也越多，他的收入进入良性循环，不久他发了财，成为美国报业的巨头。

　　普利策能够从两手空空到腰缠万贯，是一位做无本生意而成功的典型。他初时分文没有，靠打工挣的半薪，然后以节衣缩食省下的极有限的钱，一刻不闲置地滚动起来，发挥更大作用。

智慧真悟

> 判断一个企业家是不是有头脑，会不会做生意，很重要的一条就是看其能否以较少的资金做较多的生意。

尝试为别人解决一个难题

> 做生意必须把 78% 的精力放在 22% 的客户上，不能平均使用力量。
>
> ——犹太人格言

在达瑞 8 岁的时候，有一天他想去看电影。因为没有钱，他想是向爸妈要钱，还是自己挣钱。最后他选择了后者。他自己调制了一种汽水，向过路的行人出售。可那时正是寒冷的冬天，没有人买，只有两个人例外——他的爸爸和妈妈。

他偶然有一个和非常成功的商人谈话的机会。当他对商人讲述了自己的"破产史"后，商人给了他两个重要的建议：一是尝试为别人解决一个难题；二是把精力集中在你知道的、你会的和你拥有的东西上。

这两个建议很关键。因为对于一个 8 岁的孩子而言，他不会做的事情很多。于是他穿过大街小巷，不停地思考：人们会有什么难题，他又如何利用这个机会？

一天，吃早饭时父亲让达瑞去取报纸。美国的送报员总是把报纸从花园篱笆的一个特制的管子里塞进来。假如你想穿着睡衣舒舒服服地吃早饭和看报纸，就必须离开温暖的房间，冒着寒风，到花园去取。虽然路短，但十分麻烦。

当达瑞为父亲取报纸的时候，一个主意诞生了。当天他就按响邻居的门铃,对他们说,每个月只需付给他 1 美元,他就每天早上把报纸塞到他们的房门底下。大多数人都同意了,很快他有了 70 多个顾客。一个月后,当他拿到自己赚的钱时,觉得自己简直是飞上了天。

很快他又有了新的机会,他让他的顾客每天把垃圾袋放在门前,然后由他早上运到垃圾桶里,每个月加 1 美元。之后他还想出了许多孩子赚钱的办法,并把它集结成书,书名为《儿童挣钱的 250 个主意》。为此,达瑞 12 岁时就成了畅销书作家,15 岁有了自己的谈话节目,17 岁就拥有了几百万美元。

智慧真悟

产品和服务是为顾客提供的,只有适销对路的产品和能够帮助顾客解决实际困难的服务才能畅销不衰,有前途和生命力。

一笔生意,两头赢利

如果真正给别人提供了方便,你也一定会从中受益。

——塔木德格言

著名的美国犹太银行莱曼兄弟公司,是一家历史悠久的老字号,一度年利润达到 3500 万美元。而其创造人却是一个牛贩子的儿子。

亨利·莱曼,是从欧洲到美国来的莱曼家庭的第一代。他在美国南方做了一段时间的行商之后,跟他的两个弟弟伊曼纽尔和迈那一起在亚拉巴马的蒙哥马利定居下来,当上了杂货店的老板。

该地本是一个产棉区,农民手里多的是棉花,但却没有现钱去买日用杂货,于是就产生了他用杂货去交换棉花的方式,双方都皆大欢喜,农民得到了需要的商品,他也卖掉了杂货。

这种方式不仅吸引了所有没有钱买日用品的顾客，扩大了销售，而且有利于莱曼兄弟压低棉花价格，提高日用品的价格，并且使杂货店本来应去进货之际，顺便把棉花捎去，避免了单向进货，岂不省下一笔运输费？

没过多久，莱曼兄弟便由杂货店小老板发展成经营大宗棉花生意的商人，棉花典当成了他们的主要业务。美国南北战争期间，莱曼家庭在伦敦推销联邦的商务，在欧洲大陆推销棉花。战后，他们在纽约开办了一个事务所，并于1887年在纽约交易所中取得了一个席位，成为一个"果菜类农产品、棉花、油料代办商"，从此走上了规模化发展的道路。

莱曼正是因为给别人提供了方便，自己才获得了更多的经济利益。

（智慧真悟）

　　顾客就是上帝，如果在如何满足顾客和方便顾客的问题上做足了文章，你一定会获得丰厚的利润。

善用别人的"钱袋子"

> 金钱得以使我们的肉体生存，之后我们才能膜拜上帝。
> ——犹太人格言

美国第一旅游公司副董事长尤伯罗斯，在任第23届洛杉矶奥运会组委会主席时，为奥运会盈利1.5亿美元。他就是靠着非凡的"借术"而成功的。

奥运会，当今最热闹的体育盛会，却穷得丁当响。1972年在联邦德国慕尼黑举行的第20届奥运会所欠下的债务，久久不能还清；1976年加拿大蒙特利尔第21届奥运会，亏损10亿美元；1980年在莫斯科举行的第22届奥运会耗资90多亿美元，亏损更是空前。

从1898年现代奥运会创始以来，奥运会几乎变成了一个沉重的包袱，谁背上它都会被它造成的巨大债务压得喘不过气来，在这种情况下，洛杉矶市却奇迹般地提出了申请，它声称将在不以任何名义征税的情况下举办奥运会。特别是尤伯罗斯任组委会主席后更是明确提出，不要政府提供任何财政资助，政府不掏一分钱的洛杉矶奥运会将是有史以来财政上最成功的一次。

没有资金怎么办？借。在美国这个商业高度发达的国家，许多企业都想利用奥运会这个机会来扩大本企业的知名度和产品销售，尤伯罗斯清楚地看到了奥运会本身所具有的价值，把握了一些大公司想通过赞助奥运会以提高自己知名度的心理，决定把私营企业赞助作为经费的重要来源。他亲自参加每一项赞助合同的谈判，并运用他卓越的推销才能，挑起同业之间的竞争来争取厂商赞助。对赞助者，他不因自己是受惠者而唯唯诺诺，反而对他们提出了很高的要求。比如，赞助者必须遵守组委会关于赞助的长期性和完整性的标准，赞助者不得在比赛场内、包括空中做商业广告，赞助的数量不得低于 500 万美元，本届奥运会正式赞助单位只接受 30 家，每一行业选择一家，赞助者可取得本届奥运会某项商品的专卖权。这些听起来很苛刻的条件反而使赞助具有了更大的诱惑性，各大公司只好拼命抬高自己赞助额的报价。仅仅这一个妙计，尤伯罗斯就筹集了 3.85 亿美元的巨款，是传统做法的几百倍。另外赞助费中数额最大的一笔交易是出售电视转播权。

尤伯罗斯巧妙地挑起美国三大电视网争夺独家播映权的办法，借他们竞争之机，将转播权以 2.8 亿美元的高价出售给了美国广播公司，从而获得了本届奥运会总收入 1/3 以上的经费。此外，他还以 7000 万美元的价格把奥运会的广播权分别卖给了美国、欧洲和澳大利亚等。

庞大的奥运会，所需服务人员的费用是一笔很大的开销，尤伯罗斯在市民中号召无偿服务，成功地"借"来三四万名志愿服务人员为奥运会服务，而代价只不过是一份廉价的快餐加几张免费门票。

奥运会开幕前，要从希腊的奥林匹亚村把火炬点燃，空运到纽约，再蜿蜒绕行美国的 32 个州和哥伦比亚特区，途经 41 个大城市和 1000 个镇，全程 1.5 万公里，通过接力，最后传到洛杉矶，在开幕式上点燃火炬。以前的火炬传递都是由社会名人和杰出运动员独揽，并且火炬传递也只是为了吸引更多的人士参与奥运会，有的国家花了巨资也吃力不讨好，有的国家干脆用越野车拉着到全国转一圈就完了。尤伯罗斯看准了这点：以前只有名人才能拥有的这份权利、这份殊荣，一般人也渴望得到。他就宣传：谁要想获得举奥运火炬跑 1 公里的资格，可交纳 3000 美金。结果人们蜂拥着排队去交钱！是他们找不到地方花钱吗？不是。他们都认为这是一次难得的机会，因为在当地跑 1 公里，有众多的亲朋、同事、邻里观看，在鼓掌、在喝彩，这是种巨大的荣誉。仅这一项又筹集了 4500 万美元。

另外，在门票的售出方式上，打破以往奥运会当场售票的单一做法，提前一年将门票售出，由此获得丰厚的利息。由于尤伯罗斯的成功经营，奥运会总收入 6.19 亿美元，总支出为 4.69 亿美元，净盈利为 1.5 亿美元。收入结果公布后，一下子轰动了全世界。

借他人的"钱袋"、"脑袋"，发自己的小财，需要胆识，更需要技巧。犹太人有一句经商名言："如果你有 1 块钱，却不能做成 10 元甚至 100 元的生意，你永远成不了真正的企业家。"所谓生意的成功，并不是只顾实行自己的构想，而是巧妙地运用他人的智慧和金钱，以创造另一番事业。而生意之所以失败，则是其中的经营者被成功冲昏了头脑，不知不觉地走向自我专制；凡事以个人构想为中心，要下属执行，漠视了其他人的意见，无形中是把所有人的智慧抹煞，倒退至一个人经营的局面。

在借用别人的"钱袋子"的时候，必须要有明确的目标，将赚回来的钱除去基本开支外，其余的放回生产线上；社会上最普遍的筹集他人资金以发展事业的机构是银行和保险公司。

智慧真悟

如果有雄心在商业上大干一番事业，必须借用别人的资源；固守个人风格，只会困于"自己"的圈子，永远写不出令人震惊的大手笔。

冒险越大，赚钱越多

> 投资就像按照食谱烤面包一样简单。想要致富，只要照计划、食谱或公式去做就行了。
>
> ——犹太人格言

要想做成任何一件事都有成功和失败两种可能。当失败的可能性大时，却偏要去做，那自然就成了冒险。问题是，许多事很难分清成败可能性的大小，那么这时候也是冒险。而商战的法则是冒险越大，赚钱越多。当机会来临时，不敢冒险的人，永远是平庸之人。有不少时候，犹太商人正是靠准确地把握这种"风险"之机而得以发迹。犹太大亨哈默在利比亚的一次冒险成功，就是一个很好的案例。

当时，利比亚的财政收入不高。在意大利占领期间，墨索里尼为了寻找石油，在这里大概花了1000万美元，结果一无所获。埃索石油公司在花费了几百万收效不大的费用之后，正准备撤退，却在最后一口井里打出油来。壳牌石油公司大约花了5000万美元，但打出来的井都没有商业价值。西方石油公司到达利比亚的时候，正值利比亚政府准备进行第二轮出让租借地的谈判，出租的地区大部分都是原先一些大公司放弃了的利比亚租借地。根据利比亚法律，石油公司应尽快开发他们的租借地，如果开采不到石油，就必须把一部分租借地还给利比亚政府。第二轮谈判中就包括已经打出若干眼"干井"的土地，但也有许多块与产油区相邻的沙漠地。

来自9个国家的40多家公司参加了这次投标。参加投标的公司，有很多是"空架子"，他们希望拿到租借地后再转租。另一些公司，其中包括西方石油公司，虽财力不够雄厚，但至少具有经营石油工业的经验。利比亚政府允许一些规模较小的公司参加投标，因为它首先要避免的是遭受大石油公司和大财团的控制，其次再去考虑资金有限等问题。

哈默虽然充满信心，但前程未卜，尽管他和利比亚国王私人关系良好。但是，他不仅这方面经验不足，而且同那些一举手就可以推倒山的石油巨头们相比，竞争实力悬殊太大，真可谓小巫见大巫。但决定成败的关键不仅仅取决于这些。

哈默的董事们都坐飞机赶来了，他们在 4 块租借地投了标。他们的投标方式非同一般，投标书用羊皮证件的形式，卷成一卷后用代表利比亚国旗颜色的红、绿、黑三色缎带扎束。在投标书的正文中，哈默加了一条：他愿意从尚未扣税的毛利中拿出一部分钱供利比亚发展农业用。此外，还允诺在国王和王后的诞生地库夫拉附近的沙漠绿洲中寻找水源。另外，他还将进行一项可行性研究，一旦在利比亚找出水源，他们将同利比亚政府联合兴建一座制氨厂。

最后，哈默终于得到了两块租借地，使那些强大的对手大吃一惊。这两块租借地都是其他公司耗巨资后一无所获而放弃的。

这两块租借地不久就成了哈默烦恼的源泉。他钻出的头 3 口井都是滴油不见的干孔，仅打井费就花了近 300 万美元，另外还有 200 万美元用于地震探测和向利比亚政府的官员交纳的不可告人的贿赂金。于是，董事会里有许多人开始把这项雄心勃勃的计划叫做"哈默的蠢事"，甚至连哈默的知己、公司的第二股东里德也失去了信心。

但是哈默的直觉促使他固执己见。在和股东之间发生意见分歧的几周里，第一口油井出油了，此后另外 8 口井也出油了。这下公司的人可乐坏了，这块油田的日产量是 10 万桶，而且是异乎寻常的高级原油。更重要的是，油田位于苏伊士运河以西，运输非常方便。与此同时，哈默在另一块租借地上，采用了最先进的探测法，钻出了一口日产 7.3 万桶自动喷油的油井，这是利比亚最大的一口油井。接着，哈默又投资 1.5 亿美元修建了一条日输油量 100 万桶的输油管道。而当时西方石油公司的资产净值只有 4800 万美元，足见哈默的胆识与魄力。之后，哈默又大胆吞并了好几家大公司，等到利比亚实行"国有化"的时候，他已羽翼丰满了。这样，西方石油公司一跃而成为世界石油行业的第八个姊妹了。

哈默的一系列事业成功，完全归功于他的胆识和魄力，他不愧为一个犹太大冒险家。

智慧真悟

高风险，意味着高回报。只有敢于冒险的人，才会赢得人生辉煌；凭着过人的胆识，抱着乐观从容的风险意识知难而进、逆流而上的人，往往会赢得出人意料的成功。

迅速把业务拓展到国外去

进攻需要时机，最好的时机莫过于抓住对方的缺陷狠狠地拿捏两下。

——犹太人格言

比奇特尔公司虽然是世界级的建筑工程大企业，名闻遐迩，但它却是一家私人拥有的企业，这家公司历史近百年，是一位德国犹太移民在 1898 年创立的。这位犹太人叫沃伦·比奇特尔，他刚创立该公司时，是从事一些建筑维修业务的。由于没有什么资本，公司设在一间只有 10 多平方米的小房，共有员工 10 多个。经过 60 多年的经营，比奇特尔公司有了一定的发展，能从维修业务扩展到建筑较大的工程楼宇，成为一个中小型建筑企业。该公司真正进入迅速发展是从 20 世纪 60 年代开始的。

1960 年，沃伦·比奇特尔的孙子斯蒂芬·比奇特尔出任公司的总裁。当时他才 35 岁，他有知识、有魄力，上任不久，即对本公司的经营方针和管理办法进行全面改革。经过几年时间，公司面貌发生了根本性的变化，由一个中小企业跃升为美国的大企业。

1973 年，斯蒂芬·比奇特尔成为该公司的董事长，在他的直接主管下，很快发展成为跨国公司乃至世界顶尖级建筑工程大企业，引起世界建筑行业人士刮目相看，惊叹不止。

斯蒂芬·比奇特尔拓展业务的思维方法，与其长辈形成鲜明反差，他一直保持"人苦不知足，既得陇复望蜀"的思想，要不断进取。他在国内扎下根和扩展业务后，迅速把业务拓展到国外去。首先，他把重心瞄准阿拉伯，因为阿拉伯国家从 20 世纪 70 年代开始大量开发石油，那里有许多重大工程需要建设。他亲自率领专家和有关人员到那里进行一个个项目的洽谈，取得圆满的成功。

斯蒂芬·比奇特尔在阿拉伯地区的市场取得了绝对优势后，又向太平洋地区及全球目标发展。20 世纪 80 年代开始，他先在印度尼西亚、马来西亚等新兴工业发展国家承建工程，继而向中国台湾发展。现在，比奇特尔公司的营业额中，国内工程占 50% 左右，在中东地区占 15%，在太平洋地区约占 15%，世界其他地区占 20%。近年来，斯蒂芬为了进一步扩大公司的业务，多元化经营战略战术变得宽广灵活，该公司除了承建工程外，自办了比奇特尔电力公司、比奇特尔石油公司、比奇特尔采矿和矿产公司等，这些自办公司每年营业额已达 30 多亿美元。

斯蒂芬·比奇特尔主管的公司已成为扬名世界的建筑工程跨国大企业。作为商人，要采取一切可能的手段，不断发展和壮大自己的事业。

智慧真悟

真正的商人不会局限在自己头顶的那片天空，他们还会不停地追逐新的利益点。在世界紧密联系的今天，能抓住世界的市场是很有必要的。

"温柔"地回绝

> 为了保护自己的利益，有时你需要做得既像真的又不完全是真的。
>
> ——犹太人格言

某日，美国一家生产乳制品的大工厂来了一位气冲冲的顾客。他对厂里的犹太人、总经理克鲁特说："先生，你们生产的乳制品存在着一些问题，我在里面发现了一只活的大苍蝇，我要求你们赔偿我的精神损失。"之后这位顾客提出一个天文数字的赔偿数目。

像这种乳制品生产线的生产管理是十分严格的，为了防止乳制品发生氧化反应，每次都要将罐内所有的空气抽去，然后灌入一些惰性气体后再予以密封。在这种严格条件下生产的乳制品，其内根本不可能有活的苍蝇存在。

由于关系到公司的声誉，克鲁特不好立即揭穿那个人的骗局，只是很有礼貌地请他到远离员工的一间会客室里，那位顾客边走边骂。当这名顾客再次提出抗议并要求赔偿时，克鲁特显得很大度，他为对方倒了一杯水，然后慢条斯理地说："先生，看来你说的是真的，这显然是我们的失误。不过请你放心，我会给你一个满意的答复。由于这个问题关系重大，我们绝对不会忽视。这样吧，你稍微等一下，我马上命令他们停止工作，并关闭所有的机器，以查明错误的来源。因为我们公司有项严格的规定，哪一个生产环节出现问题就由谁来负责，待我把那位失职的主管叫出来，让他给你赔礼道歉。"说完后，克鲁特一脸严肃地命令一位工程师："你立刻去关闭所有的机器，虽然在我们的生产流程中不应该出现这样的错误，但这位先生既然发现了，我们就有义务给他一个满意的答复。"

那位顾客原本只是想骗取一些钱财，但他万万没有想到自己的话会引起这么严重的后果，心里不免有些紧张，他担心自己的骗局被揭穿，那么他就要承担整个工厂因停工而造成的损失，那么即使他倾家荡产也赔不起。于是他开始感到害怕，并且小声地说道："要是这么复杂的话，那就算了吧，只是你们以后要注意一下，不要再发生类似的事情。"他给自己找了一个台阶想拔腿便走。

克鲁特叫住他，并诚恳地对他说："谢谢你的支持，为了表示我们的感激，以后您购买我们的食品均享受八折优惠。"这位先生因而得到意外收获。从此他也成为这家公司的义务宣传员，使更多的人认同这家公司生产的食品。

智慧真悟

经营是一门很深奥的学问。就像克鲁特在面对顾客的质疑时，能冷静地面对，使顾客得到了意外的收获，心情也由愤怒转到了平静。

扬长避短

当别人向你买一对耳环时，你应该再卖给她一条项链。
——犹太人格言

犹太人杰拉德是一家笔记本电脑公司的推销员。一次，他去拜访一位工程师，这位工程师想买一批重量比较轻的电脑好出差用，在与杰拉德面谈时，这位顾客说出了他的抱怨："我觉得你们的笔记本有点重。"

"您为什么会觉得重呢？"杰拉德问。

"你看，你的笔记本有2.6公斤，而有一家公司的笔记本重量只有两公斤。"

"重量为什么对您这么重要呢？"

"因为使用电脑的工程师经常在外面出差，他们希望重量能够轻一些，尺寸小一些。"

"我知道了。笔记本电脑是工程师的工作工具,这对于他们在外面工作是非常重要的。对于这些工程师来讲,您觉得还有什么指标比较重要呢?"

"除了重量,还有配置,例如 CPU 速度、内存和硬盘的容量,当然还有可靠性和耐用性。"

"您觉得哪一点最重要呢?"

"当然最重要的是配置,其次是可靠性和耐用性,再后来是重量。但是重量也是很重要的指标。"

"每个公司在设计产品的时候,都会平衡性能的各个方面。如果重量轻了,一些可靠性设计可能就要牺牲掉。例如,如果装笔记本的皮包轻一些,皮包对电脑的保护性就会弱一些。根据我们的了解,我们发现客户最关心的是可靠性和配置,这样不免牺牲了重量方面的指标。事实上,我们的笔记本电脑采用的是铝镁合金,虽然铝镁合金重一些,但是更坚固。而有的笔记本为了轻薄,采用飞行碳纤维,但坚固性就差一些。"

"有道理。"

"根据这种设计思路,我们笔记本的配置和坚固性一直是行业界最好的。您对于这一点有什么问题吗?"

"看来,鱼与熊掌不能兼得了。"

"您的比喻十分形象。我们在设计产品的时候更重视可靠性和配置,而这一点却增加了他的重量。但这个初衷也符合您的要求,您也同意可靠性和配置的重要性。再说只是重 0.6 公斤而已,不是个大数字,是吗?"

"对,你说得不错。"

在杰拉德的劝说下,客户订购了 15 台笔记本电脑。

智慧真悟

　　能把顾客不是十分中意的产品推销出去,需要很强的能言巧辩的能力和独具一格的经营策略,这是经营中非常重要的能力之一。

椅子的价格

> 如果你想卖出 100 先令的物品，你就要开口要价 200 先令；如果你要 100 先令，你可能连 50 先令也得不到。
>
> ——犹太人格言

犹太商人马库斯在华盛顿开了一个家具店。一天，有一位客户到家具店想购买一把办公椅子。马库斯带客户看了一圈后，客户问："那两把椅子怎么卖？"

"这一把是 600 美元，而那个较大的是 250 美元。"马库斯说。

"为什么这一把那么贵，我们觉得这一把应该更便宜才对！"客户说。

"先生，请您过来坐在它们上面比较一下。"马库斯说。

客户依照他的话，在两把椅子上都坐了一下，一把较软，而另一把稍微硬一些，不过坐起来都挺舒服的。

等客户试坐完两把椅子后，马库斯接着说："250 美元的这把椅子坐起来较软，觉得非常舒服，而 600 美元的椅子您坐起来感觉不是那么软，因为椅子内的弹簧数不一样。600 美元的椅子由于弹簧数较多，绝对不会因变形而影响到坐姿。不良的坐姿会让人的脊椎骨侧弯，这样就会引起人的腰痛，光是多出弹簧的成本就要多出将近 100 美元。同时这把椅子旋转的支架是纯钢的，它比一般非纯钢椅子寿命要长一倍，不会因为长期的旋转或过重的体重而磨损、松脱，因此，这把椅子的平均使用年限要比那把多一倍。"

"另外，这把椅子看起来没有那把那么豪华，但它完全是依人体科学设计的，坐起来虽然不是软绵绵的，但却能让您坐很长的时间都不会感到疲倦。一把好的椅子对于一个长期坐在椅子上办公的人来说，确实是很重要的。这把椅子虽然不是那么显眼，但却是一把精心设计的椅子。老实说，那把 250 美元的椅子中看不中用，是卖给那些喜欢便宜的客户的。"

"还好只贵 350 美元，为了保护我的脊椎，就是贵 1000 美元我也会购买这把较贵的椅子。"客户听了马库斯的说明后说道。

> **智慧真悟**
>
> 对于商人，让顾客买你的商品才会有价值，也才有利润而言，这就需要很强的销售经验。善于抓住顾客的心理是一个很大的突破口。

老客户的作用

> 从众心是人之本性，既要自我克制，又要善加利用。
>
> ——犹太人格言

沃尔夫是日用化妆品的推销员，由于是新手，又摸不清客户的心理，因此推销结果很不理想，接连几天都没有把东西推销出去，他心里十分着急。一天，他又在一家商店推销，正好遇见了三个月以前的老客户雅黛尔。

他们打过招呼以后，雅黛尔说："沃尔夫，怎么很久没见到你了，上次你给我推销的那种化妆品快用完了，我正准备再买一些呢!"这个消息令沃尔夫很吃惊。

"最近的销售怎么样?"雅黛尔问道。

沃尔夫说出了他的困境。

"这样吧，我正好认识一个人，他是家百货化妆品部经理，我给你写封推荐信，他肯定会要你的产品的。像这样物美价廉的商品，现在市场上已不多见了。"

沃尔夫高兴极了，拿着信来到了那位经理的办公室里。

经理看到信后说："现在化妆品比较受欢迎，市场也很大。"

"是呀，正是由于这个原因，许多厂家陆续推出一些化妆品致使市场鱼龙混杂，顾客想买到好的产品是比较难的，同时，好的产品由于某些原因，也不为顾客所了解。"

"你说得很对，我听雅黛尔说她用了你的化妆品感觉很好，我想，她的感觉也就代表了顾客的意见，所以我决定订购一些。"

于是，沃尔夫得到一笔大订单。

以后，沃尔夫又拜访了一些老客户，结果又得到了一些订单。经过这些事后，他激动地说："与朋友和客户保持联络，甚至是只见过一面的人都可以让你获得更多的客户资源。"

【智慧真悟】

经营企业不是闭关自守，仅在自己的圈子里活动是不行的，你不经意的一个人或你经历的某一件小事都要留心观察，反复思考，说不定会为你带来奇迹。

注重细节

不要过于表现自己，不要打断他人的话，更不要否定他人的话。
——犹太人格言

斯瓦提是计算机推销员，在一次推销中，他得罪了顾客，竟然还一点儿也不知道为什么。

有一次，一位名叫塞尔尼的先生想买一台计算机，和斯瓦提约好下午1点半在斯瓦提的办公室里面谈。这位塞尔尼先生是按时到达的，而斯瓦提却在20分钟之后才慢悠悠地从外面走了进来。

"很抱歉，我来晚了，能为你做点什么？"斯瓦提说。

"你知道，如果你是到我的办公室做推销，即使迟到了我也不会因为这个而生气，我完全可以利用这段时间干我自己的事。但是，我上你这里来照顾你的生意，你自己却迟到了，这是不能原谅的。"塞尔尼先生直言不讳地说。

"十分抱歉，因为我正在街对面的餐馆里吃午饭，那儿的服务太慢了。"斯瓦提急忙解释道。

"我不能接受你的道歉。既然你和客户约好了时间，你就不应该迟到，你应该抛开午餐赶来赴约，而不是首先考虑你的胃口。"塞尔尼说。

> **智慧真悟**
>
> 一句问候，一个动作，一件小事，你千万不要轻视他的力量。正所谓麻雀虽小五脏俱全，虽然是一个小小的细节，却依然可以给你带来莫大的利益。

适时放弃

> 你要，你就会得到。
>
> ——犹太人格言

法国犹太人詹姆士原先染上了不少恶习，整天像个花花公子，他花光了父亲留给他的钱后，生活陷入了困境。这时他才醒悟，决心要努力奋斗，从头做起。

他从哥哥那里借钱开办了一间小药厂。他亲自在厂里组织生产和销售工作，从早到晚每天工作 18 个小时。然后把工厂赚到的一点钱积蓄下来扩大再生产。几年后，他的药厂极具规模了，每年有几十万美元赢利。

经过市场调查和分析研究后，詹姆士觉得当时药物市场发展前景不大，又了解到食品市场前途光明。因为世界上有几十亿人口，每天要消耗大量的不同品种的食物。

经过认真思考，他毫不犹豫地将药厂卖了，再向银行贷得一些钱，买下"加云食品公司"控股权。

这家公司的规模不大，但经营品种丰富，它是专门制造糖果、饼干及各种零食的，同时经营烟草。

詹姆士对该公司掌控后，在经营管理和行销策略上进行了一番改革。他首先将生产的产品规格和式样进行扩展延伸，如把糖果延伸到巧克力、香口胶等多个品种；饼干除了增加品种，细分儿童、成人、老人饼干外，还向蛋糕、蛋卷等发展。接着，詹姆士在市场领域上大做文章，他除了在法国巴黎经营外，还在其他城市设分店，后来还在欧洲众多国家开设分店，形成广阔的连锁销售网。随着业务的增多，资金变得雄厚，詹姆士又随机应变，把英国、荷兰的一些食品公司收购，使其形成大集团。

智慧真悟

创业不是年轻人的专利，也不是有钱人的特权。无论你是心怀雄心壮志，还是走在人生十字路口处，或是已经背离了人生的方向，只要你能及时掉头，你同样会创造奇迹。

·第十五章·

为人处世——人生无价的瑰宝

温和和友善总是比愤怒和暴力更有力。

不能再同室操戈了

> 温和和友善总是比愤怒和暴力更有力。
>
> ——犹太人格言

在为人处世方面，犹太人一向崇尚豁达。以色列独立战争期间的一次内讧对我们很有启发。

那是第一次中东战争停火期间，以色列抓紧时间扩编国防军。当时，国防军负责人找到以色列某一派武装"伊茨尔"的领导人贝京，要求整编"伊茨尔"。国防军领导人估计，贝京绝不会将自己亲手创立的武装拱手相送，对于贝京这样一个野心勃勃的年轻政治家来说，交出武装就等于交出权力，很可能就此断送自己的政治生命。但是，贝京的回答却让他大吃一惊。在贝京的影响下，以色列其他小武装也很快加入了国防军。

有趣的是，之后贝京走私武器，运军火的轮船被国防军击沉。贝京及其同伙被释放后，"伊茨尔"的成员怒不可遏，贝京抑制不住自己的感情，通过地下广播电台声泪俱下地咒骂本·古里安是"策划"谋害他的"傻瓜、白痴"，还夸口说，要是他愿意的话只需在"挥手之间"便能消灭本·古里安。

他警告本·古里安及其追随者，"如果我们举手反对政府，他们注定要毁灭自己。那些不立即释放我们军官和士兵的人，注定要毁灭自己"。声明还撤销了前不久发布的要求"伊茨尔"部队参加国防军和宣誓效忠政府的命令。

在当晚召开的人民理事会上，本·古里安针锋相对地指出："有人用一支枪可以杀害几个人，'伊茨尔'走私5000支枪足以葬送整个国家！"他的另一句话使"伊茨尔"人永远对他恨之入骨："感谢上帝，加农炮击中了那艘该死的船！"这句话使整整一代"伊茨尔"人憎恨本·古里安。贝京的助手对贝京说："我们干脆找机会干掉本·古里安吧，让他尝尝我们的厉害。"

贝京的回答再次让他的下属们大吃一惊："不，我们不能这么做，犹太人已经遭受了外人太多的欺负，不能再同室操戈了，在此危难之时，更应如此!"

这句话确实显示了贝京的政治家风范。

以色列成立后，贝京组建了"自由运动党"。他长期处于在野地位，在1973年自由运动党联合其他小党成立了"利库德集团"。1977年5月，贝京在大选中击败工党，终于出任总理，圆了他的梦。这和他豁达的处世方式是分不开的。

> ### 智慧真悟
>
> "人的心胸，应该比红海更广阔。"宽阔的心胸和豁达的处世方式会让你赢得更多的朋友。

众人着衣时莫要裸身

> 仅仅凭借知性，就想博得周围人的喜爱，就如同在沙漠中抓鱼一样。
>
> ——犹太人格言

《塔木德》上说："众人着衣时莫要裸身，众人裸身时莫要着衣；众人就座时莫要站立，众人站立时莫要坐下；众人哭时莫要笑，众人笑时莫要哭。"犹太人懂得，在生活中"入乡随俗"是非常必要的。如果你穿着与对方同样的服装，表现出与对方类似的举止，就会让对方觉得你和他的思想与地位是相似的，对方也就会对你产生好感。温森特是偶然发现这一处世原则的。

温森特曾在博里纳日做过一段时间的牧师。

博里纳日是个产煤的矿区。在这个地区，几乎所有的男人都下矿井。他们在不断发生事故的危险中干活儿，但工资却低得难以糊口。他们住的是破烂的棚屋，他们的妻子儿女几乎一年到头都在里面忍受着寒冷、热病和饥饿的煎熬。

这里的人都是"煤黑子"，肥皂在博里纳日人的心目中简直是一种不可企及的奢侈品。

温森特被临时任命为该地的福音传教士时，他找了峡谷的最下头的一所挺大的房子，并和村民一起拿麻袋去装了很多煤渣，在房子里烧起了炉子，以免房子里太寒冷。

温森特登上讲坛，他的讲道是那样诚挚而又充满信心，竟使得这些博里纳日人脸上的忧郁神情渐渐消退了，从他此次布道所受的欢迎来看，博里纳日的人民对他的态度已经没有任何保留了，他们终于相信了他。他作为上帝的牧师，现在已经得到了这些满脸煤黑的人们的充分认可。

是什么原因引起这样的变化呢？不会是由于他有了一座新教堂，因为这对于矿工们来讲压根儿不算什么。他们不会知道关于对他的传教士职务的任命，因为他并没有告诉他们在原先那个地方他是没有正式任命的。而且虽然他刚才讲道时热情洋溢，措辞优美，但在原来那间简陋的小棚屋里和那座弃置不用的马厩里，他也是这样讲的啊！

温森特百思不得其解，最后他回到自己的住处，准备用从布鲁塞尔带来的肥皂洗脸时，脑海中突然闪过一个念头。他跑到镜子前面端详着自己，看见前额的皱纹里、眼皮上、面颊两边和圆圆的大下巴上，都沾着万千石山上的黑煤灰。

"当然！"他大声说，"这就是他们对我认可的原因所在，我终于成了他们的自己人了！"

他把手在水里涮了涮，脸连碰都没碰就去睡了。留在博里纳日的日子里，他每天都往脸上涂煤灰，从而使自己看上去和其他人没有两样。

智慧真悟

在与陌生人交往的时候，首先应该使自己在某一方面与他们相似或相同，这样就有了达成更多一致的基础。

把每次生意都看作第一次

> 把每次生意都看作一次独立的生意，把每次接触的商务伙伴都看作第一次合作的伙伴。
>
> ——犹太人格言

不管是在为人处世还是在做生意方面，犹太人都是非常谨慎的，他们所奉行的基本原则是："每次都是初交。"

有个日本商人请一位犹太画家上馆子吃饭。坐定之后，画家便取出画笔和纸张，等菜之际，给坐在边上谈笑风生的女主人画起速写来。

不一会儿，速写画好了。画家递给日本商人看，果然不错，画得形神毕具。日本商人连声赞美道："太棒了，太棒了。"

听到朋友的奉承，犹太画家便转过身来，面对着他，又在纸上勾画起来，还不时向他伸出左手，竖起大拇指。通常画家在估计各部位比例时，都用这种简易方法。

日本商人一见这副架势，知道这回是在给他画速写了。虽然因为位置关系，看不见他画得如何，还是一本正经摆好了姿势，让他画。

日本人一动不动地坐了约有 10 分钟。

"好了，画完了。"画家说。

听到这话，日本人才松了一口气，迫不及待地凑过去一看，不禁大吃一惊，画家画的根本不是那位日本商人，而是他自己左手大拇指的速写。

日本商人连羞带恼地说："我特意摆好姿势，你却作弄人……"

犹太画家却笑着对他说："我听说你做生意很精明，所以才故意考察你一下。你也不问别人画什么，就以为是在画自己，还摆好了姿势。从这一点来看，你同犹太商人相比，还差得远了。"

到这时，那位日本商人方才明白自己错在什么地方：看见画家第一次画了女主人，第二次又面对着自己，就以为一定是在画他了。

日本商人犯了一个犹太商人不会犯的毛病：以为有了第一次，便会有第二次。

而实际上，在犹太人的生意经上，明确地写着一条："每次都是初交。"

哪怕同再熟的人做生意，犹太人也决不会因为上次的成功合作，而放松对这次生意的各项条件、要求的审视。他们习惯于把每次生意都看作一次独立的生意，把每次接触的商务伙伴都看作第一次合作的伙伴。这样做，就不会因自己对对方的先入之见而掉以轻心。

> 智慧真悟
>
> 在生意场上，守信是一种基本道德；而谨慎则能避免因对方的失信给你造成巨大的损失。应该把每次生意都看作一次独立的生意，把每次接触的商务伙伴都看作第一次合作的伙伴。

只看谁奉献得多

> 人不因地位提升名誉，而是地位名誉因人提升。
>
> ——犹太人格言

从前有个国王，他只有一个女儿，长得聪明美丽，深受国王喜爱。

一次公主得了重病，危在旦夕。束手无策的御医告诉国王，除非得到神药，否则公主就没救了。

国王焦急万分，赶紧贴出布告：任何人只要能治愈公主的病，不仅公主可以嫁给他，而且还立他为王位继承人。

在遥远的地方有弟兄三人，其中老大有一只千里眼望远镜，正巧看到了国王的布告。他便同两位兄弟商议，要去治好公主的病；两个弟弟也各有宝物：老二有一块会飞的魔毯，可作交通工具；老三有一只魔力的苹果，不管什么病，吃了这个苹果马上就会痊愈。

三兄弟商量好后，就一起飞往王室。公主吃了苹果后，果然疾病痊愈。

国王欣喜若狂，立即命令准备宴会，向全国宣布新驸马。

可是，国王只有一个女儿，而治病的却是三人，从生活实际和犹太律法上都不允许"一女事三夫"，那么究竟让公主嫁给谁呢？

老大说："如果不是我用千里眼看到布告，我们也不会想到这儿在为公主治病。"

老二说："如果没有魔毯，这么远的地方，怎么能来得了呢？"

老三说："如果没有魔力苹果，即使来了，也治不好病。"

这个问题使国王很为难，公主既不能嫁给三个人，又不能单独嫁给其中一个人，否则就是对其他两人的失信。违约同样是犹太律法所不允许的。那么，只能说布告上的内容有漏洞，若想圆满解决这个问题，只能避开漏洞。

国王经过深思熟虑，最后选定了拿苹果的老三为驸马。

国王认为，有千里眼的老大，仍然拥有千里眼；有魔毯的老二，仍然拥有魔毯；只有老三将苹果给公主吃了，最后什么也没有了。根据《塔木德》律法："当一个人为一人服务时，最可贵的还是把一切都奉献出来的人。"这就是国王为了避免违约，而又避开合同的漏洞所寻求的一条标准。即不看谁对治病的贡献大，而只看谁奉献得多。

智慧真悟

在生活中应该把诚心和聪明结合起来。信守合同是一种诚信；巧妙地避开合同中的漏洞则是一种聪明。

选择求生的对象

> 接近香水店，就会染上香水的味道。
>
> ——犹太人格言

贾迪·波德默是一名犹太人，他在商界的成功史已没人知道，因为他没留下任何文字性的东西，然而，他在危难时期的一个决定，却让世人永远记住了他。

1942 年 3 月，希特勒下令搜捕德国所有的犹太人，68 岁的贾迪·波德默召集全家商讨对策，最后想出一个没有办法的办法，向德国的非犹太人求助，争取他们的保护。

办法定下来之后，接下来是选择求生的对象。两个儿子认为，应该向银行家金·奥尼尔求助，因为他一直把波德默家族视为他的恩人。在不同的场合，他也曾多次表示，如果有什么需要帮助的，尽管找他。

波德默家族拥有潘沙森林的采伐权，在欧洲是数得着的木材供应商。金·奥尼尔是一家银行的小股东，他是在波德默家族的资助下发家的。40 年来，为了支持他打败竞争对手，波德默家族的钱，从来都没有存入过其他的银行，就是到事发的时候，他的银行里还存有波德默家族的 54 万马克。现在波德默家族遇到了灭顶之灾，向他求助，他怎会袖手旁观？

68 岁的老人却不是这种意见，他认为应该向拉尔夫·本内特求助，他是一位木材商人，波德默家族的人是跟他打工起家的，后来是经过他的资助，波德默才有了今天的家业。现在虽然很少往来，但心理上从没断绝过感激和思念。

最后，老人说，你们还是去求助拉尔夫·本内特先生吧！虽然我们欠他的很多。

第二天一早，两个儿子出发了。在路上，二儿子说，我们不能去本内特先生那儿，上次我见他时，他还提那700吨木材的事。要去，你去吧！我要去求奥尼尔。最后，二儿子去了银行家那儿，大儿子去了木材商的家。

1948年7月，一个叫艾森·波德默的人，从日本辗转回到德国，去寻找他的家人，最后一无所获。后来，他从纳粹档案中查到这么一条记录：银行家金·奥尼尔来电，家中闯入一个年轻男子，疑是犹太人。一年后，他又于奥斯维辛集中营的死亡档案中，查到他父亲、母亲、妻子、弟妻及6个孩子的名字，他们是在他和弟弟分手后第四天被捕的。

1950年1月，艾森·波德默定居美国；2003年12月4日去世，终年83岁，留下1部回忆录、2个儿子、3个女儿和9个孙子、孙女。他的回忆录主要讲述了他在木材商本内特的帮助之下，怎样偷渡日本、保全性命的。该书的封面上写着：献给父亲贾迪·波德默先生！封底写着：许多人认为，要赢得他人的忠诚，最好的办法是给其恩惠。其实，这是对人性的误解，在现实中真正对你忠诚的，都是曾经给过你恩惠的人。

智慧真悟

与人交往的时候，看清对方的真正面目是很难的。但是你可以考察对方的行为。如果他过去一贯无私地帮助别人，他就是一个值得信赖的人。

砖头大小的黄金值多少钱

在适当的地方说适当的谎话，比伤害人的真话要好得多。
——犹太人格言

售货员费尔南多在礼拜五黄昏经过一个小镇。由于身无分文，他无法食宿，只好到犹太教堂找执事，请他推荐一个提供安息食宿的家庭。

执事查了一下记事本说："本礼拜五，路经本镇的穷人很多，每家都住满了客人，唯有一家开金银店的西梅尔家例外，不过他从来不接纳客人。"

"他肯定会接纳我的。"费尔南多很自信地说。之后，他就去了西梅尔家。等敲开门后，他神秘兮兮地把西梅尔拉到一旁，从大衣兜里取了一个砖头大小的沉甸甸的小包，小声说：

"请问您一下，砖头大小的黄金值多少钱？"

金银店老板眼睛一亮，可是这时已到了安息日，不能继续谈生意了。为了能做成这笔生意，他便连忙挽留费尔南多在自家住宿，到明天日落后再谈。

按照犹太教规，每周五日落至周六日落，这24小时为安息日，这期间不得从事任何工作。另外，孤身在外的旅客在这期间有权利在路经的犹太人家里获得食宿方面的照顾，因为这一天，即使旅人也不出门。

于是，在整个安息日，费尔南多都受到热情款待。当周六晚上可以做生意时，西梅尔满面笑容地催促费尔南多把"货"拿出来看看。

费尔南多故作惊讶地说："我哪有什么金子，只不过是想问一下砖头大小的黄金值多少钱而已。"

在这则故事中，那个售货员"暗示"对手上当的技巧可谓高明。他在一个不谈生意的时候，问了一个似乎是生意上的问题，而且表情神秘兮兮，拿着一个砖头大小的小包，这就使对方产生了"想象"，感觉是有客户来了，加之对方又求财心切，结果只能上当受骗，一厢情愿地把别人的"随便问问"当作生意。

智慧真悟

《塔木德》上说："尽量不要说谎；在特殊的情况下，也可以不说实话。"这句话听起来似乎有些矛盾，但聪明人却能很好地把握住分寸。

不能脱离真正的生活

> 一个最大的不幸在于：一个人不可能长期在世界上生存，当他赤条条地来到这个世界上的那天起，就注定他终要从地球上消失，他不可能把他的财富永远带在身边。
>
> ——犹太人格言

从前有个优秀的拉比，受到大家的景仰。因为他的行为高洁，为人亲切而富于慈爱之心；他做事十分拘谨，很注意小节，同时，对神又非常地虔敬；生活谨慎得走路都不会踩上一只蚂蚁，对神所建造之物绝不加以破坏。所以，他理所当然地受到弟子们的衷心爱戴。

过了80岁后的某一天，他的身体突然一下子开始变得虚弱了，并很快地就衰老下去。他知道，自己的死期已经临近，便把所有的弟子叫到了床边。

弟子到齐了之后，拉比却开始哭了。弟子十分奇怪，便问道："老师为什么要哭呢？难道你有过忘记读书的一天吗？有过因为疏忽而漏教学生的一天吗？有过没有行善的一天吗？您是这个国家中最受尊敬的人，最笃敬神的人也是您；并且您对那像政治一样肮脏的世界从来没有插过一次手，照道理老师您没有任何哭的理由才是。"

拉比却说："正是因为像你们说的这样，我才哭啊。我刚刚问了自己：你读书了吗？你向神祈祷了吗？你是否行善？你是否做了正当行为？对于这些问题，我都可以作肯定的回答。但当我问自己，你是否参加了一般人的生活时，我却只能回答：没有。所以我才哭了。"

以后的拉比们常用这则故事来劝说一些不在犹太人共同体活动中露面的人，以使他们一起"参加一般人的生活"。从这里不难看出，这个"一般人的生活"不是指一般意义上的衣食住行，也不是指常人的其他感性生活，而是特指犹太民族的集体生活。

《塔木德》明确宣布：如果一个犹太人完全与一切世事脱离，只是用功学习 10 年的话，10 年后他就不能向神祈求宽恕了。因为不管你把学问做得多好，把自己与社会隔开，这本身便是罪恶。

智慧真悟

每个人都不能脱离团体这个大的家庭，尽管你有很渊博的学识，很雄厚的财富，但是选择孤军奋战是不会走得很远的。

做一个真实的人

痛苦之中蕴含着一种力，而且痛苦是一笔财富。

——犹太人格言

犹太裔美籍作家伊利亚科山曾经讲过这样一个故事：一个名叫埃迪的男人在来自上流社会的妻子的帮助下获得了事业上很大的成功，他们的生活看起来富足而美满。可是有一天，埃迪似乎被一双巨大而无情的手推进了一场突如其来的车祸之中。出了事以后的埃迪觉得一切都变了，他感到生活虚假得令人难以忍受。

他曾经为了一个下等女人而离开妻子，但受到事业、金钱和家庭的压力，他又回去了，继续尝试着做个标准的丈夫，维持着已有的"成功"。一切的伪装在他撞上了一辆卡车、差点儿死掉之后轰然崩塌。

这时候，一个女人唤醒了埃迪心中长久以来埋葬的自我。这个女人没有受过正统的教育，这反而使她显得率真。完全不同于那些出身名门的、谈论名人、格言以及时代杂志的滔滔不绝的女人，她只谈自己的经历和感受，所有的话都来自内心。她说的是自己真实的生活，否则她就静静坐在一旁什么都不说。

埃迪终于下决心放弃了事业、财富和家庭，与这个女人结了婚。他们在一个小镇上开了个杂货铺，埃迪成为一个作家。他再也不会有不安的感觉。

她用自己的真实深深地吸引了他，因为人成年以后总是在压抑——不要大喊大叫，不要太坦率太丰富了。我们所受的教育告诉我们只说可以被接受的话，听起来很聪明的话；只读那些专家们认为有价值的书……但是这个女人完全是她自己，她什么也没失去。因此，她所说的和她所想的是那么简单而富有魅力。埃迪最终从那个众人眼里"成功"的男人中逃了出来，重新做他自己。

> **智慧真悟**
>
> 在人类关系中，率真和纯真总是含着冒险的成分。于是，我们忍不住并且是不知不觉地设计了一副面具，以避免坦诚相见可能带来的伤害。但是为了获得理想的人生，必须做一个真实的人，大声说出自己的真实想法。

把你承受的容积放大些

> 不要轻易动怒。在死前将你的一生的罪过进行忏悔。
>
> ——犹太人格言

有一个师傅对于徒弟不停地抱怨这抱怨那感到非常厌烦。于是，有一天早晨，他派徒弟去取一些盐回来。

当徒弟很不情愿地把盐取回来后，师傅让徒弟把盐倒进水杯里，然后喝下去，并问他味道如何。

徒弟吐了出来，说："很咸。"

师傅笑着让徒弟带着一些盐，跟着他一起去湖边。

他们一路上没有说话。

来到湖边后，师傅让徒弟把盐撒进湖水里，然后对徒弟说："现在你喝点儿湖水。"

徒弟喝了口湖水。师傅问："有什么味道？"

徒弟回答："很清凉。"

师傅问："尝到咸味了吗？"

徒弟说："没有。"

然后，师傅坐在这个总爱怨天尤人的徒弟身边，握着他的手说："人生的痛苦如同这些盐，有一定数量，既不会多也不会少。我们承受痛苦的容积的大小决定痛苦的程度。所以，当你感到痛苦的时候，就把你承受的容积放大些，不是一杯水，而是一个湖。"

智慧真悟

痛苦尽管难于忍受，它毕竟是有限的，而我们承受一切的心胸可以无限扩大，以至包容一切。心胸开阔，痛苦自然会变得轻微。

礼仪不是装出来的

劝一个人行善，首先要给他描述天堂的美景。

——犹太人格言

一次，两个学者到一个富翁家喝茶。在桌前坐定之后，就讨论起经文来了。在很多问题上，他们发表着不同的看法。正当他们争得不可开交的时候，女主人端着一个盘子进来了，上面放有两块饼干，其中一块比另一块大一些。学者们都比较遵守礼仪，互相谦让着，都不愿意第一个去拿。

"扬克尔先生，您先请！"其中一个显得很有礼貌。

"不不！依萨克先生，还是您先来吧！"扬克尔也彬彬有礼地说。

最后，相持不下之时，扬克尔突然伸手挑了一块大的饼干。

这一举动，让依萨克感到十分地吃惊。

"扬克尔先生，你这是干什么？你的学者风范哪儿去了？竟然毫无礼貌地拿走了大块饼干，却将小的留给别人。你真是个不懂得礼节的人。"他委屈地责备道。

"好，那我要问你，如果是你，你会怎么办呢？"扬克尔问道。

"你这话什么意思？作为一个懂规矩的人，我当然会挑小的那块。"

"哦，这不就对了，你现在不是得到了那块小的吗？为什么还这么不高兴？"扬克尔高兴地说。

智慧真悟

　　礼仪是一个人最基本素质的一个体现，他不是装出来的，那种故作姿态的礼仪是经不起事实的考验的，只有从内心去修行自己的品行才会真正受到别人的尊敬。

团结的力量

　　无论多么长多么结实的链子，如果中间的一个环坏了，就没有任何作用了。

——犹太人格言

洪水涨得很快，将要淹了至上的宝座。使得万能的主叫了起来："静止，洪水！"

于是洪水变得更加自负："让我们淹没地球吧，因为我们是所有生物中最有力量的！"

上帝被它们的话激怒了，他指责洪水说："不要吹牛，不要夸大你们的力量！我将会把你们送上沙滩，用一道屏障来阻挡你们！"

当洪水看到沙滩上那细小的沙粒后，又讽刺说："用细小的沙粒阻挡我们？得了吧。我们用最小的浪花就能将你们击垮！"

听到这些话，小沙粒有些害怕，但他们的首领安慰道："听着，同伴们！我们的确很小，单个的力量确实微弱。但只要我们团结一心，我们就能凝聚在一起，那时洪水就可以见识一下我们的力量了。"

听到这些安慰的话，小沙子们就从地球的各个角落飞来，在海滨的沙滩上肩并肩地挨在一起。他们很快堆成土堆，堆成小丘，堆成大山，形成一个巨大的屏障。小沙粒团结起来的伟大力量令洪水害怕了，他们退了回去。

智慧真悟

众人划桨开大船，一个人的力量再大，能力再强，一味的低头孤军奋战，也不会最终成功的，或许会有暂时性的胜利，但那是经不起时间考验的。团队的合作精神是做人与做事都不可缺少的。

我不知道

体重可以衡量，智能无从估计。

——犹太人格言

一天，罗马大主教下了一道命令，要求领地上的犹太人派一位代表去和一位基督教大学者辩论。辩论将在教堂广场举行，失败者将被杀头。

这个消息可把所有的犹太人吓坏了，谁也不敢和基督教大学者辩论，而且不敢保证自己会赢。拉比无奈，向教徒们发出布告，征集勇敢的智者。过了好几天，只有一位小裁缝前来报名，并表示愿意献身。

辩论的日子到了，广场上人山人海。罗马大主教让犹太人的代表先发问，并宣布，任何一方只要有两个问题不知道，即算辩论失败。

犹太小裁缝对基督教大学者问道："假定你是犹太教权威，那么请问：'希伯来文'是什么意思？"

"我不知道。"大学者流利地回答。

"什么？"裁缝高兴地叫道，"我再问一遍：'希伯来文'是什么意思？"

"我不知道！"这次大学者有点不耐烦了。

罗马大主教清清楚楚听到基督教大学者两次承认了自己不知道，立即宣布辩论停止。

不久，基督教大学者被绞死了。

"告诉我们，你怎么能想到这么一个聪明的问题去难倒那个大学者的？"许多犹太人向小裁缝表示祝贺。

"我告诉你们，"小裁缝说，"我并不认识'希伯来文'，但在意第绪语里'希伯来文'的意思就是'我不知道'。我肯定，博学的大学者肯定知道这个意思，但罗马大主教一定不知道。看来，我的判断是对的，尽管有点冒险。"

智慧真悟

犹太人自古就懂得，人生的大门往往是没有钥匙的，在命运的关键时刻，人最需要的不是墨守成规的钥匙，而是一块砸碎障碍的石头！现代犹太人也非常精于此道。

你愿意吗

> 奉承话就像猫一样，会舔人，也会抓人。
>
> ——犹太人格言

对日常生活认识得很清楚的人，便是有大智慧的人。

杂技家参加了一个极具挑战的演出：在两幢高楼之间架一条钢丝，他将从钢丝的这边走到另一边。

杂技家走到钢丝的一头，然后注视着前方的目标，并伸开双臂，慢慢地挪动着步子，顺利地走了过去。这时周围响起了欢呼声。

"这次我要绑住双手走过去，你们相信我可以做到吗？"杂技家对所有的人说。走钢丝靠的是双手的平衡，而他竟然要把双手绑上。但是，因为大家都想知道结果，所以都说："我们相信你的，你是最棒的！"杂技家真的用绳子绑住了双手又走了过去。

"太棒了，太不可思议了！"所有的人都报以热烈的掌声。

但没想到的是杂技家又对所有的人说："我再表演一次，这次我同样绑住双手，然后把眼睛蒙上，你们相信我可以走过去吗？"

所有的人都说："我们相信你！你是最棒的！你一定可以做到的！"

杂技家从身上拿出一块黑布蒙住了眼睛，用脚慢慢地摸索，然后一步一步往前走，所有的人都屏住呼吸为他捏一把汗。最终，他又走过去了。

最后，杂技家从人群中找到一个孩子，对所有的人说："这是我的儿子，我要把他放到我的肩膀上，我同样还是绑住双手、蒙住眼睛走到钢丝的另一边，你们相信我吗？"

所有的人都说："我们相信你！你是最棒的！你一定可以走过去的！"

"真的相信我吗？"杂技家问道。

"相信你！真的相信你！"所有的人都说。

"我再问一次，你们真的相信我吗?"

"绝对相信你! 你是最棒的!"所有的人都大声回答。

"那好，既然你们都相信我，那我把我的儿子放下来，换上你们的孩子，有愿意的吗?"杂技家说。

这时，再也没有人吭声了。

智慧真悟

生活中也常常有些人站着说话不腰疼，说起别人的事头头是道，甚至追风捧上，一旦轮到自己身上就会退步千里之外。大家都希望看到杂技家的冒险活动，都说百分之百地相信他，而一旦要求把他们自己的孩子换上，却没有人敢相信了，因为这时关系到了他们自身的重大利益。